卓越管理的道德智慧（上）

管理伦理：管理科学发展的新里程碑

ZHUOYUE GUANLI DE DAODE ZHIHUI
GUANLI LUNLI: GUANLI KEXUE FAZHAN DE XIN LICHENGBEI

戴木才等著

CNS PUBLISHING & MEDIA 湖南教育出版社

目录 CONTENTS

“追求卓越实质上就是追求伦理。”“优秀企业的秘诀在于懂得人的价值观和伦理，懂得如何把它们融合到公司战略中。”

——R. Edward freeman & Daniel R. Gibert. Jr.

“这场卓越革命的基本伦理就是对人的尊重。这是企业关心顾客、关心质量背后的根本原因，也是理解优秀企业难以置信的责任感和业绩的关键。”

——R. Edward freeman & Daniel R. Gibert. Jr.

“在一般情况下，人类的管理行为，应该首先决定适用于管理关系结构的基本原则，然后再决定适用于义务和责任的基本原则。”

——罗尔斯

“我们对人、管理和组织的思想，是根据整个历史中各种不同的文化道德准则和制度的变化而向前发展的。”

——丹尼尔·A. 雷恩

“未来的智慧型组织必须让组织内的个体完全专注在自己的专业工作上，独立负责分内的工作，而又能将这些人的工作串联起来，合力完成一个任务，就是所谓的‘企业网络’与自由组织。这种企业组织的主要特色是人文与技术的结合。所谓人文，简言之就是人性化。”

——司徒达贤

“机构并不是凭空出现的，而是一个社会所视为神圣的思想信仰和价值观念的表现。归根到底……是因为组织行为产生于人们需要用来解释现实的某种类型的观念模式、思想意识、范例或其他抽象的范例、习惯和信念等等。”

——威廉·E. 哈拉尔

6. 管理理念与管理伦理 / 223

"任何组织为生存和取得成功，必须有一套牢固可靠的信念，作为一切方针和行动的前提。换句话说，一个组织的基本哲学、精神、动力比技术或经济力量、组织结构、革新、时机，对它的相对成功更为重要。"

——汤麦斯 · 瓦生

7. 管理组织的伦理内涵 / 258

“国际商机公司的哲学，大体上可以概况在三条简明的信条里。我想首先要提到的，也是我认为最重要的，就是我们对个人的尊重。这是一条简单的信念，不过在本公司里，我们经理人员在这方面却要花去大部分时间。”

——汤麦斯·瓦生

8. 管理模式与管理伦理 / 295

“如果管理者能更多地意识到他们的价值观、社会准则和伦理规范，并把他们用于决策，就可以改善决策；如果决策时能考虑到社会分析和伦理选择，那对管理者本身、企业和社会都是有益的；各种伦理分析工具能帮助管理者作出更好的决策，更清晰地向利益相关者解释其行为的理由。”

——弗雷德里克·伯德

“管理是现代机构的特殊器官，正是这种器官的成就决定着机构的成就和生存。”“未来企业管理的目的不是建立一种固定不变的陈规，而是一种改变的制度，应使创新精神制度化，培养人的一种创新精神。”

——彼得·德鲁克

代序

PREFACE

管理伦理（Business Ethics 或 Management Ethics），是 20 世纪 60 年代尤其是八九十年代以来管理学和应用伦理学，以及公众和实业界普遍重视的管理新课题，强调从伦理的角度考察管理活动及其发展过程，强调管理要从对人的物理属性管理转变为对人性之律和道德之律的管理，强调对人的管理要把握住人性的特质和道德性。就管理变革的广度和深度而言，管理与伦理的结合，可谓是管理思想的深刻变革。国内外学者指出，如果以泰罗为代表的科学管理、以梅约为代表的行为科学，是管理科学发展史上的两个里程碑，那么，管理理论与实践的伦理化趋势则是管理科学发展的第三个里程碑。一方面，管理理论和管理实践自身的发展，客观上存在着管理科学伦理化趋势的因素；另一方面，人们在完善管理理论，进行管理实践时，主观上也越来越借助于伦理学概念、伦理学方法和道德智慧。这不仅提高了管理水平和管理艺术，而且推动了管理理论向纵深发展。

管理伦理被称为管理的道德智慧，被称为卓越管理的“黄金法则”。“追求卓越实质上就是追求伦理”，已成为人们的共识。“优秀企业的秘诀在于懂得人的价值观和伦理，懂得如何把它们融合到公司战略中。”“这场卓越革命的基本伦理就是对人的尊重。这是企业关心顾客、关心质量背后的根本原因，也是理解优秀企业难以置信的责任感和业绩的关键。”如今，西方发达国家已普遍意识到管理伦理的重要作用及其意义，从微观、中观、宏观方面分别对伦理和管理的结合开展了广泛的整合研究，使管理伦理理论迅速发展成为一门正式学科，并非常重视管理伦理在管理活动中的具体实践。在我国，随着社会主义市场经济的深入发展和以人为本观念的深入人心，管理伦理必将成为中国特色社会主义管理理论的应有组成部分，成为一种全新的、卓越的、适应时代发展潮流的先进管理理念和管理模式。

客观地讲，管理是一个古老而又常新的话题。传统社会虽未明确将其纳入理论研究的范畴，但却有着一系列行之有效的管理方式；工业社会从生产领域使管理作为一门学科独立出来，形成了一系列“科学管理”的方式，但“科学管理”的视域仅仅限于生产领域，使之无力成为科学的、立体的、全面的管理；现代社会关系日益复杂多样，它需要全面而系统的管理，而囿于以往只注重对人、财、物的物理属性管理的思维惯性，将人视为物的同类，忽视管理中管理者与被管理者的属人本性，则无法提供全方位的尤其是符合人性化的管理框架。管理伦理打破忽视人性的管理模式与方式，既重视对管理的外在规范制度的探究，更重视对管理的内在人文精神的探讨，从人的角度还管理一片广阔的蓝天。

管理与伦理结合的突显，并不是管理学家对管理与伦理“1+1=2”的机械凑合和简单相加，其结合的内在机理在于管理系统本身就是一种伦理价值模式，具有一种获得“价值行动的意义”。

首先，管理伦理的发生，是由管理活动和管理系统的内在要求决定的。管理伦理来源于管理本身的结构与内涵。管理与伦理的结合，不是把现行占统治地位或主流的伦理学理论看作是一种“既成的”、先于管理活动的存在，不是把一种具有普遍性、绝对性的伦理原则应用于管理活动和管理系统领域的结果。管理与伦理之所以能够结合，关键在于管理与伦理具有一种可通约性——管理本身内在地具有伦理性质，管理本身具有道德性，而不在于伦理学能够为管理学提供什么，或者说为管理学撑起人性或道德的门面。人类社会从一开始就交织着管理问题。人类的实践活动，一方面遵循客观规律，按照客体尺度去把握世界和改造世界；另一方面，人又是一种目的性存在，人的任何一种实践活动均是在需要和目的的驱使下，即价值判断的驱使下把主体尺度运用于对象世界，使“自在之物”转化为“为我之物”，使自然世界向“属人世界”转变。正是人类管理活动的实践属性决定了管理本身必然具有道德性，决定着管理是人类的一种对客观规律与主观价值的整合活动。遵循客观规律，是管理得以运作的科学基础，而体现人的价值追求，则是管理的主体尺度的内在要求。同时，我们也可以把人类的管理活动作为一种伦理演化现象来研究。管理在其运作过程中必然体现或蕴含着人的特性和伦理性质，即管理的道德性，表现为管理的外在道德和管理的内在道德两个方面。管理的外在道德，是说管理活动要合乎社会的伦理特性和伦理原则；管理的内在道德，是说管理的结构和内涵本身所包含的道德要求，它作为一种内在意义上的管理秩序和规则体系，是管理最根本的活动准则。管理伦理，就是管理的内在道德和管理的外在道德这样两个方面双向互动的有机统一。

其次，管理与伦理具有同质性。管理与伦理之间的内在关系，是建构管理伦理的基础。在一定意义上，可以说伦理是人类对自我管理的一种建构活动，在实质上是人类对自我的一种内在管理，因为它所指向的是人类自我的内部世界，是人类对自我的生存和发展的一种规范、设计和引导。因此，它是一种特殊形式的管理，是特定历史条件下社会所实施的道德管理方式，是“特殊的社会管理方式”。伦理以“应当”为目的，调节和维系着社会生活秩序，在社会生活中发挥着管理作用，这种作用不仅表现为管理的凝聚功能、导向功能，而且表现为管理的操作功能和整合功能。较之一般管理，伦理虽然具有非强制性、灵活性，但却有着广泛渗透性和义务本位性，从而展现出自身的管理属性。而对于管理来讲，究其本质是“生产方式的社会固定的形式”，反映着社会特有的社会伦理关系。在管理所特有的活动空间之中，其模式可以多种多样，但其最佳的管理方式无疑是符合社会伦理要求的管理，即我们所说的，符合伦理的管理是“人类管理的最高境界”，它反映出管理的内在品质，反映出管理者的德性与品格，反映出社会进步的文明程度。

再次，成功有效的管理是体现人性的伦理管理。管理虽然是一种社会协调方式，但却渗透着一种内在的人文精神。管理的伦理属性，要求管理实践必须做到管理与伦理的内在契合，成功有效的管理必须是符合价值追求的伦理管理，管理与伦理相互统一、相辅相成、相互促进。而背离伦理价值追求的管理，由于其缺乏价值合理性，必然遭到社会的否定、人们的逆反。“科学管理”模式的缺陷正在于此，它以追求效率为目标，将人视为机器的一个部件，忽视了管理中人的属性，使人在管理中被异化、物化，使管理变为摧残人、压抑人的外在工具，这就预示了这一模式在其发展中必然走向衰竭。管理伦理突显管理首先是对人的管理，对人的管理首先要尊重人的价值属性。在这种意义上，管理不仅应该遵循一般伦理通则，即公正原则、平等原则、人道原则、效率原则、民主原则，而且要求展示出人性化管理的基本要求，在管理中发现人、尊重人、关心人、发展人，使人实现自身的价值，获得劳动工作的快乐与享受。只有这种符合人的价值追求的管理，才是管理的精神实质所在，也只有这种蕴含人文精神的人性化管理，才能成为有效的管理，使管理的科学属性被张扬。

最后，伦理的管理是管理发展的必然归宿。从管理关系来看，管理是对管理对象之间关系的一种有效协调，这就使管理关系的发生成为必然。人的管理关系，既是生产关系，也是伦理关系。管理关系的本质是伦理关系，管理的道德性即是规范管理的伦理关系的准则。管理的外在道德作为一般性的管理道德标准，它撇开具体的、特殊的管理运作过程，以观念性的存在方式要求管理追求公正、效率等理念；管理的内在道德作为规范管理行为的特殊道德标准，它以真实的、实践性的存在方式处理管理中多重的伦理关系。如在管理的内部关系中，规范管理者与被管理者关系的信任、尊重、关心等伦理准则；规范管理集体主体与个体主体关系的权利、公平、民主等伦理准则。在管理的外部关系中，规范管理组织与社会、政府和公众之间关系的责任、秩序和服务等伦理准则，以及管理组织之间关系的协作与竞争等伦理准则；规范管理与自然之间关系的“和谐”伦理准则；等等。从历史发展的角度看，管理的进步也体现为管理对象由物到人，不断发现人、重视人，挖掘人的内在潜能，调动人的积极性的历史过程。

管理无疑是要追求效率的，没有效率的管理是无能的管理，而这与伦理的追求并不矛盾，管理中人文精神的弘扬，使管理伦理化不但不会降低效率，反而会使效率更为持久。这不仅是管理的内在本性，而且是管理的最佳境界。

1. 管理伦理的主题

管理伦理是管理学和伦理学交叉研究的一个新兴课题。20 世纪八九十年代以来，管理与伦理结合的趋势日趋明显，管理学家几乎把管理伦理提到了关系管理组织[①]生存与发展的至高地位。他们指出：

> “企业通过竞争焕发活力，依靠伦理而得以生存”；
>
> “优秀企业的秘诀在于懂得人的价值观和伦理，懂得如何把它们融合到公司战略中”。[②]

这种管理观，越来越成为管理界的共识。我国有专家甚至指出，如果说泰罗的科学管理、梅约的行为科学是管理科学发展史上的两个里程碑，那么，管理伦理学就是管理科学发展史上的第三个里程碑。[③] 面对当今社会的历史巨变，面对 21 世纪经济社会发展的要求，

---

① 在本书中，“管理组织”一词，主要指作为经济组织——“企业”的涵义。有时也指“政治组织”、“公共组织”、“社会组织”等的涵义。在管理伦理中，经济组织和政治组织、公共组织、社会组织等，常常有许多通用的原则。

② R. Edward Freeman & Daniel R. Gibert. Jr., Corporate Strategy and the Search for Ethics. (Englewood Cliffs, NJ: Prentice Hall, 1988), P. 5.

③ 张文贤等：《管理伦理学》，复旦大学出版社 1995 年，第 3 页。

管理伦理以其所特有的时代性、人文性、世界性意义和视野，日渐显示其巨大魅力。它的出现，既显示了伦理学亘古常新的生命活力，又预示着当代管理理论发展的新动向。科学揭示管理和伦理之间的关系及管理伦理的本质，对于完善人类社会的科学管理之道，充分发挥“管理也是生产力”的功能，具有重要意义。

管理与伦理是人类实践活动的产物

众所皆知，一切动物的活动，只是按照它所属的那个物种的尺度，本能地适应自然和外部环境。与动物不同，人能够超越种的限制，开展实践活动。马克思说，人类“懂得怎样处处都把内在的尺度运用到对象上去”①。人类的实践活动，一方面需要认识和遵循客观规律，按照客体尺度去把握世界和改造世界；另一方面，人又是一种目的性存在，人的任何一种实践活动，均是在人的需要和目的的驱使下，亦即价值判断的驱使下，把主体尺度运用于对象世界的行为，目的在于使“自在之物”转化为“为我之物”，使自然世界向“属人世界”转变。

马克思认为，“整个所谓世界历史不外是人通过人的劳动而诞生的历史。”马克思给劳动下了一个明确的定义，他说：

> “劳动首先是人和自然之间的过程，是人以自身的活动来引起、调整和控制人和自然之间的物质交换的过程。人自身作为一种自然力与自然物质相对立。为了在对自身生活有用的形式上占有自然物质，人就使他身上的自然力——臂和腿、头和手运动起来。……同时他还在自然物

① 《马克思恩格斯全集》（42），人民出版社1979年版，第97页。

中实现自己的目的，这个目的是他所知道的，是作为规律决定着他的活动的方式和方法的，他必须使他的意志服从这个目的。”①

而劳动与管理始终是互为一体的。也就是说，自从人类开始自己的生产活动，即在“劳动创造了人”之后，在一切关于“人的活动”的规定中，都内含着管理问题，管理便伴随着人类生产劳动的始终，因为人类的任何生产劳动和实践活动，都离不开组织、分工、协调和指挥，都离不开管理。马克思说：

“一切规模较大的直接社会劳动或共同劳动，都或多或少地需要指挥，以协调个人的活动，并执行生产总体的运动——不同于这个总体的独立器官的运动——所产生的各种一般职能。一个单独的提琴手是自己指挥自己；一个乐队就需要一个乐队指挥。”②

“凡是有许多个人进行协作的劳动，过程的联系和统一都必然要表现在一个指挥的意志上，表现在各种与局部劳动无关而与工场全部活动有关的职能上，就像一个乐队要有一个指挥一样。”③

正是在管理中，人们的劳动才能“根据自己本性的需要来安排世界”，不仅使劳动能够运用效能性、效用性尺度，使劳动具有经济（物质性）意义，而且使劳动能够运用真善美的尺度，使劳动具有价

① 《马克思恩格斯全集》(23)，人民出版社 1972 年版，第 201—202 页。
② 《马克思恩格斯全集》(23)，人民出版社 1972 年版，第 367 页。
③ 《马克思恩格斯全集》(25)，人民出版社 1974 年版，第 431 页。

值性意义。

人既是社会性的动物，制造和使用工具的动物，同时也是一种自我组织、自我管理，追求自我实现的动物。马克思指出：管理“这种规则和秩序，正好是一种生产方式的社会固定的形式，因而是它相对地摆脱了单纯偶然性和单纯任意性的形式”①。在这里，马克思一方面强调了管理的客观规律性，同时也表达了管理是人类的主动性、积极性和创造性的最重要的表现这一思想。

一部人类文明发展史，在一定意义上，就是一部人类的管理发展史，即人类从“最初动物式的本能的劳动”到“专属人的劳动”的发展史，一部人类不断摆脱单纯的偶然性和任意性，不断实现自身价值和追求“应然”状态，从必然走向自由的历史。遵循客观规律，是管理得以运作的科学基础，而体现人的价值追求，是管理活动得以有效开展和延续的价值根据或道德前提。

我们知道，管理作为计划、组织、决策、指挥、协调和控制人类各种社会实践活动的特殊实践活动形式，是与人和社会组织同时产生，并随着社会实践的扩延而不断发展的。与此相对应，人类的管理活动和对管理的认识，不仅可以追溯到遥远的史前社会，而且在人类文明思想史上也勾画出了一条漫长的曲线。早在史前社会，原始先民已从氏族管理实践中萌生了朴素的管理意向和管理思想；古代社会，因社会分裂为两大对立的阶级，出现了国家，开始形成各种各样的国家行政管理理论，经济、军事管理方法和社会管理观念；到近代，随着社会化大生产的出现，首先在西欧产生了较系统的经济管理思想和行政管理思想；进入 20 世纪，以泰罗的《科学管理原理》为标志，现代管理学正式宣告诞生，并且在第二次世界大战后如雨后春笋，以前所未有的加速运动蓬勃生长、发展、繁衍

① 《马克思恩格斯全集》(25)，人民出版社 1974 年版，第 894 页。

起来。

伦理①作为反映和调节人们之间利益关系的价值观念和行为规范，是与人和社会关系的产生和发展不可分割的。伦理自从产生之日起，就担负着特殊的社会调节功能和社会管理职能。伦理的这种职能在后来的漫长历史中，随着人类实践活动范围的不断扩大而进一步发展，逐渐扩展到对人与客观世界，包括自然、社会、人和自我之间的关系的调节和管理。与此相对应，人类对伦理关系的调节，以及对伦理的认识，与管理一样，同人的产生和人类社会一样久远，并且在人类文明史上也留下了光辉灿烂的一页。早在古希腊时期，就由亚里士多德提出建立了伦理学这门学科。他认为，求得个人的善良和幸福的学问，就是伦理学；求得整个社会的完善和幸福的学问，就是政治学。其后的斯多亚学派把哲学分为三个部分，即物理学、逻辑学和伦理学，而整个哲学好比一个果园，逻辑学是这个果园的围墙，物理学是园中的果树，只有伦理学才是这些果树上所结的果子。在古代哲学中，伦理学不但是哲学的一个分支，而且简直成了哲学的核心。

由于管理和伦理都是人类生产劳动和社会实践活动的产物，且都是伴随着人以及人类社会的出现而出现的，因此，人类对管理或经济与伦理之间联系的认识，并非始于当代，而是随着管理和伦理的出现而出现的。古代以来，中外哲学家和其他一些人都思考和探究过管理和伦理的联系。例如，在古希腊时代，在苏格拉底、柏拉图和亚里士多德等人的哲学和政治学体系中，都寓含着管理伦理思想；在中世纪的宗教理论体系内部，尤其是新教伦理为资本主义精神的生成和发展，奠定着深层的文化基础和伦理基础；在近代西方古典经济学思想体系中，蕴含着自利、自由、平等、竞争和个人主

---

① 由于本书不是一部纯粹探讨伦理学元问题的著作，因此没有严格区分“伦理”和“道德”概念之间的异同性，而是在“同义”的基础上使用“伦理”和“道德”两个概念。

义等思想伦理观念。

因此，管理伦理现象的发生，是由管理活动和管理系统内在的伦理要求和道德规定所决定的，而不是什么外在的强加和牵强附会。管理和伦理，都是人类社会生产劳动和实践活动的产物。人们对管理和伦理之间关系的认识，早已随同管理和伦理的产生而产生，只是古代的管理伦理仅仅是某些零散的思想，并无自觉的理论思考。近代尤其是近三四十年以来，人类管理活动的进一步发展，更加强化了管理与伦理的内在联系。

管理具有道德性

人类管理活动的实践本质属性，决定了管理是人类的一种对客观规律性与主观价值性的整合活动。一方面，管理需要在认识和遵循客观规律的前提下，按照客体尺度去把握世界和改造世界。遵循客观规律，体现了管理的科学性。另一方面，管理又需要符合人类的目的性，在自我价值判断的驱使下，把主体尺度运用于改造对象世界，使“自在之物”转化为“为我之物”，使自然世界向“属人世界”转变。受人的自我价值判断的驱使，体现了管理的价值性。人类的管理活动是科学性和价值性的有机统一。

首先，劳动和管理都是一种求真性的实践活动。也就是说，获取合乎事物过程的本质性、规律性的正确认识，是人类生产劳动及其管理的内在要求，因为人们一旦获取了关于事物过程的“真”，人类就可以利用这种“真”来规范、引导自己的行动，从而更好地从事生产劳动和管理。在生产劳动中，人们总是力求以消耗最小认识力、思维力、实践力来最大限度地获取劳动成果，人们总是希望能够极限式地运用自己的物质力量和精神力量，以及最先进的物质工具和手段，来寻求生产劳动的最佳效果。简言之，人类总是依据这种“思维效能原则”来进行生产劳动，追求生产劳动的强效能、高效率。

其次，劳动和管理都具有一种求善的特质。人类总是用主体效用性的尺度来选择、安排、调控生产劳动，其最为直接的目的，就是创造合乎人所需要的各种类别的物质产品与精神产品，即追求劳动的效用性、劳动成果的实用性。这就是人类生产劳动的“需要效用性原则”。同时，人类还总是力图将主观的目的、理想意图现实化、对象化，使外部世界发生合乎主体目的和需要的改变，追求一种“应有”或“应该”的理想境界，以“我”的需要与“我”的理想为中轴去改造外部世界，使“自在世界”成为“为我世界”。

再次，劳动和管理都按照“美”的规律来构造事物。人类总是按照“美”的观念与尺度来实现外部事物在思维中的建构，并在生产劳动中以此来塑造和创造对象世界，通过这种认知活动与实践活动而获取美的、对象化的客体，人便感到由衷的愉悦，并显示着自己的崇高形象与创造力。人类的管理使人类的劳动能够“根据自己的本性的需要来安排”，从而使人类的劳动具有崇高的道德价值。

管理的价值性，决定了管理必然具有道德性。道德属于价值范畴。管理的道德性，具有广义和狭义之分。

广义的道德性，就是价值性，就像亚里士多德把伦理学规定为关于善的问题的研究一样，而善的问题就是价值问题。广义的道德性，实际上也就是把道德范畴提升到价值论高度。从这一视角看管理活动，我们可以发现，管理活动作为人类社会一种政治、经济、文化、社会、军事等的有效组织方式，从一开始就交织着人的价值问题。

广义的道德性，是管理伦理发生的根本前提。在广义道德性的视域中，管理本身内蕴着人的价值追求和伦理规定，本身就具有一种伦理性质。

狭义的道德性，是指人类的管理活动，在其内在结构以及开展和运作的过程中，本身就蕴含着伦理性质和伦理特性。也就是说，管理活动本身就是人类社会伦理演化的一个重要方面和组成部分。

我们考察分析管理作为一种对社会资源（包括物质资源、财力资源、人力资源、精神资源和信息资源等）的有效配置和组织方式，可把它当作客观的研究对象，不同的学科可以从不同的视角去分析它、研究它。一般管理学侧重于研究经济管理领域的管理常规、管理原则和相应的管理方法，以及如何在这些常规、原则、方法的作用下求得最佳效率；社会学把管理看作是一种职权系统；政治学侧重于把管理看作是一个阶级和地位系统，同社会的生产关系、上层建筑相联系；伦理学则把管理作为一种道德文化现象，指出一些表面上看来是一种纯粹经济性质的活动，其实有着明显的伦理特征或伦理性质。

例如，管理活动所体现的人与人的关系。可以说，任何管理活动在某种程度上讲都表征一定的人与人之间的关系，甚至可以认为，管理关系主要是人与人的关系。在这个意义上，管理的本质就是如何对待人。从如何对待人的角度看，不难发现，管理不仅具有经济意义，也具有道德价值和伦理性质，因为如何对待人本质上是一个伦理问题、善恶问题。黑格尔指出，“人间最高贵的事就是成为人”，管理的道德价值也是管理本身值得珍视的内在价值，从根本上说，就是使人“成为一个人，并尊敬他人为人”。[①] 这里内含管理中的一个根本性原则，就是“把人当作目的”的道德原则。

再如，管理活动中的契约关系，订立契约或执行契约，最直观的表征是保证经济交往活动和人际交往的有效性，以求得效益的最大化和最优化。然而，任何一种契约，都内在地包含着某种道德原

① 黑格尔：《法哲学原理》，商务印书馆 1982 年版，第 46 页。

则，如公正原则、守信原则、责任原则，任何一种契约，都是一种权利和义务的统一。这些道德原则，不是人为地、独立地给它规定的，而是人们在长期的管理实践活动中逐渐形成并确立起来的，它标志着人们对交往活动及人与人之间关系规律的自觉遵守，是人的自由意志的体现。

狭义的道德性，是管理伦理的具体体现。在狭义的道德性的视域中，管理的道德性表现为管理的外在道德和管理的内在道德两个方面。所谓管理的外在道德，是指管理作为人类社会实践活动的有效组织方式，或“一种生产方式的社会固定的形式”，总是处于一定的人类文化和社会伦理背景中，必然体现普遍意义上的社会伦理原则和道德追求，具有合伦理性或合道德性。所谓管理的内在道德，是指管理本身的结构和内涵内在地具有道德性质或道德性要求，即伦理规定和道德要求作为一种特殊的内在意义上的管理秩序，自然地成为调整管理行为的规则体系，从而使管理有效地达到所要实现的目的。管理伦理就是管理的内在道德和管理的外在道德这样两个方面双向互动的有机统一。

把管理伦理规定为管理活动的内在结构及其运作过程中本身所具有的伦理性质和伦理特征，具有重要的方法论意义。

首先，它确立了管理与伦理结合“何以可能”的理论前提。管理的道德性，一方面具有重要的管理价值，它能有效地促进资源的最佳组合，提高管理效益，推动生产力的发展，实现管理的目的；另一方面又具有积极的人本价值，促进管理活动中人的完善和发展，具有合伦理性。管理的道德性，从根本上确立了管理与伦理是相互体现的内在统一原则，两者具有内在同质性和相容性，它决定了管理与伦理的结合并不是外在的强加，而是作为管理的内在要素起作用的。当然，管理与伦理的同质性，并不排斥两者的相异性，两者各有特点，不可相互代替。

其次，为实现伦理在管理活动中的支撑作用找到了客观依据。既然管理实践活动在其内在结构及其运作过程中本身就具有伦理性质和伦理特征，我们就需要研究和科学认识管理伦理问题，发现并遵循管理伦理方面的管理规律，并有意识地培植和规范与这些伦理性质、伦理特征相对应的管理伦理观，以充分发挥管理伦理在管理活动中的重要作用。

再次，基于以上理论前提和客观依据，为建立与社会主义市场经济相适应的管理伦理提供了价值坐标。建立与社会主义市场经济相适应的管理伦理，既不是一般伦理道德范畴的搬用、套用，像有些人理解的那样，从伦理学中搬来伦理规范去规范管理活动就行了；也不等同于具体企业、公司、行业的伦理准则，因为它们通常具有局限性。要克服这种局限性，就要运用道德哲学基础及其所提供的整体性方法和批判性方法，从宗教、法律、政治等所有对一般伦理道德见解发生影响的文化资源和文化因素中，去发现和获得管理伦理的内容，做到批判性和建设性的统一。

管理的外在道德规定

人类的管理活动，总是处于一定的社会文化和社会伦理背景中，必然体现普遍意义上的社会伦理原则和道德追求。同时，人们也总是把管理活动及其运作框架放在一定的社会文化和社会伦理背景中，从中引申出开展管理活动的伦理原则和道德要求，或者总是把一定的社会伦理原则和道德要求作为评判尺度或标准，对一定的管理活动作出伦理道德评价。

恩格斯曾指出：

“人们自觉地或不自觉地，归根到底总是从他们所处的

> 阶级地位所依据的实际关系中——从他们进行生产和交换的经济关系中，吸取自己的道德观念。”①

管理的道德性，作为调节管理活动和管理系统中人们之间关系的价值精神和行为规范，首先必须符合社会的一般伦理原则和道德标准。这就是管理的外在道德。在这一意义上讲，管理的外在道德，实际上就是指人类管理活动的合伦理性或合道德性。

我们知道，管理活动作为人的主体性活动，在本质上是对人的管理，管理目标的选择、决策的依据、管理关系的设置，以及管理方式的确定，都离不开人的价值选择与道德选择。人们总是从一种具体的社会文化背景和道德背景出发来作出判断，对某种管理行为的价值合理性或道德合理性作出裁定。管理的外在道德，就是从这种价值判定和道德判定中产生出来的，它是一种使管理行为和管理活动合伦理化的价值系统。这一价值系统，是一个民族的文化理性结构的组成部分，同时又随着社会经济秩序和社会文化价值观念的发展变化而不断地重构。

丹尼尔·A. 雷恩深刻地指出：

> “管理人员将受他们所处的文化环境的影响，而他们分配和利用资源的方式亦将随着人们对经济、社会、政治机构和道德准则的看法的改变而发生改变。”②

> “我们对人、管理和组织的思想，是根据整个历史中各种不同的文化道德准则和制度的变化而向前发展的。”③

---

① 《马克思恩格斯选集》(3)，人民出版社 1972 年版，第 133 页。
② 丹尼尔·A. 雷恩：《管理思想的演变》，中国社会科学出版社 2000 年版，第 8 页。
③ 丹尼尔·A. 雷恩：《管理思想的演变》，中国社会科学出版社 2000 年版，第 12—13 页。

为了进一步说明管理的外在道德，我们引用亚当·斯密的一段著名论述来加以分析。亚当·斯密指出：

> “由于每个个人都努力把他的资本尽可能用来支持国内产业，都努力管理国内产业，使其生产物的价值能达到最高程度，他就必须竭力使社会的年收入尽量增大起来。……在这场合，像在其他许多场合一样，他受着一只看不见的手的指导，去尽力达到一个并非他本意想要达到的目的。也并不因为事非出于本意，就对社会有害。他追求自己的利益，往往使他能比在真正出于本意的情况下更有效地促进社会的利益。”①

在亚当·斯密看来，市场主体的行为尽管是出自“自利”的经济理性，但却在市场经济中被一只“看不见的手”引到与社会公利相吻合的方向上去，使得“自利”反而能更有效地导致“公利”的实现。在伦理学的意义上，“自利”行为本身并不具有道德性，而只有当“自利”行为在“看不见的手”的作用下，导致“公利”的实现时，“自利”行为的结果才具有了社会的道德意义。可以认为，这里所谓的“看不见的手”，实际上就是市场伦理之“手”。一般而言，人的“自利”行为并不能导致“公利”的道德行为，在某些情况下，还可能会形成对“公利”的危害。但是，在市场经济条件下，市场经济的社会交换化性质内在地蕴含着一种促成人们自觉地进行伦理选择的现实机制。这就是市场经济活动的外在道德机制。

市场经济是一种交换经济，在商品生产中，个别性劳动同时也是一般的社会性劳动，生产者既是为自己的利益而生产，又是为他

① 亚当·斯密：《国民财富的性质和原因的研究》(下)，商务印书馆1979年版，第27页。

人和社会的需要而生产。同时，也只有在他的劳动能够满足他人和社会的需要时，生产者的个别劳动才转化为一种社会劳动。商品生产的这种社会交换性和价值实现的社会依存性，也就在客观上形成了它的二重性，即一方面商品生产者是为了获得自己的利益而生产，追求效益和利润的最大化，具有为己求利性；另一方面又必须为他人提供有效的服务，满足他人的需求，具有为他服务性。正是市场经济的二重性构成了市场主体自觉的经济伦理和管理伦理的现实基础，促使着人们自觉地去调节自己与他人的关系，保持相互的协调与合作，由此形成黑格尔所说的“他们为我，我为他们”，或者“人人为我，我为人人”的伦理关系，从而达到从“自利”导致“公利”的目的。

亚当·斯密关于“看不见的手”的论述，使我们看到，市场经济体现着一种伦理要求和道德规定，它无须人为地制定市场经济的“游戏规则”，而是商品生产的社会交换性和价值实现的社会依存性要求市场主体必须具有那些“经济行为上的美德，例如诚实不欺，公平交易，公平竞争，合理地使用经济能力，机会均等，自己生活——让人生活，商誉和合理价值”①。人们选择市场经济这种能最有效地配置资源来满足人的需要的经济管理运作方式，那么，商品生产的社会交换性和价值实现的社会依存性对市场经济的道德性也就相应地有了基本规定，即市场主体追求“自利”是合理的，而从“自利”导致“公利”则是实现“自利”的客观要求，如果违背“公利”的目的，“自利”也不能实现。

管理的外在道德，深刻地体现着人类管理活动的这一性质。管理的外在道德，一般包括三种情况：

一是人类的管理活动和管理系统总是体现一般的社会伦理原则

① 康芒斯：《制度经济学》（上），商务印书馆1984年版，第173页。

和道德要求。一定的管理活动和管理系统，总是蕴含着相应的社会道德观念和伦理原则，以合道德性为基础。经济学家诺斯曾把一定的伦理道德当作制定规则的规则；富勒则指出，一个真正的制度包含着自己的道德性，即外在道德或实体自然法，一旦国家所施行的制度没能蕴含道德性质，就会导致一个根本不宜称为制度的东西；在比较市场经济体制和自然经济体制时，马克思认为，市场经济蕴含着“自由”、“平等”、“所有权”和“边泌的功利主义”等伦理特征。在管理活动和管理系统中，管理者总是按照自己所认同的文化传统、道德信念、伦理原则来对资源进行配置，使资源配置格局朝着理想的状态发生变化，使资源使用产生最大效益。例如，现代管理遵循的效率原则、公正原则、平等原则、人道原则和民主原则等等。

二是人类的管理活动和管理系统总是受制于人类自身对人性的认识和普遍的社会价值观念。从表面上看，管理活动似乎更多的是从客体的角度去研究各种资源的优化配置，以求得管理效益的最大化。事实上，管理活动均出自管理行为主体，是人的思想、价值追求和努力“设计、调配、决定和开展”[①] 了导致管理目的的活动，在本质上是一种从主体出发，以人作为价值尺度去“设计、调配、决定和开展”的人类实践活动，使其有利于人的发展。管理活动对资源效益的追求，归根到底也是为了促使人的发展和完善。这是一切人类活动的最终归宿。所以，人的发展和完善也就构成了管理活动的终极价值目标。然而，在实际管理活动中，管理总是表现为一定的发展过程，它总是同人类在一定时期对人性的认识程度和一定的社会价值观念相一致的。人类对人性的认识程度和一定的社会价值观念，总是制导管理活动的主要外在因素。

---

① 丹尼尔·A. 雷恩：《管理思想的演变》，中国社会科学出版社2000年版，第5页。

三是人们和社会总是要对一定的管理行为进行道德判断和伦理评价。人类的管理活动一旦开展，就构成了供人们进行道德判断和伦理评价的有机系统。人们总是对管理行为在经济意义、伦理意义和政治意义上作出肯定或否定的判断，从伦理意义上把管理行为区分为善的或恶的，有利的或有害的，正义的或非正义的，合理的或不合理的，等等。对管理行为的伦理赞许或谴责来干预管理活动，使管理活动符合评价主体的道德取向、伦理追求和伦理期待，即符合评价主体认为的“应该如此”的伦理需要，从而促进管理活动的不断进步和不断完善。

管理的内在道德结构及其价值

管理伦理的另一个方面，是管理的内在道德。管理的内在道德，是管理的内在结构和管理活动本身所具有的道德性质和伦理规定，是管理及其活动根据处理和协调管理关系的需要而产生的一种特殊的、内在意义上的管理秩序和规则性要求，自然地成为调整管理行为的一种规则体系。管理的内在道德，是维持管理系统并使之取得效益最优化所不可或缺的内在要素，它使管理有效地达到所要实现的伦理追求和道德目的，对管理活动产生着根本的作用。

（一）管理关系的本质是伦理关系

众所周知，管理作为人类一种特殊的实践活动，起源于人类社会成员劳动的集体性、组织性和社会活动过程中相互交往的必要性，其任务正如马克思所指出的，是协调个人的活动，并执行生产总体的运动所产生的各种一般职能，从而使组织有一个良好的结构，把各种活动引向共同的目标。组织是管理的“载体”，协调是管理的本质。对一个组织而言，管理就是要在其职责范围内协调组织内外部的各种关系，既包括对管理活动过程中人和物、物和物、人和人多种因素的合理配置与适时调整，也包括对组织成员行为的协调一致和对组织系统各成员之间关系的协调配置，还包括正确处理组织与环境（自然、社会、政府、其他组织等）之间的复杂关系，维护两者的动态平衡，以期达到组织所追求的经济效益和社会效益。

人的管理关系，既是生产关系，也是伦理关系。管理关系的本质，是伦理关系。人类的管理活动，关键在于协调管理的伦理关系。管理的伦理关系，具体表现在管理组织的内部伦理关系和管理组织的外部伦理关系两个方面。

首先，从管理组织的内部关系看，管理组织犹如一台机器，其内部有着特殊的机理和运行机制，依靠一定的组织制度和规范来进行，各个“零部件”只有按照一定的规范和准则去行动，才能保证整个组织系统稳定、有效地运转。但是，管理组织的各种制度和规范，不应该仅仅是技术性的，同时也应当是人文性、伦理性的。例如，管理组织必须对劳动时间、岗位、劳动定额指标等有具体规定，必要时还要实施岗位责任制度和经济奖惩、行政制裁，这些属于技术性的、权力性的管理，非常必要。但是，这种技术性的、权力性的管理，却难免经常同组织成员的个人需要、个性发展发生矛盾。纯粹的技术性的、权力性的管理，即使能强制规定组织成员的操作行为，在一定的范围内提高工效和激发其内在的物质冲动，却很难端正他们的工作态度，也不可能保证人们勤奋工作的持久性，更谈不上激发他们的主动性、积极性、创造性和智慧潜力。正是在这种意义上，现代管理理论认识到，组织活动要想取得最佳成效，就应该实施符合人性的、能发展人的个性的、激发员工工作热情的管理模式，尽可能地满足组织成员对尊重、友谊、信任、理解、支持、感情、自我实现等精神上的需要，正确处理组织成员之间、管理者与被管理者之间、组织与成员之间的关系问题。这是组织内部管理活动过程中所蕴含的管理伦理问题。

就管理活动的这种内部关系而言，管理伦理需要研究这样几个方面的问题：

一是管理关系中的管理者制度和规范；

二是管理关系中的被管理者制度和规范；

三是管理者与被管理者之间的相互关系及其制度和规范。

其次，从管理组织的外部关系看，管理组织一方面是独立自主的经济实体或利益主体，不仅有正当合法的权利和利益追求，而且它所追求的目标，还必须满足人类社会全面进步和人类自身全面发展的要求，否则就失去了自身应该具有的社会价值，失去了存在的理由和意义；另一方面，组织自身的生存和发展离不开社会，必须依赖于国家和社会所提供的条件，例如物质资源、人力资源、文化资源、政策资源，以及良好的自然环境、社会环境和投资环境等，一个公正的、法治的、稳定的社会，是组织生存和发展的必要条件。任何一个生产组织和管理组织，在追求自身利益的同时，必须重视社会利益和社会责任。此外，一个生产组织能否有效地防止环境污染和合理地使用自然资源，能否遵纪守法，照章纳税，在同其他组织的竞争中能否相互协作、文明竞争等，所有这些，都体现着丰富的伦理内容。

就管理活动的外部关系而言，管理伦理则需要对以下三个方面进行研究：

一是管理组织与社会、公众、政府的关系及其制度和规范；

二是管理组织与自然之间的关系及其制度和规范；

三是管理组织与管理组织之间的相互关系及其制度和规范。

（二）管理的交互主体性是管理内在道德的出发点

如上所述，管理伦理以协调管理活动中的各种伦理关系为核心。作为管理主体的人或组织，与作为管理客体的被管理对象之间的伦理关系，是一个多因素、多层次的复杂结构。只有全面、正确地把握管理伦理关系的实质，才能正确地规范管理活动。

在现代社会生活中，人总是属于一定的管理组织和管理系统，既不存在不参与管理的人，也不存在不接受管理的人。这是现代管理的普遍性的重要表现，是管理实践中主客体相互关系的一种二重性。这种二重性，在一个确定的管理系统中，可以如此表示：

管理者←→被管理者

现代管理活动中的主客体关系，已经从以往的“管理者→被管理者”的单向主体性，转变为“管理者←→被管理者”的交互主体性。就管理者与被管理者的关系而言，管理的这种交互主体性，已经成为现代管理活动的主要格局。

因此，现代管理活动的主体是一个复合系统，既包括管理组织内部的管理者与被管理者，又包括与管理活动相关的社会、公众、政府、顾客、其他组织等外部的利益相关者，以及它们之间的诸多相互作用关系。管理的交互主体性，即管理的互为主体性或共主体性，是指一个管理主体与另一个作为主体的对象是相互作用、互为主体的。因此，它也可以用管理的主体通性、管理的共主体性等概念来表述。管理的交互主体性，包含以下几层含义：

其一，主体的存在形式，既有个体主体（如管理者、被管理者、顾客等），也有一定的集体主体（如社会、公众、政府、其他组织、正式群体与非正式群体等），它们平等、自主地横向交往，共同合成管理的交互主体。

其二，管理活动的交互主体性，是社会性的，它们只有结成一定的社会关系，才可能存在并有意义。

其三，管理的交互主体性所结成的社会关系，是互为主体的相互关系。这种关系，既是为“我”的，又是为“他”的；每个主体，既为自身又为“他人”而存在。同时，这种关系，既是“自”为的，又是“他”为的，是互为主体之间的相互生成和规定。在管理活动及其结果中，各种主体只有在与其他主体的关系中才能实现和映现自身。

其四，管理的社会关系，是人类活动特有的本质联系，它根源于管理的交互主体性，并通过彼此间的相互作用关系而获得现实的存在形式。

美国的一些学者指出，任何一种管理，都存在着固有的两难处境，而现代管理人员则经常处于这样的两难处境。这种两难处境，就反映了管理的这种交互主体性格局。这种两难处境，主要体现在管理价值选择的五大困境[①]：

第一个困境是如何把个人的自身利益与组织的集体利益结合起来，个人利益往往和组织利益是相矛盾的。

第二个困境是管理既需要控制，又需要发挥人的主动性，这样，管理人员必须履行适当的、特定的任务和职责，而他们同时又必须做到发挥个人的主动性。

第三个困境是管理既要执行不顾个人的规则和程序，又要照顾个人的正当需求和特殊需要。规则与程序的存在，是为了减少凭个人好恶行事而增进集体的利益，但同时，每个人都有着各自的正当需求和特殊需要，而这些正当需求和特殊需要常常由于要执行规则与程序而不能得到满足。

第四个困境是管理必须平衡个人要求和集体准则之间产生的矛盾。管理组织是由各种共同工作的人组成的，这些组合对每个个人都有很大影响，它往往与个人的需要和愿望相抵触。

第五个困境是管理既要执行组织的制度和规范，又要改变这些

---

① 刘光明：《商业伦理学》，人民出版社1994年，第195—196页。

制度和规范，既要支持现状的某些部分，同时又得试图改变现状的某些部分。

以上五个困境，事实上都是关于管理者与被管理者之间的交互主体性问题。

从管理组织的外部关系看，社会、公众、政府、顾客和其他管理组织，亦是平等的、独立自主的、自由的“主体”。与它们之间的关系，所体现的是追求自我利益的自主主体和平等主体的交互关系。现代管理组织绝不能只顾追求自我利益而毫不考虑其他“主体”的利益，或者是采用对其他“主体”的利益进行否定的方式来满足自我利益，即通过要挟、征服、利用、威逼，甚至陷害对方来夺取利益，或者以坑蒙拐骗等手段来获取对方钱财。管理的交互主体性，要求把对方看作是与自己有着同样主体性、同样“人格”而予以尊重，从而相互承认、互相协作的主体。

管理的这种交互主体性，被赋予了前所未有的伦理意义。由于现代管理的普遍性、全面性，以及无所不在的影响力，这种在尊重对方权利基础上，在交互主体性意义上建构的管理秩序、理性秩序，就是社会公共生活的伦理秩序，或者说至少是社会公共生活秩序的一个基本层面。

管理的交互主体性表现一种社会性。在管理活动中，人性价值是管理的最高体现。管理的交互主体性，是体现人性价值的客观表现形式，它表现各种管理活动主体之间的内在共同性，从普遍人性的层面概括出管理活动和管理伦理关系在形式、内容和方法方面的超个体的、稳定的规则和规范。这些规则和规范，是相互作用着的管理主体必须遵循的，它们使主体之间达到高度一致。这些规则和规范，作为管理的交互主体性所体现的主体之间的一致性，具有社会性。马克思指出，“人的本质并不是单个人所固有的抽象物。在其现实性上，它是一切社会关系的总和"[①]，而"社会关系的含义是指许多个人的合作"[②]。而作为自主的、平等的主体的"合作"需要，是管理的人性价值的社会表现。

管理的交互主体性表现一种公共性。管理的交互主体性存在于主体间相互作用的关系中，它不以相互作用着的主体[③]的意志为转移。就管理活动的内部关系而言，管理的交互主体性所表现的，主要是管理组织中的个体之间相互联系的活动形式和内容中最一般的东西，它表征一定的管理组织中的个体和群体与管理组织之间相互交换其活动、产品、工具和交流传递其思想、观念、能力、情感、意志等以达到理解、协调、合作、一致的相互作用。这种相互作用，创造了能表达任何管理活动的公共性和一致性，由此形成生产力，也产生管理文化。就管理活动的外部关系而言，管理的交互主体性所表现的，主要是作为类存在物的管理组织反映了管理活动所应该具有的社会普遍性形式，它通过管理活动中的组织和个体的共同参与和相互参与，组织成员之间的思想、观念、能力、情感、意志等由此而相互渗透、相互交融，或相互补充，形成超出任何单个主体的共同性、共同体和普遍关系，包括意义标准，认知、评价、审美的规范、准则和范例，等等。

管理的交互主体性所蕴含的这种公共性，具体表现为：

第一，具有客观性和普遍性。管理的交互主体性，形成于主体的共同活动且运行于主体之间，是一种管理活动中的合理性和交互主体间的普遍有效性，因而是社会性的而非自然性的；另一方面，它又超越于任何个体主体且独立于任何个别的意识、意志，因而又是客观性的。

---

① 《马克思恩格斯选集》(1)，人民出版社 1972 年，第 18 页。

② 《马克思恩格斯选集》(1)，人民出版社 1972 年，第 34 页。

③ 这里的"主体"，既指作为主体的管理组织，又指作为主体的管理组织成员；既指管理组织集体主体，又指组织成员个体主体。

第二，具有先在性和变化性。管理的交互主体性，是管理活动的产物，同时又以前提条件、社会存在的形式反馈于管理活动本身，因而具有某种先在性；同时，它又在进一步的活动中不断充实、调整、修正、进化，其先验效力也不断发生变化，故不具有传统管理理论所理解的那种超出社会历史的抽象性、绝对性和对管理活动的外在性。

第三，具有整体性和协同性。管理的交互主体性，具有系统论意义上的整体性质。作为一种结构和关系，管理的交互主体性是整体的普遍制约性和主体的自主性的对立统一。作为一种调节规则和规范，具有一定的模糊性和宽泛性，特别是内部外部有着种种互补关系。我们亦可以把这种主体间的普遍有效性和客观有效性，称为协同性，它以竞争、合作、选择、整合等作用形式，调节着主体交互间的活动和关系，并制约着人们对管理活动的提问方式和答案的可接受标准。

管理的交互主体性所蕴含的社会性和公共性，构成了管理的内在道德的客观根源和内在根据。正是在管理的交互主体性前提下，主体交相作用、共同活动，以共同体或类存在物的眼光来反思和批判管理活动的目的、行为和过程与自身的需要、期望和行为，并相互渗透，从而形成普遍有效的管理价值系统和规范评价系统。因此，管理的交互主体之间的相互承认和普遍性态度，是形成管理的内在道德的基本前提。

（三）管理内在道德的运作机制

管理的交互主体性，必然要求管理活动根据客观上存在的管理关系结构、特定的活动方式及其条件等，确立一定伦理秩序或规则性要求——这些伦理秩序或规则性要求，是维持管理系统并使之取得效益最优化所不可或缺的，是管理活动必须遵循的一系列可操作的规则和规范，表现为具体的管理观念、管理原则、管理方法和管理手段。这些伦理秩序或规则性要求，被作为一种扩展意义上的管理程序，是一种调整管理行为的规则体系，得到切实具体的运用。这就是管理的内在道德及其运行机制。从制度的意义上讲，管理的内在道德，也就是管理者或管理组织从制度方面解决管理活动领域或管理系统中的伦理问题，表现为人们制定、完善并执行各种符合管理内在伦理规定和道德要求的管理规则，或者说制定符合管理内在伦理规定和道德要求的具体的管理制度。

丹尼尔·A. 雷恩认为，人类的管理根源于“自然资源普遍稀少和敌对的自然环境”与人类需求之间的矛盾。由于资源是稀缺的，不可能无限制地满足人的需求，人们从而形成管理组织，行使管理职能以便有效地获得、分配和利用人类的努力和自然资源来实现某个目标（见图 1-1）[①]。

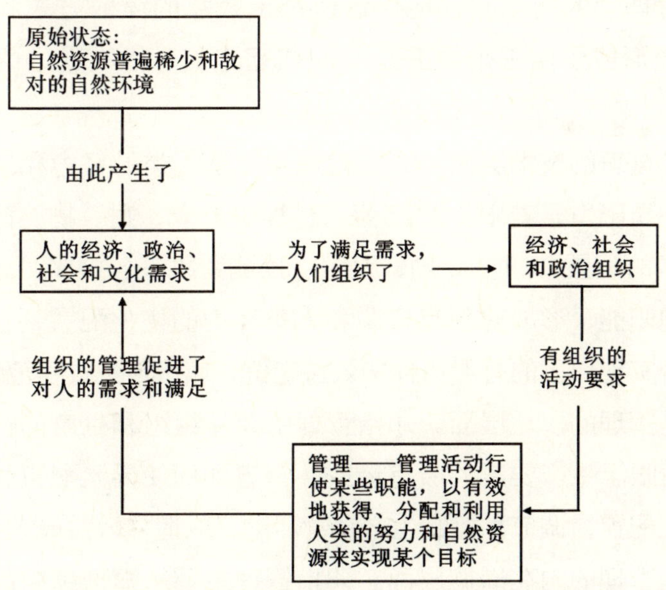

图 1-1　人、管理和组织文化环境的关系模式

① 丹尼尔·A. 雷恩：《管理思想的演变》，中国社会科学出版社 2000 年版，第 9 页。

也就是说，管理一方面需要有效地调节人与“自然资源普遍稀少和敌对的自然环境”之间的矛盾和冲突，从而产生了人与自然之间的伦理关系和伦理问题；另一方面，管理需要调节人与人之间在“自然资源普遍稀少和敌对的自然环境”利用上和利益上的矛盾与冲突，从而产生了人与人之间的伦理关系或伦理问题。换言之，管理就在于有效地去调节和解决人与自然之间的伦理关系和伦理问题，以及在人与人之间的生产劳动关系、利益分配关系基础上产生的伦理关系和伦理问题，去促成现有资源和人类努力的最优化配置和最大效益。因此，人类的管理行为，总是与谋取管理效益和实现管理目标相联系，而谋取管理效益和实现管理目标又总是与人类的伦理关系和伦理问题相联系。由此可见，管理中的一个重要问题，就是管理对于效益的谋取方式和谋取行为的伦理问题。

从管理学的角度看，现代管理对于效益的谋取方式和谋取行为，已经形成了由三个层面组成的相互连贯、依次递进的逻辑统一体。

一是管理的技术层面。即指管理主要从人类的努力和自然资源的自然性质出发，着眼于生产劳动过程中的人、财、物、信息四大基本要素的配置，通过计划、组织、预测、决策、指挥、协调和控制等管理职能，形成对现有资源和人类努力的优化配置，它决定着管理能否实现自己的有形目标和效益定位，属于自然过程范畴。

二是管理的权益层面。即指管理主要从组织和生产的社会关系出发，着眼于生产要素的所有者或经营者如何使要素配置和生产关系的优化配置，调节和控制生产经营活动，以追求效益最大化。

三是管理的内在道德层面。即指管理主要从管理组织的内外部关系出发，着眼于效益的谋取方式和谋取行为是否有利于满足人的精神和道德要求，形成和谐的人际关系、树立良好声誉和道德形象，并获取追求的效益目标。

管理伦理作为管理的一种内在需要，是管理结构及其运行过程中所体现出来的一系列“物化”或制度化了的管理规则、执行程序和管理行为规范，它通过一系列使管理组织内部、管理组织与社会之间、管理组织与管理组织之间等关系协调的措施、方法和途径等体现出来。

管理的权益层面和内在道德层面，属于社会过程的范畴。相对而言，传统管理学注重管理的技术层面，强调对纯粹管理过程的组织、预测和实施，在对行为的经济化假定、经济人设定和量化分析中追求效益的最大化。这样，管理就不免受到数学模型和纯粹工程论观点的限制，使管理最终成为技术工具的俘虏，将手段误作目的，带来对管理本质的误解或简单化，致使传统管理无法适应社会发展的需要。

当管理从技术层面投向权益层面和内在道德层面时，便向真理迈进了一大步。这并不意味着管理活动反对或忽视对自然过程的组织、预测和控制，而是在此基础上体现对管理伦理关系的正确认识和科学解决，其深刻之处，正如马克思所说：

> “人们在生产中不仅仅同自然界发生关系。他们如果不以一定方式结合起来共同活动和相互交换其活动，便不能进行生产。为了进行生产，人们便发生一定的联系或关系，只有在这些社会联系和社会关系的范围内，才会有他们对自然界的关系，才会有生产。”①

从社会性来理解管理活动，管理就是协调组织内外部的各种关系。其中，协调利益关系是首要前提。一方面，管理要使各方的利

① 《马克思恩格斯选集》(1)，人民出版社1972年版，第362页。

益关系得到明确的认定，并使之稳定化，使有限的资源和人的努力得以优化配置，这就意味着管理必须建立权益制度。另一方面，管理要保证能够提供符合伦理原则和道德要求的谋取效益的方式和行为，避免人类的价值理想消融在追求效益最大化的过程中，这就意味着管理必须将伦理原则和道德要求制度化、程序化。如果说管理的权益层面所揭示的社会关系，还是人的利益关系的“实然”，还只是以追求效益为目的，那么，管理中将伦理原则和道德要求制度化、程序化，则以一种强制性形式提供着一种管理的道义和“应然”，规定着人类谋取效益的方式和行为必须具有合伦理性，给管理活动提供一种“应然”模式。

因此，要对管理的全过程实行有效的控制，仅有技术手段是不完全的，还必须同时具有内在道德的运行机制。建立健全管理的内在道德的运行机制的过程，实际上就是使管理的内在道德制度化、程序化、实践化的过程。这一过程，使管理活动中的一系列利益关系和伦理关系得到明确认定，使管理的内在道德成为管理活动的一种内在“秩序”，使管理的内在道德较管理的技术层面和权益层面，更具优先性和至高地位。无论是管理的技术层面还是管理的权益层面，都必须以制度化了的伦理规定和道德要求为规范标准，进行伦理提升和价值论证，使管理活动不仅仅追求现实效益，而且还要寻求对未来的合理性以及根植于有利于人的发展之中。

管理的内在道德，决定管理的为人价值和人性价值，旨在不断探索和创造出能引导人们向人类价值理想过渡的效益谋取方式和获取行为，从而推动管理不断从低级向高级，从不完善到完善的发展，由此在现代管理中具有至高地位。同时，管理的内在道德把凡不符合或违背“人的发展”这一根本原则或根本理念的内容，一律排斥在外，所有技术层面和权益层面的内容，都必须在其规定的范围之内。对管理活动主体来说，管理的内在道德使管理活动主体必须面对管理的内在“秩序”来规范和调整自己的行为。罗尔斯曾以体制的道德观优先于个体道德为例，精辟地指出：

> “一个人的义务和责任，是以关于体制的道德观为先决条件的，因而对正义体制内容的规定必须先于个人要求的规定。这就是说，在一般情况下，人类的管理行为，应该首先决定适用于管理关系结构的基本原则，然后再决定适用于义务和责任的基本原则。”①

管理的内在道德所蕴含的社会性和公共性，其制度化形式对管理活动主体具有一种客观的强制性力量，管理主体的要求和行为要得到它的认可方可实现。可见，管理的内在道德规定，是管理最根本的原则问题，它为管理活动提供最根本的行为准则，具有最高权威的品格。

管理的内在道德与外在道德的关系

管理的道德性的两个方面，一方面是抽象性的管理道德标准问题，即管理的外在道德，它撇开了具体的、特殊的管理运作过程和运作方式，是一种理性的或者说是一种观念性的存在方式，表现为一种道义他律性特征；另一方面是具体性的管理道德标准问题，即管理的内在道德，它内在于具体的、特殊的管理运作过程和运作方式，是一种真实的或者说一种实践性的存在方式，表现为一种道义自律性特征。管理的内在道德与外在道德这样两个方面，使我们对管理的道德性研究还必须说明管理的内在道德与管

① 罗尔斯：《正义论》，中国社会科学出版社 1988 年版，第 37—42 页。

理的外在道德究竟是一种什么样的关系，不同的外在道德对于管理的内在道德，究竟有何不同的作用。

恩格斯说，一切以往的道德，归根到底都是当时的社会状况的产物。管理的道德性，同样首先决定于一定社会的经济关系，是由一定的社会经济关系所决定的社会意识现象。管理的道德性的本质，是反映由一定的社会经济关系所决定的利益（效益追求）同道德之间的矛盾关系。管理的外在道德和管理的内在道德，具有“同源”的社会规定性，它们都源于由一定的社会经济关系所决定的利益（效益追求）同道德之间的矛盾关系。但是，就管理的外在道德与内在道德之间的关系而言，由抽象和具体、一般和特殊的关系所决定，管理的内在道德从属于管理的外在道德。管理的道德性首先表现出来的是，管理的内在道德对管理的外在道德具有依附性和从属性，管理的外在道德决定管理的内在道德，有什么样的管理的外在道德，便有什么样的管理的内在道德。

这种关系的存在，可以从两个方面得到理解：

一方面，管理的内在道德是管理的外在道德在管理活动领域和管理系统中的具体表现。管理的内在道德，首先具有管理的外在道德的某些内在规定要素，在具体的管理活动领域和管理空间，发挥自己独特的规范作用，是管理的外在道德的具体化形式和补充形式，或者说，是管理的外在道德的一种特殊存在形式。管理的外在道德，决定并包容了管理的内在道德的内容。

另一方面，管理的外在道德，是管理行为主体所选择的从事管理活动的一般的伦理原则和道德要求。这些一般的伦理原则和道德要求，决定了人类管理活动与管理行为的价值取向和道德追求，同时也决定了管理的内在道德所认定的伦理规定和道德要求。因为人们对于管理的内在道德的选择和认定，毕竟也是由一定的社会经济关系所决定的，这样，人们在管理系统或管理空间内认定的管理的内在道德，必定受制于一般的伦理原则和道德要求，必定来自存在着的管理的外在道德。管理的外在道德决定着人们对管理的内在道德的选择和认定。

概括地讲，管理的内在道德依附于管理的外在道德、服务于管理的外在道德。不论是将管理的内在道德理解为管理的外在道德在管理活动领域或管理系统内的具体体现，还是将它理解为管理的外在道德作用力下的必然选择，管理的内在道德只是管理的外在道德的一种特殊存在形式，必须保持与管理的外在道德在本质上的一致性。

由管理的内在道德和管理的外在道德的关系所决定，管理的内在道德和管理的外在道德，又存在着相互依赖、不可或缺、相互转化的关系。

首先，管理的外在道德是形成管理的内在道德的基本前提。在管理的内在道德产生之前，通常先有管理的外在道德的存在。只有在属于管理的外在道德范围的一般伦理原则和道德要求“适应”或介入管理活动领域和管理系统，才可能产生管理的内在道德。因此，没有管理的外在道德，就不会有管理的内在道德。

其次，管理的内在道德是实践管理的外在道德的具体表现。因为管理的内在道德中的“道德”，与管理的外在道德中的“道德”具有本质上的一致性，这就使管理领域和管理系统为管理的外在道德的实践提供了具体领域和活动空间，为管理的外在道德的可行性、可接受性和有效性提供了可能。

再次，管理的外在道德和管理的内在道德，两者是不可或缺的。管理的外在道德作为一种一般的伦理原则和道德要求，对于管理的内在道德通常具有价值评判和价值标准的性质。管理的外在道德，从外部激励、赞赏管理活动或管理系统作出合乎一般伦理原则和道德要求的管理行为，从而激发这样的行为，或从外部谴责、监督那些管理活动或管理系统中违背或无视一般伦理原则和道德要求的管理行为，从而减少这样的行为。对于那些尚不具备足够道德自觉的管理主体来说，管理的外在道德的制约力，在一定程度上，可以导致客观的道德效果。

最后，如果没有管理的内在道德，就无法展示管理的外在道德在管理领域或管理系统中的具体的、明确的、系统的道德要求，管理的外在道德就会成为抽象的存在，从而丧失其可行性、可接受性和有效性。在进行管理的具体运作时，如果没有任何道德上的考虑，或排斥任何伦理因素的影响，那么，合乎客观事物尺度的管理行为，就可能同时是违背伦理原则和道德要求的行为。在这种情况下，由于管理的“效益”动机强于管理的“伦理”动机，管理的外在道德的实际作用就会被大大削弱，一般的伦理原则和道德要求就会被架空，就不可能落到实处，管理也就可能成为道德的盲区，缺乏应有的伦理价值和道德追求。

从管理的内在道德的管理与外在道德的从属性质出发，我们还可以得到两个相关的结论：

第一，不同的管理的外在道德，决定着不同的管理的内在道德。认识和解释一种具体的管理的内在道德，只能从确定的管理的外在道德中去寻找答案，而不能脱离其相对应的管理的外在道德。如由资本主义生产关系所决定的资本主义社会的一般伦理原则与道德要求，与社会主义生产关系所决定的社会主义社会的一般伦理原则和道德要求，有着本质上的不同规定，由此便决定了资本主义的管理道德与社会主义的管理道德有着本质不同的规定性。由私有制生产关系所决定的资本主义社会的一般伦理原则是个人主义，由公有制生产关系所决定的社会主义社会的一般伦理原则是集体主义。

第二，要改变或否定一种管理的内在道德，必须改变或否定这种管理的内在道德所依附的外在道德。一定的社会经济关系对管理的道德性的本质规定，决定了管理的道德性只能到具体的、历史的、特殊的社会经济关系中去寻找自身生存和消亡的理由。同样，管理的外在道德对管理的内在道德的决定作用，也决定着管理的内在道德只能到管理的外在道德中去寻找自身生存和消亡的秘密。否则，任何一种对具体的管理的内在道德的改造或否定的企图，都只能是徒劳的。

管理的外在道德，包括两个层次：一是最高规范。它是普遍的，提供着世界上基本的道德结构，因此它是对所有社会行为和管理行为提出的要求，是社会道德和管理道德（内在道德）发展的基础。二是社会道德。它作用于社会范围内，不同的社会形态具有不同的社会道德，它提供了管理道德得以发展的特定条件。

管理的内在道德，是在社会道德提供的自由空间中发展出来的指导管理行为的特殊道德（管理组织内的）。所谓社会道德提供的自由道德空间，是指社会道德和最高规范具体实践的特殊道德领域。因此，管理的内在道德准则和道德要求，可以依据管理领域和管理系统自身的内在结构和内在要求而专门制定。

依据管理的内在道德与管理的外在道德的关系，我们可以用图式表示（见图 1-2）。

最高规范　　普遍的（管理的外在道德）

1 生存权
2 人身安全和健康
3 活动参与权
4 知情权
5 财产所有权
6 人人有平等的尊严
7 个人自由
……

社会道德　　社会的（管理的外在道德）

1 与最高规范一致
2 一般的社会伦理道德原则
3 社会道德评价系统
4 道德的自由空间
……

管理道德　　管理组织的（管理的内在道德）

1 资源优化配置与效益最大化
2 信任、尊重、关心
3 权利、公平、民主
4 责任、服务、秩序
5 和谐
6 协作和竞争、合法、守约
7 提供安全的工作场所
……

图 1-2　管理的内在道德和外在道德关系模式

管理伦理的四大领域

我们知道，管理涉及组织的方方面面，无论从管理职能、管理过程，还是从组织中每个管理者的特定管理岗位与具体管理事务来看，管理都是一个复杂的系统。管理既受到组织外部环境因素的影响，也受到组织内部资源的制约。这些外部环境因素与内部资源状况，随着时间的推移都可能发生变化，而且这种变化有不断加快的趋势。这就为管理伦理的发展变化提供了无限的空间。但总的来看，在管理系统中，管理的内在道德与管理的外在道德，主要贯穿于管理理念、管理组织、管理模式和管理方式等四大领域。

（一）管理理念

“理念”的基本含义，是世界的原型和本质，是规律与价值的统一，是合规律性与合目的性的统一。从规律性上讲，理念是对客观事物本质的抽取和概括；从目的性上讲，理念反映主体的价值标准、价值判断、价值取向和价值构成。任何活动都离不开某种理念的支撑，只有具有了特定活动领域的基本理念，才能自觉地观察、认识、把握现象，才能形成改造、创新这一领域的行动方案和计划，才能在实践中不断地形成新的理念。管理理念，对于组织的管理活动不可或缺。

马克斯·韦伯曾认为，历史发展的决定因素，是社会的思想关系、精神因素和知识力量。他在《新教伦理与资本主义精神》一书中确立了这种分析模式，即认为新教伦理的基本精神，如勤俭、诚实、守信等，乃促进西方资本主义经济发展的决定性精神力量和伦理前提。这种认为观念、理念决定社会发展的观点，被称为“思想决定论”。他说：

> “虽然经济理性主义的发展部分地依赖理性的技术和理性的法律，但与此同时，采取某些类型的实际的理性行为却要取决于人的能力和气质。如果这些理性行为的类型受到精神障碍的妨碍，那么，理性的经济行为的发展势必会遭到严重的、内在的阻滞。各种神秘和宗教的力量，以及以它们为基础的关于责任的伦理观念，在以往一直都对行

为发生着至关重要的和决定性的影响。”①

一个组织的管理理念正确与否，对组织的生存和发展起着决定性作用。例如，近年来，国内外企业的经营管理理念正在发生深刻的变化，对人的管理更加重视，突显管理的“人本”理念；对“管理”的认识，传统的认识是“命令和控制”，新的认识是“相互适应和协作”；在竞争观念上，传统的观念是“你死我活”，新的认识是“合作竞争，双赢策略”；在满足顾客、创造市场、获取竞争优势上，虽然都强调“TQCS”②，但是，传统的认识强调“Q与C”的重要性，新的认识则强调在立足“Q与C”的前提下，更加突出“T与S”的重要性，即如何快速地为顾客服务将成为企业的制胜法宝；在员工与老板的关系上，传统的认识是“员工是老板与企业发展的工具”，新的认识是“员工是主人，老板与企业是员工发展的工具”；在时空观念上，传统的认识是“时间与空间是企业发展的约束”，新的认识是“时空是企业发展的资源”；等等。③

人类在开始自己的活动之前，首先要对活动的目的、步骤、过程、手段、结果等进行认识或者观念符号建构。管理理念是基于管理活动的内在要求而经人类的自觉意识提升的结果。它一经形成和确立，就对人类的实践活动具有指导和规范意义，就是组织管理的一种“软规则”创制，一种“非正式制度”。这种“非正式制度包括行为准则、伦理规范、风俗习惯和惯例等”，“它构成了一个社会文化遗产的一部分并具有强大的生命力……，是得到社会认可的行为规范和内心行为标准”。④

管理理念是管理伦理的高度概括和集中体现，是一个组织的内在

① 马克斯·韦伯：《新教伦理与资本主义精神》，三联书店1987年版，第15—16页。

② T-time，时间；Q—quality，质量；S—service，服务；C—cost，成本。

③ 吴价宝：《21世纪管理实践与管理科学发展的基本特征》，《经济管理》2001年第6期。

④ 道格拉斯·C. 诺斯：《制度、制度变迁与经济绩效》，上海三联书店1994年版，第64页。

精神之魂。它贯穿于组织管理的全过程，组织的一切管理活动，都受到它的支配。

（二）管理组织

著名社会学家塔尔科特·帕森斯指出，在现代时空中，“‘组织’这个词是指一种被认为在现代工业社会里占有特别重要地位的大型集体。它通常被称为‘科层’”[①]。

在社会学的意义上，组织按其被组建的目标或功能类型来划分，可区分为四种基本类型[②]：

一是经济生产组织，这类组织的典型是实业公司。

二是政治目标组织，这类组织取向于实现有价值的目标，以及形成和部署社会的权力，主要包括政府机关。

三是整合组织，这些组织是在社会层次上提供效能但不是生效的组织。它们涉及调解冲突和指导动机去实现制度的期望。这类组织的典型是法庭和法律职业功能的实体部分。

四是模式维持组织，主要指那些具有文化、教育和揭示功能的组织。这类组织的典型是教会和学校。

新制度经济学家道格拉斯·C. 诺斯也将“组织”分为四类：

政治组织（政治派别、参议院、有规章的机构）；

经济组织（企业、工会、合作社）；

社会组织（教堂、俱乐部）；

教育组织（学校、职业培训中心）。

道格拉斯·C. 诺斯还把“组织”看作是理解历史演变的钥匙。这种认为有效率的组织、制度化决定社会发展的观点，被称为“制度决定论”。在《西方世界的兴起》一书中分析西方世界兴起的原因时，他指出：

---

① 塔尔科特·帕森斯：《现代社会的结构与过程》，光明日报出版社 1988 年版，第 15 页。

② 塔尔科特·帕森斯：《现代社会的结构与过程》，光明日报出版社 1988 年版，第 37—38 页。

“有效率的经济组织是增长的关键因素；西方世界兴起的原因就在于发展一种有效率的经济组织。有效率的组织需要建立制度化的设施，并确立财产所有权，把个人的经济不断引向一种社会性的活动，使个人的收益率不断接近社会收益率。”①

管理组织是社会经济组织之一种。管理组织是管理理念和管理观念的载体，是管理理念的深化和延伸。现代管理组织的发展变化，无不体现现代管理理念和管理伦理的发展趋势。国内外的现代化管理组织，一改传统占主流地位的金字塔式的层级组织结构形态，中间管理层越来越失去原有的价值，企业的管理组织逐步被扁平型组织、网络型组织所取代，管理者的管理幅度数倍增加。借助网络与信息技术，企业的每个员工，虽然工作岗位不同、工作地点不同，但可以在同一时间与同一管理者直接进行沟通；强调对企业生产经营系统和组织结构的革命性变革，提出“企业再造”的管理组织新理论；更加重视组织管理的整体性和系统性，提出了建立学习型组织，进行“五项修炼”的新理论；由于环境的复杂多变，为增强企业的灵活性与应变性，提高为顾客服务的效率，降低企业的经营风险，企业不再封闭运行，盲目贪大求全，而是通过虚拟组织来解决企业的敏捷制造、快速服务以及低成本运行等问题。虚拟化组织成为现代企业组织的一种新兴形态。现代企业组织集中发展具有核心竞争能力的技术、产品或服务，将其他相关业务进行外包。

创新是现代管理的重要伦理品质。在现代管理组织中，实施组织系统创新与建立管理创新的组织机制，使企业创新工作系统化、

① 道格拉斯·C. 诺斯、罗伯特·托马斯：《西方世界的兴起》，学苑出版社 1988 年版，第 1 页。

持续化、全员化、高效化，促进传统组织向创新型组织转化，让组织员工从勤奋努力地工作转向更聪明地工作，从利用员工劳动的体能转向开发员工的潜能，成为现代管理组织的发展趋势。最有价值的劳动是创新性劳动，知识性员工对发展空间的要求，比对利益空间的要求更迫切，激励员工创新、为员工的创新活动创造良好的环境，是现代创新型组织的重要伦理特征。

管理组织既是管理伦理的载体，又是管理伦理的组织者和实施者。管理组织的价值，在于使管理理念获得具体的落实。贝尔指出："最为关键的事实是，社会不是自然撮合物，而是一个人造结构，它有一套专横规则来调节自己的内部关系，以免文明的薄壳遭到挤压破坏。"①关于管理理念与管理组织的关系，塔尔科特·帕森斯这样指出：

> "价值规定了行为的总方向。然而，价值并不告诉个人在既定的情境中干些什么；价值太一般（抽象）了。"

> "价值系统自身不会自动地'实现'，而要通过有关的控制来维系。在这方面要依靠制度化、社会化和社会控制一连串的全部机制。"②

管理组织，是在既定管理理念约束下为了实现一定的目的而创立的。莱斯利·里普森说："应当明确我们的价值取向和最可能产生影响的组织。"③ 同时，反过来，管理组织又是实施管理理念的代理实体，或者说，管理组织是管理理念的代理人。管理组织通过制定

---

① 丹尼尔·贝尔：《资本主义文化矛盾》，三联书店 1989 年版，第 51 页。
② 塔尔科特·帕森斯：《现代社会的结构与过程》，光明日报出版社 1988 年版，第 141 页。
③ 莱斯利·里普森：《政治学的重大问题》，华夏出版社 2001 年版，第 11 页。

管理模式和管理方式，综合地体现管理理念，从其构成来说，是一种形式合理性取向，是工具理性。从其运行来说，又是一种实质合理性取向，是价值理性。在这种意义上，管理组织就是一种伦理实体。

（三）管理模式

模式或模型，是指某种事物的结构性特征与标准性形式，或固定格式。所谓管理模式（Management System），也称管理模型（Management Model），是指管理所采用的基本理念（思想）和管理方式的有机结合所形成的结构性特征与标准性形式，是一种成型的、能供人们直接运用的完整的管理体系。通过这套管理体系，可以发现和解决管理过程中存在的问题，规范管理手段，完善管理机制，实现既定的管理目标。换言之，管理模式是一种综合性的管理范型或范式，是组织的管理理念和管理方式在管理实践中的有机结合，是管理组织实现管理理念和管理目标的必然途径。

在一定意义上，管理模式就是从特定的管理理念出发，在管理过程中固化下来的一套操作系统，是在管理人性假设的基础上，设计出的一整套具体的管理理念、管理内容、管理工具、管理程序、管理制度和管理方法论体系的有机统一。用公式表示，即为管理模式=管理理念+系统结构+操作方法，可简单表述为管理模式=理念+系统+方法，即

$MS=f(I)+f(O)+f(S)$（IOS 模型）

其中，MS：Management System，I：Idea/Ideology，O：Operation/Organization，S：Stratagem/Strategy。

一般来说，由于不同的历史文化背景，不同的国家具有不同的管理模式；由于性质不同，不同的组织也具有不同的管理模式；即使同一个组织在不同的时期，也有不同的管理模式。不同管理模式，决定组织管理的特征，体现不同组织管理的差异性。

目前，在理论上比较公认的管理模式，有日本管理模式和美国管理模式等。

美国的管理模式，是鼓励个人英雄主义，以及以能力为主要考核特征的模式，在管理上主要表现为规范化管理、制度化管理、条例化管理，以及以法制为主体的科学化管理。

日本的管理模式，是以集体主义为核心的年功序列制、禀议决策制等为主要特征的模式，在管理上主要表现为重视人际关系、集体利益至上、家族主义等，以情感管理为主。

管理模式大致可分为传统/等级模式、人际关系模式、系统模式和现代人本主义管理模式。

传统/等级模式侧重于组织内管理体制和管理技术的提升与完善，强调组织内正式或非正式团体的建设，目的在于提高组织的效率，对员工实行平等式管理。

系统模式将侧重点转向于注重组织的整体性和目标性，强调人与人之间、人与部门之间、部门与部门之间的整体协调，对员工实行协作互动式管理。

现代人本主义管理模式强调以人为中心，强调个体在组织中的作用，管理的中心任务是调动员工的工作积极性，重视对人力资源的管理与开发，目的在于使组织更富有活力，对员工实行民主的、开放的管理。

管理模式既体现管理的内在道德，又体现管理的外在道德，是管理伦理的综合体现。管理模式的发展变化，综合地体现管理伦理的发展变化。

（四）管理方式

管理理念、管理模式的最终实现，管理组织对管理活动的组织实施，都需要体现在具体的管理方式、方法和手段上。随着社会政治、经济、科学技术和文化的发展，现代企业组织所面临的内外环境，都发生了一系列深刻变化。为适应这些变化，现代管理出现了一系列引人注目的管理新方式，伦理化的管理方式成为现代管理方式的重要特征。

例如，现代组织管理在管理方法上已经出现了集成化的趋势。随着科学的交叉融合、管理实践的强力推动，产生了许多新的管理方法，如准时生产（JIT）、精益生产（LP）、柔性制造（FM）、计算机集成制造系统（CIMS）、敏捷制造（AM）、虚拟制造（VM）、并行工程（CE）、供应链管理（SCM）、企业经营过程重组（BPR）、企业资源计划（ERP）、学习型组织（LO）、电子商务（EC）等等。并且，现代管理不仅仅是上述管理方法的单独运用，而是借助信息技术，将各种先进的管理方法进行集成，出现了新的 CIMS（计算机集成管理系统，Computer Integrated Management System）。企业管理最繁重的任务，已不再是对物流、资金流与人流的管理，而是对信息流的管理。现代企业管理几乎一刻也离不开计算机，离不开信息网络。计算机开始代替管理者的笔、纸、电话、传真机、复印机，乃至管理者的部分大脑。由于管理手段的信息化，管理活动越来越精确化和高效化。

再如，从产品经营到资本经营，再到知本经营，从融资到融智，是企业经营的必由之路。由于人力资本成为企业生产经营的第一要素，如何对人力资本进行有效的管理，成为现代管理的难题之一。要对人才和人力资本进行有效的管理，充分调动人的主动性、积极性和创造性，最根本的就是要坚持管理的人性化。企业管理的目标，已不再是新古典经济学的利润最大化假设，而是将人的发展作为根本目标。每个员工不再是“工具”，而是企业的主人，每个员工都追求自身的价值实现。“胡萝卜加大棒”式的管理时代从此结束，尊重人、关心人、激发人、使人更聪明、使人成为人的人性化管理、伦理化管理、民主化管理等管理方式，成为现代企业管理的主导方式。

管理伦理的四大领域，管理理念是管理伦理建设的先导和前提，它为管理组织、管理模式和管理方式注入伦理思想和价值取向；管理组织为管理伦理建设创建管理模式和管理方式，提供组织保障和有效的制度机制；管理模式综合地体现管理的内在道德和外在道德；管理方式则是管理伦理和管理理念的具体体现，是实现管理伦理和管理理念的具体途径。

在管理伦理研究的视域中，管理的道德性与管理的内在道德、管理的外在道德，以及与管理伦理的四大领域——管理理念、管理组织、管理模式和管理方式之间的内在关系，可以用图 1-3 表示。

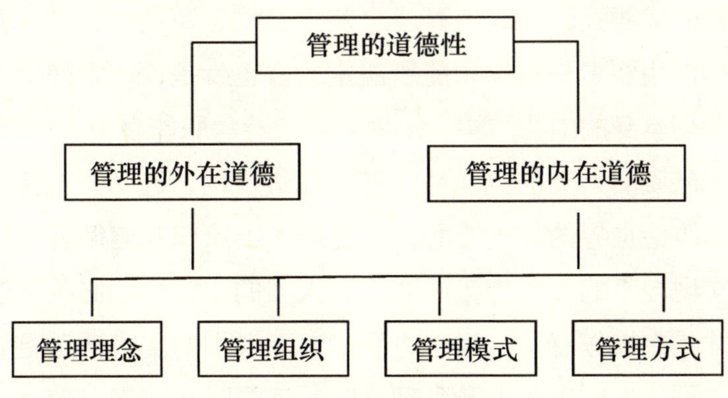

图 1-3　管理伦理的结构模型

2.
管理的伦理属性

管理的道德性，不能到管理之外去寻找，而是由管理本身的内在结构、作用要素与特殊职能所决定的。也就是说，管理的道德性存在于管理本身的内在结构、作用要素与特殊职能之中。离开管理，我们就无从说明人类的实践活动是如何进行的，进而也无法说明人类是怎样改造世界的。一方面，管理是人类认识并遵循客观规律从而得以实现自己的本质力量的方式，人类的实践活动必须在管理的规定下才具有操作意义。另一方面，由于人类的实践活动是管理的现实化过程，当从实践上升到理论时，就同时存在着对包含在实践活动中的管理的反思和评价。因此，在某种意义上，“管理”这一概念本身就同时蕴含着事实判断和价值判断，具有“事实判断和价值判断相结合”的意味。哈拉尔这样说：

> “机构并不是凭空出现的，而是一个社会所视为神圣的思想信仰和价值观念的表现。归根到底，是因为组织行为产生于人们需要用来解释现实的某种类型的观念模式、思想意识、范例或其他抽象的范例、习惯和信念等等。”①

① 威廉·E. 哈拉尔：《新资本主义》，社会科学文献出版社 1991 年版，第 23 页。

在管理行为的事实判断和价值判断之间，应该具有一种内在的一致性，不能将事实判断和价值判断相分离。这种一致性，是管理的道德性形成的内在根据。也就是说，在管理的内在结构、作用要素与特殊职能中，管理自身具有价值性和伦理性质。这是管理与伦理结合的内在基础。

管理是人类的“类特性”

在国外，“管理”一词的英文是 Manage，据语言学家研究，很可能来源于法语中的 Manège，或意大利文的 Maneggiare，原意据说是“用手操控”。经过长期的演变，后来具有“处理”、“经营”、“安排”、“办理”、“设法对付”等多种含义。这个词，被美国人最早用于管理学中，成为管理学、经济学、政治学等学科中最基本的概念。

在我国，古代汉语本无“管理”一词。现代汉语中的“管理”一词，来自西语的意译。从汉语中的字义来看，古时人们将中空贯通的长条物称为“管”，以后引申为规范、准则、法规等义。“管”字动词化，又含有主宰、主管、包揽、管辖、管制、约束、控制等意思。“理”字古时为整治土地、雕琢玉器、治疗疾病等意思，后来进一步引申为道理、整理、治理和处理事务等意思。

在我国古代，与“管理”一词意义相近的有：管理国家叫作“治理”，管理“三军”叫作“统帅”，管理商店叫作“经营”，管理事务叫作“操持”，等等。这说明，我国一向就把“管理”看成是依据某种道理（思想、意志、法则、规范、准则）去对人对事进行管辖、治理，以协调各方面的关系，从而达到某种目的的活动。在人们的日常生活中，大凡涉及人的自主行为，如个人对自身行为的约束，对物质的保管和使用，以及对他人行为的干预和对各类关系的协调等，无不用“××管理”相称。

管理作为人类的一种自主活动，是随着社会的进步和人的发展而变化的。在古代，由于自然经济的分散性和社会协作比较简单，管理主要不用于经济活动而大量地用于宗教、道德，特别是政治活动。因此，古代的管理概念，主要是指管理社会事务和治理国家政务，与“政治”一词几近同义。比如，亚里士多德在其名著《政治学》中，就曾将“政治”明确解释为管理城邦国家。我国古籍中虽无“政治”一词，但儒家倡导的“修身”、“齐家”、“治国”、“平天下”这套宗法伦理政治，同样包含着政治即管理的意味。孙中山认为，政治即管理民众之事，其管理概念所指的也是政治概念。西方近现代一大批政治学家和社会学家（如韦伯），将管理看成是少数上层人物凭借职权支配多数下层人员的职权等级系统，同样是从政治学的角度来理解管理的。即使在今天，我们的语言中还大量保留着管理即政治的传统遗痕。比如，人们将管理家务称为“家政”，国家管理财务称为“财政”，管理渔业称为“渔政”，管理税务称为“税政”，管理邮务称为“邮政”，管理社会事务称为“民政”，如此等等。所有这些都说明，管理并非只是一个经济学概念，同时还是一个政治学概念。在古代，管理主要是一个政治学概念，大量地用于指称各种政治行为。

“管理”一词被人们主要用作甚至专门当作经济学、管理学概念来使用，是从近现代开始的。在近代，随着资本主义商品生产的出现和发展，社会分工日趋细密，生产协作日益突出，生产管理和企业管理便应运而生。特别是现代，企业与企业、地区与地区、国家与国家之间的竞争，主要不取决于资源、人力的多寡，而取决于科技、管理水平的高低，这样，管理一词的外延和内涵便发生了历史性转移，终于演化为我们今天所看到的管理概念。纵观近现代管理学对管理概念的认识，可以概括为以下几类看法：

一是认为管理是利用各类资源提高生产效率的组织过程。这种观点认为，生产的基础是多种资源（人力、物资、资金、时间、信息等），目的在于以较少的投入取得较多的产出。为此，生产过程就必须合理地利用、配置资源，科学地组织人力和节省工作时间。这种以资源为基础，以盈利为目标的组织，利用多种资源的过程或手段，就是管理。

二是认为管理是一种经营职能。著名管理学家法约尔认为，大企业的经营包括技术活动、商业活动、安全活动、会计活动、财务活动和管理活动，而管理则具有计划、组织、指挥、协调和控制五种职能。法约尔之后，管理学界先后出现了“六职能”说、“七职能”说、“三职能”说、“四职能”说和“二职能”说。但无论哪类职能说，都是从管理的经济职能这一侧面去界定管理的，其区别只不过是对职能的分类不同而已。

三是认为管理是一种行为控制。“科学管理之父”泰罗认为，他所创的“科学管理”不是别的什么，而是通过作业管理和组织管理去“管理别人的科学”；马克斯·韦伯认为，等级、权威和行政制，是一切社会组织的基础，他的理想也是通过建立“理想的行政组织体系”去严格控制和管理好组织成员的行为。行为学派指出，管理要处理的是人的需要、人的动机和人的行为三者之间的关系，其核心是人而不是物。管理成败的关键在于，如何激励人的主动性、积极性、创造性和协调人际关系，舍此便谈不上有效的管理。

四是认为管理就是科学决策。美国卡内基-梅隆大学教授、1978年诺贝尔经济学奖获得者西蒙认为，管理是制定和贯彻决策的过程，决策是否科学和贯彻是否有效，关系着管理的全部命运。他特别强调管理的决策职能。在他眼里，管理就是科学决策，决策和管理几近同义。

五是认为管理是领导或领导艺术。美国加州大学管理学院院长孔茨认为，管理是通过别人，并同别人一道完成工作任务的领导技能。美国女管理学家玛丽·帕克·福莱特则说，人的资源是管理要素的核心，个人行为是实施管理的媒体，管理就是通过别人把事情办好的用人艺术。

六是认为管理是一种行动的文化。美国经验主义学派代表人物德鲁克认为，管理是一种有技能、有工具、有技术的工作或知识，是一种行动的文化。这种文化，既包括可以直接运用于管理的有关技能、技术、工具和知识等所谓“显文化”，也包括管理者对价值、风格、信仰和传统的理解等所谓“隐文化”。

七是认为管理是一种思想。美国著名管理学家戴维在其《管理：一门人文学》一书中说：“管理并不实际存在。这是个词语，是一种思想。就像科学、政府、工程一样，管理是个抽象的概念。”在他看来，管理只是一种思想，确切地说，只是管理者的思想。所以，管理是不存在的，实际生活中存在的只是管理者。

以上这几类看法，从不同的侧面或层次反映了管理的不同属性或不同方面的本质。然而，不可否认的是，上述的管理概念并不是一种对人类管理活动的最高度的抽象概括，并不能反映出管理活动所固有的最一般的本质属性。

按照马克思主义的观点，是劳动创造了人，创造了人类历史。自从人类开始了劳动，也就开始了管理。“整个所谓世界历史不外是人通过人的劳动而诞生的过程。”①人之所以区别于其他自然物，不在于人的生物本能，而在于人在自然界通过劳动进化而形成的生存活动方式。管理就是人类所独有的这样一种生存活动方式。马克思指出：

---

①《马克思恩格斯全集》(42)，人民出版社1979年版，第131页。

“一当人们自己开始生产他们所必需的生活资料的时候（这一步是由他们的肉体组织所决定的），他们就开始了把自己和动物区别开来，人们生产他们所必需的生活资料，同时也就间接地生产着他们的物质生活本身。人们用以生产自己必需的生活资料的方式，首先取决于他们得到的现成的和需要再生产的生活资料本身的特性。这种生产方式不应当从它是个人肉体存在的再生产这方面来加以考察，它在更大程度上是这些个人的一定的活动方式，表现他们的生活的一定形式，他们的一定的生活方式。个人怎样表现自己的生活，他们也就怎样。因此，他们是什么样的，这同他们的生产是一致的——既和他们生产什么一致，又和他们怎样生产一致。”①

很显然，每个具体的个人，才是人类劳动的参加者，马克思把人参与生产劳动称为人的“一定的活动方式”、“生活的一定形式”、“一定的生活方式”，或生产的“共同活动方式”。马克思还指出，在确切的意义上，“这种共同活动方式本身就是‘生产力’”。马克思关于人的“一定的活动方式”和生产的“共同活动方式”的这段论述，逻辑上包括三层意思：

第一，人的肉体组织的直接生存需要（有机体和自然界的物质交换），是通过间接的生产活动来实现的；

第二，生产活动本身的方式，是由现成的物质生活资料的特性决定的，而不是由人的肉体组织的再生产决定的；

第三，具体的个人作为人类生产劳动的参与者，其生产活动一开始就存在某种“共同活动方式”。

---

① 《马克思恩格斯选集》(1)，人民出版社 1972 年版，第 24—25 页。

这种“一定的活动方式”和“共同活动方式”，就是人类的“管理”。马克思说，管理“这种规则和秩序，正好是一种生产方式的社会固定的形式，因而是它相对地摆脱了单纯偶然性和单纯任意性的形式”。[①] 因为在更深刻的意义上，人在使自然物发生形式变化的时候，生产什么和怎样生产，已经由“一定的活动方式”和“共同活动方式”先在地决定着，人要“在自然物中实现自己的目的”，“劳动过程结束时得到的结果，在这个过程开始时就已经在劳动者的表象中存在着，即已经观念地存在着”。[②] 人的生产活动，是一种有意识的、有目的性的实现（实践的物化活动）过程，同时也就是人类的管理过程。

人类的起源史表明，原始人为保存自己，适应外部的恶劣环境，在最早的活动中就开始了组织、管理活动（首先组成氏族，然后形成部落），“以群的联合力量和集体行动来弥补个体自卫能力的不足”。例如，在追捕大的野兽时，总是有的人围截，有的人捕杀，集体内各成员通过信息传递和反馈来协调行动。这样，一方面弥补了原始工具的简陋和低劣，另一方面克服了单个人无法从事某些活动的困难。久而久之，人类就开始意识到，在许多人共同生产劳动的情况下，需要统一的指挥和调节，即需要管理，以协调单个人的行动。正是通过自我组织、自我管理，人类开始了征服自然的劳动，使人从“最初动物式的本能劳动”过渡到“专属人的劳动”。因此，我们说“劳动创造人”，“劳动创造了人类历史（社会）”，同时也就意味着，劳动创造了管理，劳动体现着管理。在一切关于“人是什么”和“社会是什么”的规定中，都内含着管理问题。人，既可以说是社会性的动物，会制造和使用工具的动物，也可以说是一种自我组织、自我管理的动物。一部人类文明的发展史，在一定意义

① 《马克思恩格斯全集》(25)，人民出版社 1974 年版，第 894 页。
② 《马克思恩格斯全集》(23)，人民出版社 1972 年版，第 202 页。

上说，就是一部人类管理的发展史，即不断地摆脱单纯的偶然性和任意性，从必然走向自由的历史。

因此，在本质上，管理也同劳动一样，是人的“能动的、类的生活”，是人的“种的类特性”。[①] 人类正是通过自我组织、自我管理的“种的类特性”的作用，从而使生产劳动表现为普遍的、自由的、自觉的活动，使人与动物在本质上区别开来。马克思指出：

> “在实践上，人的普遍性正表现在把整个自然界——首先作为人的直接的生活资料，其次作为人的生命活动的材料、对象和工具——变成人的无机的身体。”[②]

> “动物也生产。它也为自己营造巢穴或住所，如蜜蜂、海狸、蚂蚁等。但是动物只生产它自己或它的幼仔所直接需要的东西；动物的生产是片面的，而人的生产是全面的；动物只是在直接的肉体需要的支配下生产，而人甚至不受肉体需要的支配也进行生产，并且只有不受这种需要的支配时才进行真正的生产；动物只生产自身，而人再生产整个自然界；动物的产品直接同它的肉体相联系，而人则自由地对待自己的产品。动物只按照它所属的那个种的尺度和需要来建造，而人却懂得按照任何一个种的尺度来进行生产，并且懂得怎样处处都把内在固有的尺度运用到对象上去；因此，人也按照美的规律来建造。”[③]

正是管理的普遍性、自由性和自觉性特征，使管理成为“一种

---

① 《马克思恩格斯全集》(42)，人民出版社 1979 年版，96 页。
② 《马克思恩格斯全集》(42)，人民出版社 1979 年版，第 95 页。
③ 《马克思恩格斯全集》(42)，人民出版社 1979 年版，第 96—97 页。

生产方式的社会固定的形式”。其含义可以从以下几个方面得到理解：

其一，管理是人类的一种目的性活动。马克思的论断表明，人类既有同动物相似相通的本能活动，又有与之完全不同的目的性活动。人作为一个有生命的自然存在物，先天地具有求生存、求安全的生物本能，这类活动是由先天遗传所获得的无意识行为。而人之为人，人高出于其他一切动物的地方，却在于人还有另一类活动，即由各类意识支配着的目的性活动，这就是管理活动。在原始管理活动中，就已包含着人类明确的目的性和计划性，尽管这种目的和计划还很简单。随着管理活动的发展，管理的目的性越来越复杂、计划越来越周密，以至发展到今天，管理决策和计划已构成管理过程中的一个相对独立的领域，成为管理活动成败的关键环节。判断人类某种活动是否属于管理活动，或有无管理属性，首先要看这种活动本身有无自觉的意识和明确的目的。

其二，管理是人类实现目的的对象化活动，是主观见之于客观的实践活动。人类有目的的活动，可以划分为两类：一类是客观见之于主观的认识活动，另一类是主观见之于客观的实践活动。前者指主体对客体的反映，其进程是由外到内、由客观到主观，目的在于认识客观世界；后者指主体对客体的能动改造，其进程刚好与前者相反，表现为从内到外，由我及物，目的在于将主体自身的需要、意志、追求实现出来。显然，人类这两类活动都有明确的目的、计划，但两者的目的指向却刚好相反。黑格尔将后一类活动看成绝对理念的对象化（或物化，或异化，或外化）过程，马克思则看成是人类实现自由自觉本质的实践活动。毫无疑问，管理作为有明确目的指向的人类自组织活动，离不开诸如预测、目标、决策、计划等思维形式，而且在整个管理过程中，无论是组织、指挥、控制、协调、激励、引导诸环节，也无不渗透着管理者的意向、偏好和被管理者的情绪、追求，以致有人认为管理就是决策，就是思想，就是信息的传输和反馈。但是，从本质上看，却不能将管理活动仅仅等同于人的认识活动，而应该将管理活动看成是实现思想的实践活动。马克思指出："环境的改变和人的活动的改变的一致，只能被看做是并合理地理解为革命的实践"。[①] 所谓"革命的实践"，在一定的意义上，就是指人类通过管理而实现目的的对象化活动。

其三，管理是一种自觉的自组织活动，它按照自觉的目的和复杂的方式将人类社会高度组织起来。根据系统论的观点，任何系统都是组织。系统各要素之所以能按照一定的结构方式组成有序的系统组织，都有它内在的组合机制。从简单的原子到复杂的生命，各类自然物无一不自成系统，也无不具有自身特有的组织功能和组织机制，否则，自然界便将处在永无秩序的混沌、离散状态。人类社会作为由众多的人和不同的物组成的最复杂的特殊物质系统，同样是一个自组织体系，不过，它同自然物质系统存在着明显的区别。自然系统是由物理的、化学的、生物的各种组织机制来发挥其组织功能的，其组织过程是一个自然过程。人类社会及其各类组织则不同，它不可能自然地组织起来，而是借助于自身特有的组织机制，这就是管理。马克思认为，人类从猿到人，经历了十分漫长的进化过程，劳动最终将人从动物中提升出来。而严格意义上的劳动，不是原始个体分散的觅食活动，而是通过管理个体有序组织起来的社会组织活动。人类的管理活动，不仅以其明确的目的性与动物的本能活动区别开来，同时还以其自觉的组织性与自然系统自发的组织性区别开来。或者说，自然系统无须管理便能自成系统，而人类社会及其组织离开了管理就不可能产生。

其四，管理是一种特殊的实践活动。在通常意义上，实践被定

---

① 《马克思恩格斯选集》(1)，人民出版社1972年版，第17页。

义为人类改造客观世界的现实活动，其基本特征是“改造”或“对象化”，即按照人的目的和需要去变革、改变已有的对象和秩序，创建能满足人的需要的新对象和新秩序。管理则有所不同，它是一种特殊的实践活动，与通常所说的实践活动存在着以下区别：

第一，管理是一种贯穿于人类一切实践活动之中的活动。从横的方面看，人类的实践活动，包括物质性活动和精神性活动两个方面。一方面，无论是物质性活动还是精神性活动，都贯穿着人类的自我管理。管理渗透在社会生活的各个领域。另一方面，管理总是对某种社会实践活动的管理，它必须以某一具体的社会活动作为载体，离开了具体的社会活动，管理的全部实际内容和具体形式就不复存在。从纵的方面看，管理活动是同人类社会相伴而生、同步发展的，倘若没有管理，人类就无组织无生产劳动，就没有秩序、规范、禁忌、伦理等，一句话，就没有原始共同性，也就不会有尔后的文明社会及其发展。一部人类史，既是一部生产史，也是一部管理史。

第二，两类实践的对象性客体不同。一般的人类实践活动，是以外部客观世界为其作用对象的，实践者直接面对的是自然和社会环境；管理作为计划、组织、控制各类实践活动的特殊实践，管理者直接面对的不是外部自然界和管理组织以外的社会环境，而是参与各类实践活动的人和组织，是以各类实际活动为其作用对象的。

第三，两类实践的主体不同。一般实践的主体，是指直接参与改造自然和变革社会的多数人，包括从事生产劳动的工人、农民、工程技术人员，从事科学实践的科研人员和从事各类具体社会实践的人（如普通士兵、警察、政府各级各类公务员等），以及直接配合这些实践活动的辅助人员（如物资储运人员、信息传输人员、资金保管人员等）。而管理实践的主体，则指规划、指导各类实践活动和组织、指挥各类实践主体的少数人，它包括各级各类从事计划、决策、领导、监督工作的监工、经理、厂长、董事长，政府和军队中各级各类长官，以及所有负责管理人和人的行为的“领导者”。当然，这两类不同实践主体的划分，只具有相对的意义，因为在现实生活中，有的人兼有双重身份。但是，区别又是明显的，在任何时候和任何地方，管理实践的主体，总是指直接从事各类管理活动的少数人，而不是指直接参与实践活动的多数人。

人类活动的管理构序

管理的本质属性表明，管理作为一种“生产方式的社会固定的形式”，是以人同外部世界的对象性关系为基础的。管理存在的内在依据，在于人类对自我实践活动的规制作用，对“对象世界的改造”或“按照美的规律来建造”活动的规制作用。换言之，只有通过人类的管理构序，人类的实践活动才得以作为体现人类自身固有的本质力量的主体性社会活动而出现。

所谓管理构序，我们可以把它理解为：无论在任何社会实践活动中，人类都会企图通过自身的“种的类特性”和“能动的”创造力，按照“物种的尺度”和“内在固有的尺度”相统一的原则，使人类个体的行为在特定的历史条件下，都按照一定的方式，客观地整合为一个有序的实践活动总体，或有序的网络，为实现一定的目的和满足一定的需要服务。也就是说，人类运用自己的类特性，在“现实的人”的活动中，不断地以“一定的方式”即管理构造出一种不同于“自然序”的新的人类活动。这种起重要规制作用的“一定的方式”，也就是人类在社会实践活动内部，由管理构成的一定活动过程的深层的、有序的功能结构。正是由于管理的这种构序作用，人的实践活动成为一种带有特定结构的，历史地负载和编制物质资源，并且有意识地调控活动结构和活动过程的主体性、社会性活动。

如果说人类的实践活动结构是一种追求体现人类自身的本质力量、追求满足自身各种各样的需要的体系，那么，人类的管理活动就是这一追求体系的内驱力、启动者、组织者和控制者。从人类认识和实践的基本结构考察，我们可以发现，管理是人类由认识到实践、由理想到现实的不可或缺的中介和桥梁。马克思说：

> 人类的实践活动，是人类预定的、最终能够“合理地调节他们和自然之间的物质交换，把它置于他们的共同控制之下，而不让它作为盲目的力量来统治自己；靠消耗最小的力量，在最无愧于和最适合于他们的人类本性的条件下来进行这种物质交换”①。

如果我们把人类、自然界和社会组成的系统，叫作世界控制系统，那么，人类就是施控系统，社会实践活动就是受控系统，人类的管理活动就是世界控制系统的控制器。整个世界控制系统的效应和目标，就是“靠消耗最小的力量”，在最无愧于和最适合于“人类本性”的条件下的“物质交换”。人类实践活动的这一完整过程，只有靠人的管理活动才能实现，才能完成。用图式表示，即为图 2-1。

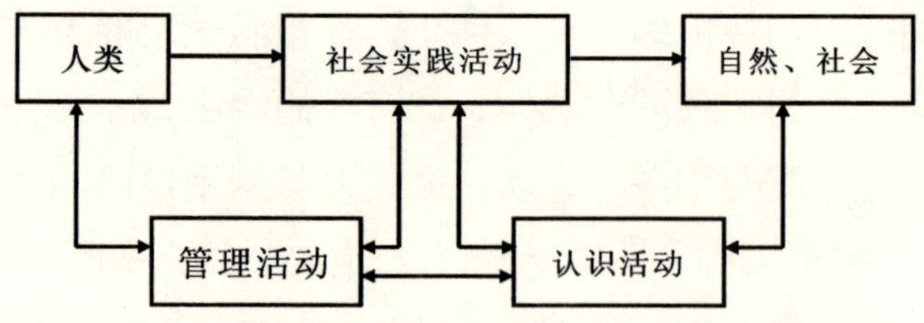

图 2-1　管理在世界控制系统中的作用模式

人是能动的、具有创造性的社会性动物。这种能动性和创造性，

---

① 《马克思恩格斯全集》(25)，人民出版社 1974 年版，第 926—927 页。

不仅表现在人能够能动地认识客观外部世界（自然和社会）、认识自己（人身存在和人的思维、意识），而且能够能动地改造外部客观世界和自我主观世界。它的具体表现，就是对自由的向往和追求，对内在需要[①]满足的追求和对自由自觉地进行活动的需要满足的追求等。这种能动性，通过人的活动的自觉性、目的性、计划性、预测性和有效性等管理活动来表现，以实现人的本质力量的物化或外化。列宁说："世界不会满足人，人决心以自己的行动来改变世界。"[②]

人类管理活动的功能状态，从静态的、整体性的角度看，是明显的，从动态的、层次性的角度看，也是明显的。

首先，我们知道，对于人的生命本质，它的物化和外化的实现需要、愿望和意向，无疑是立体性的、全面的，它拥有最大的活动空间。对于实践活动主体来说，它还有许多部分是潜在的、尚未被主体意识到的，仍处于无意识状态。这是主体需要结构方面的第一层次（无意识层次），是人的生命的内驱力，是驱动人类活动的潜在整体力量。它的运动，是随机的、不定向的、本能的、无逻辑的，只服从于人的生命的目的。

其次，有属于潜意识层次的，是已经被主体初步感觉到的，已形成初步动机的人的内在需要。它的活动空间则相对狭小，是人的行为活动的潜在动机。它的运动形式是二极性的，是"做"还是"不做"，是列入"行动计划"还是暂时拒之于"行动计划"之外，尚未明确选择。这是主体需要结构方面的第二层次，即潜意识需要层次。

再次，是显意识层次，这时人的内在需要、欲望升华为人的行

① 马克思把人的内在需要划分为生存、发展、享受三种需要；马斯洛把人的内在需要划分为生理、安全、归属和爱、尊重、认知（识）、审美和自我实现七种需要。马斯洛在他的人本主义动机论中，起初只提出生理、安全、归属和爱、尊重、自我实现等五种需要，在后来的文章中又把认知（识）的和审美的需要也列为需要的两个重要层次。为完整地引述马斯洛的需要层次学说，本书采用了七层次说。

② 《列宁全集》(55)，人民出版社1990年版，第183页。

动、活动意志，这是第三层次。所谓行动、活动意志，是指人有意识、有目的地支配自己的行为或活动的意向。它要求主体作出有一定目的的行动，以实现一定的目标。意志是人区别于动物的重要属性，它不再是潜意识层次上的那种盲目的、随意的、不定向的、无逻辑的运动形式，而是一种有意识的活动，一种受具体社会关系所制约的理性。因此，人类行为、活动的这种意志，总是表现为一个过程，表现为人类行为和活动的受调节与受控制的过程，即接受人类自身的管理过程。人在这一过程中，必须克服物质和精神的种种障碍，克服自然和社会的种种障碍，才能实现自己的目的、目标，实现人的生命本质的对象化和外化。

人类管理活动的三个层次和人类管理活动的完整过程，用图式表示，即为图 2-2。

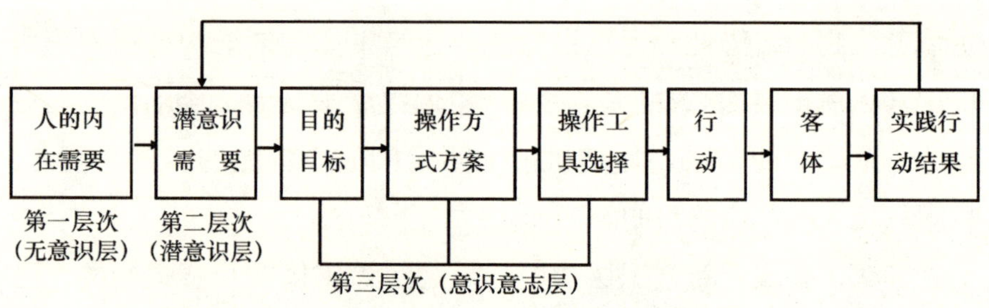

图 2-2　人类管理活动的层次与过程

在人类管理活动的三个层次与过程中，“活动意志”是个中心范畴。它作为人的主观结构方面，处于最高层次，作为主体的创造活动，是由主体自我创造出来的。从人的生命本质上讲，主体性就是人的自我创造的实践活动系统。活动意志作为对主体的事实性存在的超越，它的形成和结构，包括许多具体的环节：

第一，活动主体需要对潜意识层的内在需要进行最终把握、选择与设计，即对“需要什么”进行确定。

第二，活动主体在对自己“需要什么”确定之后，总要通过具体的实践活动来实现。但活动方式是多样的，并且是作为联系主体作用于客体的中介而出现的。因此，活动意志的第二级位，就是对“做什么”的确定，即对自己改造自然和社会的对象性活动的设计和把握。其中，又可以分为两个具体的步骤：一是考察特定的主体在认识、把握、评价特定客体之前，以往的实践活动在这个主体意识中内化、积淀所形成的特定知识结构、思维模式的具体情形是怎么样的；二是考察特定客体经过怎样的变形、变质，才能从物质感性形态转变为主体意识中的观念理性形态，以把握客体质的规定性，从而成功地“改造物质的形态”①，改变自然界，“在自然物中实现自己的目的”。

第三，活动主体在“做什么”之前，总要筹划多种方案——“怎样做”或“如何做”——设计和选择较佳的具体活动操作方式、方案，选定工具系统和具体活动操作程序。这是活动主体把自己具体的历史的意志、要求、目的、愿望贯穿到对特定客体的理性认识中，并形成科学的、具体的活动方案、计划步骤的重要环节。方案、计划付诸实施，就进入了人的实践活动的物质实在形态。

这样，“需要什么”、“做什么”、“怎样做”或“如何做”三个具体环节的筹划统一，就构成了主体的实践活动意志。满足主体的内在需要，是主体活动的核心；“做什么”和“怎样做”，是主体活动的物化手段。管理结构及其过程，就是人的这些内在主观结构同外显的物质操作结构的有机统一。

人类管理构序的展开形态

从人类实践活动的展开形态看，人类的实践活动表现为一个主

---

①《马克思恩格斯全集》(23)，人民出版社1972年版，第56页。

体客体化和客体主体化相互统一的过程。正是在这样一个过程当中，管理作为体现人类固有的本质力量的活动，不断地使“对象性的现实”“到处成为人的本质力量的现实，成为属人的现实，因而成为人固有的本质力量的现象”，进而不断地促使客观存在与人类主体的统一，使自然、社会、人类和人的认识运动达成动态的统一。因此，在表现形式上，管理首先表现为一定的活动和功能的动态结构。构成这个结构两极的，一是管理主体，一是管理客体。管理活动是管理主体和管理客体之间通过一定的中介（如生产劳动、科学实验、阶级斗争和人的思维加工即认识等）表现出来的或实现了的物质和精神的现实关系。用图式表示，即为图 2-3。

管理主体 ←中介→ 管理客体

图 2-3　管理主体与管理客体相互作用模式

管理主体是处在管理关系中的人。管理活动作为管理主客体的关系运动，既包括管理主客体之间的认识关系，又包括管理主客体之间的具体的、可感的活动关系。因此，作为管理主体的人，既是认识的主体，又是活动的主体。

广义上的管理客体，包括已被纳入和潜在地将被纳入主体（人）的对象性活动的全部对象世界，既包括“人化自然”，也包括将被人化的非“人化自然”；作为认识关系的客体，可以在观念上为主体所创立、设定和建构，使之在思维中具备对象性形式；作为活动关系的客体，则不能仅仅限于主体在观念上的重构，而必须经受实践活动的冲击和物质改造。作为认识关系的客体与作为活动关系的客体，两者并不是割裂的，而是在具体的历史条件下，通过按照主体“应当如此”（即认识的现有水平）的有意识的价值选择而改变事物的存在形式，从而达到认识客体与活动客体相统一的管理客体。这个过程，也是一个动态的、不断发展的过程（如图 2-4 所示）。

因此，人类的管理活动，在最完整的意义上表述，应该是人类

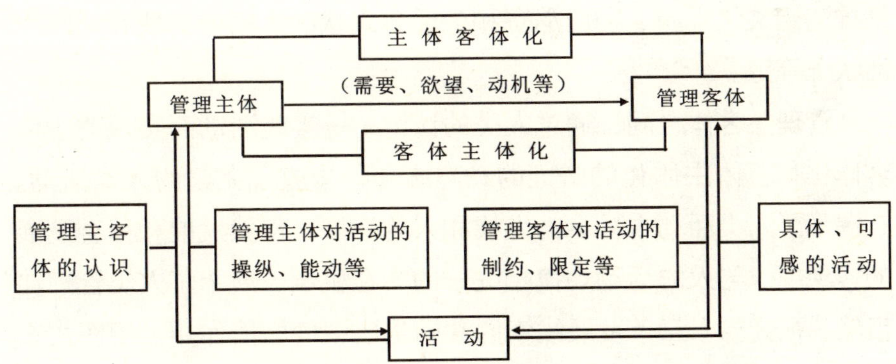

图 2-4　管理主体与管理客体的相互关系与作用模式

的管理认识——实践活动，即包括可感的、具体的管理实践活动和感性的、理性的管理认识活动两个方面。在现实的管理活动中，管理主客体的关系，具体表现为双向的、螺旋式上升的性状，即表现为永无止境的主体客体化和客体主体化的进程，表现为管理主客体之间的方向相反而又内在统一的双向运动。

所谓主体向客体的运动，就是人对自然、社会和人自身的观念的把握或物质的改造，使客体在观念意义上由对象地位向主体方向完成内化的含义。在此基础上，主体实际地在实践活动中把握和改造客体，在客体上对象化自身，使客体成为“为我之物”，具体地表现为社会的生产力水平。

所谓客体向主体的运动，就是自然、社会对人的生成、人的全面发展的程度、人的自由的获得水平，也就是人的自我意识和自我实现（人的自我本质力量的展开）的转化，既包括客体通过主体对之的“消费”而转化为主体生命结构的因素和生命本质力量的因素的含义，又包括原先只是外在于主体的社会、文化关系等，通过主体的内化而反映到主体的内心世界中，变成主体的精神要素和结构的含义，具体地表现为人类的生产劳动、人与人的关系活动、科学实验等基础上的人的体质（体力和脑力）、健康状况、受教育水平、精神道德文化素质、物质消费和生活方式状况、精神消费和闲暇生活状况等等。

管理主客体之间，通过人类的认识——实践活动而实现的主体客体化和客体主体化的辩证的动态统一，构成了完整的人类活动。它揭示了人类活动中社会的发展和人的发展、自然发展和社会发展的客观规律与人的活动规律相统一的内在机制，展示了人类管理在自然、社会与人三条发展线索的共同生成中的职能作用。用图式表示，即为图2-5。

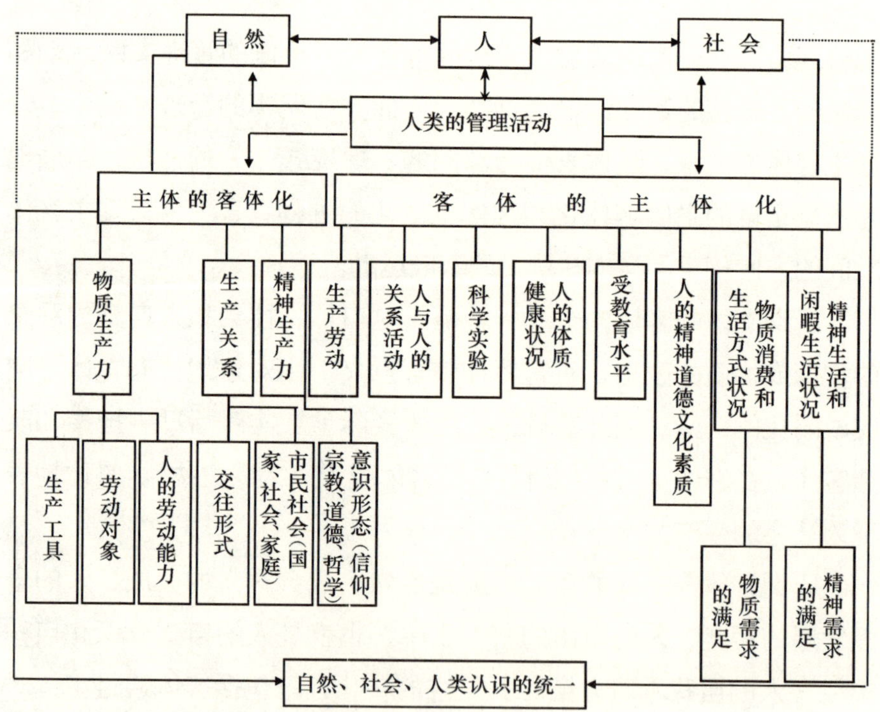

（注：←→表示相互作用符号；→表示作用、促成方向符号；—表示表现形式符号；…表示完整的系统结构符号。）

图2-5　人类管理活动的展开形态结构

管理的规律性和价值性

无论是管理活动的物质实在形态，还是历史展开形态，都内在地包含着规律性和价值性两个方面，即二重性。管理的规律性着重于对象世界，表现管理的科学性和通用性；管理的价值性着重于主体世界，表现管理的社会性和目的性。

（一）管理具有规律性和价值性

管理的一般本质表明，人类的管理活动，既内在于创造物质财富的过程，又内在于人的生成与发展即人的自我完善与自我实现的过程；既体现了人“对对象的占有”，又体现于人类生命本质力量的物化和外化；既遵循主体方面对于客体方面的合乎规律性，又遵循客体方面对于主体方面的合乎目的性；既存在于物质性活动当中，又存在于精神性活动之中。因此，正是人类的管理活动，不仅使人类的实践活动能够指向事实世界或实然世界，使客观存在的一切事物、现象及其过程、属性、关系等，在与主体相互作用的过程中，对主体的生存、发展、完善产生现实的、当下的积极效应，而且使人类的实践活动能够指向可能世界或价值世界，从而使客观存在的或观念上设定建构的对象性形式，在与主体相互作用的过程中，对主体的生存、发展、完善产生主体预设的“应然”意义或范导效应。也正因为如此，我们可以看到，人类的管理活动自从产生之日起，就内在地包含着规律性和价值性两个方面，即管理具有二重性。

对管理的这种二重性，马克思曾多处涉及。他说：

> “凡是直接生产过程具有社会结合过程的形态，而不是表现为独立生产者的孤立劳动的地方，都必然产生监督劳

> 动和指挥劳动。不过它具有二重性。”①

这就是说，只要不是单个人的生产而是两个人以上的集体生产，就必然产生一部分人监督、指挥即管理另一部分人的生产劳动。这种管理具有二重性。

在谈及资本主义的管理时，马克思又指出：

> “如果说资本主义的管理就其内容来说是二重的，——因为它所管理的生产过程本身具有二重性：一方面，是制造产品的社会劳动过程，另一方面是资本的价值增殖过程。”②

> “资本家的管理不仅是一种由社会劳动过程的性质产生并属于社会劳动过程的特殊职能，它同时也是剥削社会劳动过程的特殊职能，因而也是由剥削者和他所剥削的原料之间不可避免的对抗决定的。”③

在马克思看来，由于资本主义生产既是创造社会物质财富的生产过程，同时又是资本家剥削雇佣劳动的资本增值过程，这就决定了资本主义的生产管理具有二重性：一方面，这种管理作为生产力的参与要素，发挥着合理组织生产劳动的技术职能，遵循主体合乎客体方面的规律性；另一方面，这种管理又是建立在资本家和雇佣劳动者相互对立的关系基础之上的，服从于资本主义生产的目的，发挥着剥削广大雇佣工人剩余价值的剥削职能，遵循客体合乎主体

① 《马克思恩格斯全集》(25)，人民出版社1974年版，第431页。
② 《马克思恩格斯全集》(23)，人民出版社1972年版，第368—369页。
③ 《马克思恩格斯全集》(23)，人民出版社1972年版，第368页。

方面的目的性和价值性。

人类的一切管理活动，同样具有这种二重性。管理既与生产力又与生产关系相联系，既反映生产力的需要又受生产关系的制约，既包含如何合理有效地组织生产、进行分配和交换的规律性，又包含实现管理者的生产目的，维护某种生产关系，满足社会和人的发展需要的价值性。管理的规律性，遵循着效率原则，反映了管理的客观规律，包括管理的科学决策程序、计划的制订方法、合理的组织原则、有效的指挥艺术和严密的调控机制等，表现了管理的科学性和通用性；管理的价值性，遵循着价值原则，反映了管理者的主观意图和价值取向，包括管理者的社会地位或所属阶级的阶级性，管理关系的社会性质，以及管理所产生的或应有的社会意义，表现了管理的社会性和目的性。

（二）管理的规律性

规律作为客观事物本身所固有的、本质的、必然的联系，是管理中所包含的不可缺少的因素。管理首先只有反映了客观事物自身的规律，才是可能的，才具有实现的可能性和成功的客观必然性。违背客体规律性的管理活动，只会以失败而告终。规律在管理中的职能作用，具体表现为两大方面：

一是管理的基础职能。列宁说："人在自己的实践活动中面向着客观世界，以它为转移，以它来规定自己的活动。"又说："外部世界，自然界的规律，乃是人的有目的的活动的基础。"管理是面向未来的、实现目的性的活动，离开了客观规律，管理活动的开展就必然缺乏科学预测的客观基础。管理是对未来实践的思维规定，属于超前性思维的产物，管理思维的重要特征，是根据现在确定未来的状态，规定现在的行为。管理决策时，人们主要是从分析现实发展的可能性与主体自身的条件状况入手，根据对将来的考察来确定和选择自己活动的方式和方法，它离不开对现实的分析，却不能停留在对现实的分析上，而必须对事物未来的发展状况进行科学的预测。规律是事物现象中固有的，并重复出现的东西，只有依据客观规律，人们才能科学地预见各种事物在未来的发展变化，并依据这种预见制定出合理的方案。离开客观事物自身变化的规律，人们只能以主观臆想与猜想代替科学预设，就难以制定出切实可行的管理方案。

二是管理的操作职能。管理不是对规律的生搬硬套，而是对规律的灵活运用。管理本身并不是人的最终目的，人的最终目的是通过管理实施的实践，使客观事物发生有利于人的变化，改造客观事物，使之为人所用。所以，管理的基本特点是具有某种操作功能。从改变对象的意义上分析，任何操作都必须根据客观事物的属性和规律来进行。事物自身所固有的属性和规律，是设计管理的操作功能的基础。在管理主客体相关的意义上说，管理的操作功能依赖于客体的功能。就事物本身来说，事物的功能与事物的属性、规律之间有着密不可分的关系。功能是事物属性的反映和表现，如强度是固态物体的一种属性，它的含义是单位截面积所承受的力的大小，因此，强度属性表达了力与物体截面积之间的一种关系。具有一定的强度，就表明它能支撑一定的重物，也就表明具有一定的功能。由此可见，事物之所以具有作用于他物的功能，是以属性为内容和基础的。

事物的功能与事物的属性、规律之间的关系是，人们所发现的属性或规律原本就是事物的某种功能和功能之间的必然联系。这是因为，事物之间的联系就是事物之间的相互作用，而相互作用的过程和结果就表现为一种功能关系。作为稳定的、重复的、内在固有的功能联系，就是规律。当然，管理的操作功能与事物自身所具有的功能，在性质上有所不同。事物自身的功能，是由它自身的属性所直接规定的，而管理的操作功能则以满足人的一定需要，以人如何利用事物的功能、解决一定的问题为内容。管理的操作功能是人为设计的，是依据事物的固有属性和规律，按照一定目标，针对一定问题，对不同类型的属性、规律进行综合的结果，目的在于以客观事物的属性和规律的力量去改造客观事物，满足人的需求。离开对规律的运用，管理的操作功能就无法获得。在这种意义上，管理也可以被理解为运用规律的方式。

规律本身是一种客观规定性，是不以人的意志为转移的。规律的作用，可以是积极的，也可以是消极的，可以是有益的，也可以是有害的，关键取决于人如何对待和利用它。因此，规定着人类实践活动的管理，不仅要重视规律，而且要主动地探索和创造性地遵循和运用规律。管理的规律性，立足于人的客体或人以外的世界，力求客观地揭示人的客体以及人以外的世界客观存在的规律，因而它往往受客观现实的制约，具有客观性。

（三）管理的价值性

管理作为管理主客体之间相互作用的操作模型，不仅体现着如何反映和运用规律，也必然包含着价值因素，体现着价值关系，凝结和反映着管理主体的价值追求。

作为体现事物与人的需要关系的价值概念，包括事实层面和应然层面的两层含义。

在通常意义上，所谓价值，是指客体对于主体所具有的意义或事物存在的意义，一般表现为客体能满足主体某方面的需要。价值主要不是一种实体，而是一种同人的需要的关系，是主客体之间一种客观的、基本的关系。事实层面意义上的价值含义，主要指客观事物能够满足人们当下的需要；应然层面意义上的价值含义，包括两层意思，一是指管理主体预设的应然意义上的价值，二是指“应如何”的规范和价值尺度。

管理主体预设的应然意义上的价值，作为应当，是管理主体预期的、合目的的价值客体及其对主体生存、发展、完善应当产生的积极性效应，它以目标、理想、宗旨等形式观念地存在着，对现实的不完满性来说，它代表或标志着某种完满性，是一种源于现实又高于现实的超越性存在。这种意义上的价值，有物质性的，也有精神性的；有综合性的，也有单一性的；有眼前近期的，也有长远乃至终极性的；有关乎个人的，也有关乎全社会、全人类的；等等。这一层面上的应当之所以具有价值意蕴，在于它与事实价值一样，也是体现和合乎管理主体的目的和愿望的，同时它又可以转化为现实的事实价值，只不过它是价值的“将来时”而已。这种意义上的价值观念的存在，是人的管理活动区别于动物活动的标志之一，它表明，人类的管理不仅指向当下活动，而且指向未来的活动，给未来的活动确定目标，使过去、现在、未来的人类活动有可能成为体现人性的要求和尊严，符合人的全面发展这一社会的终极价值目标。我们把管理理解为对客观规律的灵活运用，理解为运用规律解决问题的方式，也就是把管理看作是在价值规定下，运用特定的规律解决特定问题，以满足或实现管理者的目的。

马克思指出：“劳动过程结束时得到的结果，在这个过程开始时就已经在劳动者的表象中存在着，即已经观念地存在着”，人们在生产之前就“在观念上提出生产的对象，把它作为内心的图像、作为需要、作为动力和目标提出来”①，而这正是最蹩脚的建筑师高明于最灵巧的蜜蜂的地方。这正是管理主体预设的应然意义上的价值的重要功能。更为重要的是，这种意义上的价值存在（观念性的存在）会不断更新，还充分地体现了人既立足于现实又不断追求超越现实的特点。人是面向未来的、追求理想的开放性社会存在物，总是不满足于现实被给定的，并谋求突破这种被给定性。人类的价值追求，即对应有的追求，使人不断地超越自身，走向理想境界。

---

① 《马克思恩格斯全集》(46，上)，人民出版社 1979 年版，第 29 页。

“应如何”的规范和价值尺度，为管理主体提供价值选择、价值取向的标准、尺度及其体系，是管理行为的范式。“应如何”的规范之所以具有价值意蕴，在于它蕴含着对某种价值的认同、遵循、珍视和维护，在于它事实上在倡导某种价值，引导人们去追求、创造、体现某种价值；在于它能够服务于管理主体的价值理想之实现。例如，效率原则这一管理规则，在实质上就是确定效率就是一种价值，效率原则能给人的活动带来更多更大的效益，从而得到人们的认可、遵循和珍视。

“应如何”的规范和价值尺度本身，就是一种管理机制，具有管理效能。人类管理活动需要规范，必须寻找规范和价值尺度；人类管理拥有并运用着自己的规范和价值尺度。人类活动的这一特点，是人区别于动物的又一显著标志。马斯洛指出：

> “人类有史以来一直在寻找具有指导作用的价值观念和行为准则。”
>
> “人类需要一种生活哲学、宗教或一种价值体系，就像他们需要阳光、钙和爱情一样。”①

在人类长期的生产劳动和社会实践活动过程中，人类不仅拥有着“物种的尺度”，“懂得按照任何物种的尺度进行生产”，而且拥有“内在固有的尺度”，“随时随地都能用内在固有的尺度来衡量对象”，从而推动外部客观世界由自在之物转化为“为我之物”，成为“人的本质力量的打开的书本”。

管理的价值性，着眼于人的主体或人本身的世界，它力求从满足主体需要的可能性视角来对人的客体或人以外的世界进行善恶评

① 弗兰克·G. 戈布尔：《第三思潮：马斯洛心理学》，上海译文出版社 1987 年版，第 103 页。

价，并对未来进行设想和描述，因而它往往受主体需要的制约，并表达出主体的一定要求、利益和目的。从这个意义上说，管理的价值性既带有规范性，又具有浓厚的主体性。价值性在管理中的职能作用表现为：

一是动力和诱导功能。管理作为人类活动的操作模型，必须以满足主体的某种需求为前提，这种需求常常表现为某种形式的理想、信念和行为动机，这些因素驱使主体去设计、实施人的活动方案，以规范人们的行为并实现某种价值目标。由于价值有着人的理想和社会理想这个目标，这种目标诱导、鼓舞和激励人们去追求，使人为此而奋斗，从而推动自身的完善和社会的进步。

二是超越功能。对未来某种状况进行设想和描述，是管理的价值性的重要内容。就其实质来说，这是对现实的超越，它教导人们的管理目标不要囿于现实，而要敢于超越现实，力求实现理想蓝图。

三是评价或批判职能。对管理的评价，总是与管理的价值定向和价值选择联系在一起的。实现效率或价值的最大化，是管理的基本要求。所以，对管理优劣的评价，离不开人的价值观念。对管理的评价活动，实际上是在价值观念或价值理想的支配下，通过价值准则对管理活动进行权衡，从而产生对管理活动的善恶评价和批判。

四是调整职能。管理的价值性，既是人类伦理规范产生的精神土壤，又是其得以实行和调整的内在杠杆。它在把握世界方面，主要是从善恶的观点来调整人们的行为准则，以使人类的管理活动同人和社会的协调发展相一致。价值性是人类管理活动中一个必不可少的因素，只有价值性在管理中充分地发挥了自己的职能，才能保证管理的合理性。

规律性与价值性的有机统一

规律性和价值性这两种因素，在管理活动中并不是孤立存在的，而是相互规定、相互映射、共同作用和有机统一的，从而形成管理的操作模型。这种操作模型，规定着人类实践活动灵活多样的可能性空间，也奠定了人类实践活动选择和优化的基础。

第一，在管理中，价值性与规律性是相互规定、相互映射的。一方面，管理根据价值导向选择规律的类型及运用规律的方式。实现主体的价值目标，满足主体的需要，是管理活动的出发点和落脚点。因此，管理的实施，必定是在某种价值追求的驱动下进行的，遵循和运用何种规律，采取何种运用规律的方式，必然以实现主体的价值目标为转移。人类活动所要实现的目的不同，管理所运用的规律就不同，对规律的运用方式也不同。因为对规律的运用是手段，对价值的追求才是目的，手段为目的服务并受目的规定。反过来说，只有那些反映了人们的某种价值追求的规律，才能成为管理活动的基础。正如客观世界中哪些事物能成为人们认识世界和改造世界的对象取决于人的需要一样，哪些规律为管理活动所利用，同样取决于人的需要。对于制定某项特定的管理活动来说，不能用来满足人们追求价值目标需要的规律，只是一种潜在的手段而不是现实的手段。特定的管理活动中所运用的规律类型及其方式，体现和反映着人们的价值追求，为人们的价值追求所取舍。

另一方面，对规律的认识和把握，同样也规定着管理活动中价值目标的选择和确定。价值不是一种实体，而是客体对于主体的一种意义或作用关系，某种客体之所以能对主体产生某种意义，起到某种作用，带来某方面的利益，即形成某种价值，是因为它具有某种属性和运动规律。客体的属性和运动规律，是形成一定价值的原因和基础。没有对规律的认识和把握，就不可能形成客体对于主体的正确的价值关系，即使形成了价值关系，也不可能顺利地实现价值。对规律的认识，必须包含着对规律与主体的关系、对主体的意义的认识。也就是说，规律性认识不仅揭示了事物本质的、内在的、必然的联系，而且也包括揭示满足人的需要的多种可能性，即事物的规律与人的需要之间的联系。人们总是通过对事物各方面的属性及相互之间的内在联系和运动规律的认识，发现对象满足人的需要的可能性，在这个基础上，确定人类活动的目的。

当人们进行管理活动时，必须是先有对客体的各方面属性和规律的认识，否则，就无法选择和确定管理的价值目标。因为如果没有这种认识，就不能断定哪些事物的属性和规律有价值，能满足人的需要。这似乎是矛盾的。但实际上，这并不矛盾。因为在人类的管理活动过程中，人们不可能对某些客观事物一无所知，哪怕这种认识是粗浅的、感性的，但这种认识总是存在的。人们正是凭借这种认识，去确认目标、选择规律、制定对策。而管理活动的实施，又会加深和扩大人们对某些客观事物的认识和把握，又会使人们产生新的价值追求，成为进行新的管理活动的动力。尽管人们可以超越规律性的规定去设定价值目标，但具有现实性的价值目标，总是以客观规律为根据和基础的。因此，我们强调，价值追求规定着对规律的选择和运用方式，同时又强调，价值目标的确立，必须是在对客观事物及其规律的认识基础上才能完成。

第二，价值性与规律性的具体统一依赖于条件。在管理中，价值因素体现了人类管理的必要性，客观规律的运用则体现了人类管理实现的可能性。但可能并不等同于可行。管理的可行性及其程度，取决于与实施管理相关的各种条件。任何管理都是具体的，都与特定的条件相联系，离开了特定的条件，管理中的规律就不可能发挥作用，再美好的价值目标，也只能是蜃景，规律与价值的统一也就失去了现实基础。实际上，条件本身就是一种规律性。严格遵循条件，就是遵循客观规律性。如果无视规律性起作用的条件，在条件不具备时，就盲目地实施开展某项活动，即使是活动中反映了客观事物的规律，其行为也同样是违背客观规律的，而不可能成功地实现活动所要达到的目的。所以，从广义上说，管理是价值、规律和条件的统一体。具体的价值、具体的规律、具体的条件，规定了具体的管理活动。

在管理中，价值、规律与条件之间，存在着严格的相互规定、相互制约关系。价值追求的实现，依赖于规律的合理运用，规律的选择与运用，则受价值目标的引导。二者又依据一定的条件才能形成有机的统一体。因而，价值、规律和条件的统一，是多样性的、具体的统一。不同的管理活动，体现出不同的统一关系，而这正是管理实现优化的前提。同一个价值目标，可以根据不同的规律，依据不同的条件作出不同的管理活动方案；不同的价值目标，可以根据同一个规律而依据不同的条件作出不同的管理活动方案；若干个价值目标相互作用的结果，与若干个规律综合作用，如有不同的形式、不同的条件，也会有不同的管理活动方案。所以，管理作为价值性与规律性的统一，是价值目标多向性、规律种类与形式的多样性、条件的具体性的统一，只有这样的统一，才能为管理的优化提供灵活的可能性空间。所谓管理的优化，正是价值目标在特定条件约束下与客观规律及其形式的最佳组合。或者说，是追求在特定客观规律与客观条件约束下实现价值目标函数的最大值与最小值。

第三，管理的价值性和规律性具有辩证统一性。管理的规律性和价值性，是辩证统一的有机整体。合规律性是合价值性的客观基础和背后原因，合价值性是合规律性的能动的超前反映。既没有离开合规律性的合价值性，也没有离开合价值性的合规律性。离开合价值性的规律性，只能是消极的、自发的、动物式的自然活动，人只不过是活动中的“机器”，“环境的产物”，有血有肉的生物，而不可能是活动的主体；离开合规律性的价值性，只能是唯心主义的价值论，只是没有客观依据的、虚幻的、永远无法兑现的价值预设，或是上帝的意志，或者仅仅是管理者的动机，人类活动只是偶然活动的堆积。因此，我们要在管理中坚持历史唯物主义的科学世界观和方法论，就必须坚持管理活动的合规律性和合价值性的统一，既反对管理学上的唯物主义机械论，又反对管理学上的唯心主义目的论。

事实上，规律性是客观存在的，不以人的意志为转移，无论人们是否意识到，它都要发挥自己客观的作用。马克思、恩格斯指出：

> “一种社会活动，一系列社会过程，愈是越出人们的自觉控制，愈是越出他们支配的范围，愈是显得受纯粹的偶然性的摆布，它所固有的内在规律就愈是以自然的必然性在这种偶然性中为自己开辟道路。”①

马克思、恩格斯从“现实的人”，即从“不是外在某种幻想的离群索居和固定不变状态中的人，而是处在现实的、可以通过经验观察到的、在一定条件下进行的发展过程中的人”出发，谈到人类的历史活动时，深刻地揭示了规律性的这种“自然”作用：

> “在社会历史领域内进行活动的，全是具有意识的，经过思考或凭激情行动的、追求某种目的的人；任何事情的发生都不是没有自觉的意图、没有预期的目的的。但是，不管是这个差别对历史研究，尤其是对个别时代和个别事

① 《马克思恩格斯全集》(21)，人民出版社1965年版，第197页。

变的历史如何重要，它丝毫不能改变这样一个事实：历史进程是受内在的一般规律支配的。即使在这一领域内，尽管各个人都有自觉预期的目的，在表面上，总的说来好像也是偶然性在支配着。人们所预期的东西很少如愿以偿，许多预期的目的在大多数场合都彼此冲突，互相矛盾，或者是这些目的本身一开始就是实现不了的，或者是缺乏实现的手段。这样，无数的单个愿望和单个行动的冲突，在历史领域内造成了一种同没有意识的自然界中占统治地位的状况完全相似的状况。”①

就“现实的人”来说，他们的任何活动都是有意识的、有目的的，体现了活动主体的价值性；预期的目的之所以很少如愿以偿，是事物客观存在的规律发生作用的结果，是规律性的作用。因此，我们在开展人类的管理活动时，首先应该重视规律的客观作用，做到活动的合规律性。当然，我们也不能唯规律性，见物不见人，忽视管理的价值性。

通过合价值性把握规律性，在合规律性的基础上升华价值性，这是坚持管理的规律性和价值性有机统一的科学方法。恩格斯在论述历史活动的合规律性和合目的性的统一时，这样指出：

“要去探究那些隐藏在——自觉地或不自觉地，而且往往是不自觉地——历史人物的动机背后并且构成历史的真正的最后动力的动力，……与其说是个别人物，即使是非常杰出的人物的动机，不如说是使广大群众、使整个整个的民族，并且在每一民族中间又是使整个整个阶级行动起

① 《马克思恩格斯选集》(4)，人民出版社 1972 年版，第 243 页。

来的动机；而且也不是短暂的爆发和转瞬即逝的火光，而是持久的、引起伟大历史变迁的行动。探讨那些作为自觉的动机明显地或不明显地、直接地或以思想的形式甚至以幻想的形式反映在行动着的群众及其领袖即所谓伟大人物的头脑中的动因——这是可以引导我们去探索那些在整个历史中以及个别时期和个别国家的历史中起支配作用的规律的唯一途径。使人们行动起来的一切，都必须要经过他们的头脑。"①

历史活动与人类的管理活动，在本质上是一致的，历史活动不过是人类各个层面的管理活动的组合而已。恩格斯的论述明确地告诉我们，研究和开展管理活动，既不能离开活动的价值性，又不能停留于活动的价值性，而应该通过合价值性把握规律性，在把握规律性的同时升华价值性，从而不断地推进管理活动的深入。因此，与规律性不同，管理活动不是纯粹意义上的客观必然性；与价值性不同，管理活动也不是完全离开客观必然性的自由创造性，而是既把规律性作为自身的一个因素，又把价值性作为另一个因素，是人们按照自己的目的对客观规律的灵活运用，是关于人的活动方式的规定，"是一种生产方式的社会固定的形式"。

马克思在比较建筑师和蜜蜂的行为时指出，在人的生产劳动中，这种关于人的活动方式的规定是：

"他不仅引起自然物发生形式变化，同时他还在自然物中实现他的目的，这个目的是他所知道的，是作为规律决定着他的活动的方式和方法，他必须使他的意志服从这个

---

① 《马克思恩格斯选集》(4)，人民出版社 1972 年版，第 245 页。

目的。”①

在这段话中，马克思对人作为主体在生产劳动中的作用，做了两个规定：

一个规定是，通过目的来推动生产劳动。目的是人在头脑中观念地建立起来的预想的活动结果，它贯穿于人的生产劳动过程的始终，既是生产劳动过程的起点，又表现为生产劳动过程的展开和终点。这样，人的生产劳动就表现为合目的性、合价值性的过程。

另一个规定是，通过既合目的性又合规律性的方式和方法来调节生产劳动。“把它作为规律决定他的活动的方式和方法，他必须使他的意志服从这个目的”。也就是说，人们要在活动中实现自己的目的，满足自己的需要，那么，在运用物质力量和物质手段作用于客体时，就必须遵循客观规律，选择适当的方式和方法。这样，人的活动又是一个合规律性的过程。目的作为规范人类活动遵循规律、选择活动式样和方法的价值前提，表明管理的合规律性和合价值性应该是内在统一的。

因此，可以得出这样的结论：正确处理管理活动中合规律性与合价值性的关系，是管理活动获得最佳或最优效益的根本途径。管理的合规律性和合价值性的对立统一，反映在人的具体活动过程中，表现为多种具体的对立统一关系：

一是主体尺度与客体尺度的对立统一。马克思所说的“动物只是按照它所属的那个种的尺度和需要来进行建造，而人却懂得按照任何一个种的尺度来进行生产，并且懂得怎样处处都把内在的尺度运用到对象上去；因此，人也按照美的规律来建造”，即是指主体尺度与客体尺度的统一。人把自身作为主体，把周围环境和客观事物

① 《马克思恩格斯全集》(23)，人民出版社1972年版，第202页。

作为客体，从而发生主客体关系。“按照任何一个种的尺度来进行生产”，就是说人们在生产活动中，会充分考虑客观条件（包括客体条件和主体自身条件）的制约，按照客体对象的属性和规律进行生产，这是人的活动的合规律性。规律是内在于人的认识活动的，并且能通过人的活动体现出来。“把内在的尺度运用到对象上去”，就是说人的活动是从主体尺度出发，特别是根据自身生存和发展的需要出发，即人根据自身的目的和需要进行生产，这是人的活动的合价值性。

二是“为我关系”与“从他关系”的对立统一。马克思指出：“凡有某种关系存在的地方，这种关系都是为我而存在的；动物不对什么东西发生‘关系’，而且根本没有‘关系’，对于动物来说，它对他物的关系不是作为关系而存在的。”一方面，人作为主体，根据自身的目的，采取适当的手段和形式改造客体对象，这就是人的活动的“为我关系”，是活动的合价值性；另一方面，人为了达到自己的目的，又必须了解客体对象的状况和属性、本质和结构，必须尊重客观规律，这就是人的活动的“从他关系”，是活动的合规律性。两者紧密相连，不可分割。正因为这样，我们说“人创造环境，环境也创造人”。

三是“剧中人”与“剧作者”的对立统一。在《哲学的贫困》中，马克思指出，考察历史、考察每个历史时代的现实，不应该撇开现实的人的活动，而应该把人既看作“剧作者”，又看作“剧中人”。这是唯物史观的一个重要原则，实际上也就是人的活动合规律性与合价值性相统一的原则。人是活动的“剧作者”，就是说人类社会的一切活动，都是人类自身活动的产物，人可以根据自己的目的、需要，在社会与人发展的可能性空间中进行选择、创造。这是人的活动的合价值性。人又是活动的“剧中人”，就是说人类的活动不是绝对自由的，而是受各种条件的制约，就像舞台上的演员一样，“剧中人”的行为举止，都要受到剧情即“剧中人”相互关系的制约。现实的人，都是在既成的、给定的历史条件下活动，他们的活动舞台是由上代人的活动构筑的。人们不能自由地选择某一社会形式和社会生产力。马克思曾这样指出，“我们开始要谈的前提并不是任意提出来的，它们不是教条，而是一些只有在想象中才能加以撇开的现实前提。这是一些现实的个人，是他们的活动和他们的物质生活条件，包括他们得到的现成的和由他们自己的活动所创造出来的物质生活条件。”①他还指出，“对于各个个人来说，出发点总是他们自己，当然是在一定历史条件和关系中的个人，而不是思想家们所理解的‘纯粹的’个人。”②马克思提出，在人的活动中，人既是“剧作者”又是“剧中人”，它生动形象地表达了人的活动是合规律性和合价值性的统一。

在人类的管理活动中，只有处理好“主体尺度”与“客体尺度”、“为我关系”和“从他关系”、“剧中人”和“剧作者”的对立统一关系，才能使管理活动取得圆满成功。

管理是对人的本质力量的确证

在本质上，管理是对人的管理。管理的根本目的是为了人。从管理的终极意义上讲，人不仅是管理的组织者、实施者，而且同时也是管理功能、效益的受益者。在管理过程的实现机制中，人具有主体自为性。马克思曾这样指出：

> “人本身是他自己的物质生产的基础，也是他进行其他各种生产的基础。因此，所有对人这个生产主体发生影响

① 《马克思恩格斯选集》(1)，人民出版社 1972 年版，第 24 页。
② 《马克思恩格斯选集》(1)，人民出版社 1972 年版，第 84 页。

> 的情况，都会在或大或小的程度上改变人的各种职能和活动，从而也会改变人作为物质财富、商品的创造者所执行的各种职能和活动。在这个意义上，确实可以证明，所有人的关系和职能，不管它们以什么形式和在什么地方表现出来，都会影响物质生产，并对物质生产发生或多或少的决定作用。”①

在管理的构成中，人、财、物是最基本的构成因素。一般认为，物的因素是人类管理的最直接的对象，对现有物质条件进行最佳优化组合，充分发挥其功能和效益，生产出特定数量和质量要求的产品，是管理追求的直接目标。然而，如果我们仔细分析管理活动的实现机制，就会发现，在人与物的关系中，人本身是自己物质生产的基础，因而也是管理活动的基础。生产什么和怎样生产，都是由人自己来决定和进行的；而人的活动的产物则反过来对人这个管理和生产的主体发生影响，改变人的力量和活动。因此，在管理活动中，人与物的关系并不是通常所理解的那样：物决定人，人反作用于物。恰恰相反，是人决定物，物反作用于人。人的因素是管理活动的前提，人是管理活动内在的自我更新、自我创造、自我发展的运行机制和调解机制，具有主体自为性。其具体表现在：

其一，人本身是人类管理活动发展变化的唯一主体。物质生产是人和社会存在与发展的基础，而人则是物质生产、精神生产、人自身生产——人口生产的基础，标志着社会发展水平的物质文明、政治文明、精神文明、社会文明和生态文明进步状况的，无一不是人类管理活动和实践活动的结果。在人这个管理的主体之外，不存在任何偶像化、人格化的决定管理活动的力量。

① 《马克思恩格斯全集》(26，上)，人民出版社1972年版，第300页。

其二，客观事物的规律性只有通过物质条件和客观环境制约管理主体的行为方式或功能才能起作用。客观事物的规律性不具备独立的实体形态，它对管理活动的作用只有通过人这个唯一的管理主体才能发挥作用。人对物质条件和客观环境的影响所作出的反应，从来不是消极的，而是能动的、自觉的。最终驱使人改变自己的行为方式和功能的，并不是客观事物的规律性的唯一作用，而是多种因素的综合作用，其中主要的、根本的，还是管理主体自身的内因。

其三，不是客观对象而是人本身才是管理活动的终极目的指向。使人的各种本质力量得到发展和实现，是管理追求的终极目的。从表面上看，管理的目的是使特定组织这一子系统的功能，最大限度地满足更高层次的大系统为达到目的而对该子系统的要求[①]。也就是说，任何特定组织的预定目标，似乎是特定的政治、经济、文化、军事、教育等方面的发展状况，这个预定的目标，也就是管理的目的。就人类管理活动的某一阶段而言，似乎这是不容置疑的。然而，从人类管理发展要求的终极目标和总体要求来看，管理的发展指向，总是趋向于人的本质力量的发展，人的全面解放和发展，趋向于人的主体性、人的自由的全面实现的终极目的。在整个人类社会的发展过程中，人的全面发展和自由的全面实现，始终是人类主体的自觉趋向和追求目标，而任何阶段的管理活动的目标，不过是其自身无数目的运动所构成的手段——目的链上的一个环节。阶段性的目的不过是为了实现更高目的的手段，更高的目的在管理过程中又将转化为另一更高目的的手段。正是这种目的—手段—目的链的运动，构成了管理活动生生不息的历史过程，这一历史过程的终极目的指向最高价值层次，即人本身的各种本质力量的发展和实现。因此，一部人类发展史，就是人类从自然和社会的压迫下解放出来的历史，

---

① 《现代管理科学词库》，上海交通大学出版社 1986 年版，第 2—3 页。

即分别在“物种关系”和“社会关系”方面“把人从具体的动物中提升出来”的历史，是一部“自然的人化”的历史。管理的历史，就是一部“个人本身力量发展的历史”①。

马克思的三大社会形态理论，从人的角度出发考察了人类社会的演进历程，并用人的发展程度来区别人类社会的各个阶段（见下表）。这正好说明，管理所追求的最终目的和体现是人自身的发展。

人类发展的三大社会形态特征

自然经济	商品经济	产品经济
自然共同体 人的依赖关系 自然必然性王国 必要劳动	经济的社会形态 以物的依赖为基础的人的独立性 外在（经济）必然性王国 剩余劳动	自由人联合体 个人全面发展和自由个性 自由王国 自由劳动

马克思认为，资本主义以前的社会是“最初的社会形态”，其共同的特征是自然经济，生产力水平低下，人对自然界的关系是狭隘的、严重的依赖关系，人与人之间的关系也是狭隘的、严重的依赖关系，“在这里，无论个人还是社会，都不能想象会有自由而充分的发展，因为这样的发展是同原始关系相矛盾”②。人的本质力量只在狭窄的范围内和孤立的地点上得到发展，人们只有相互依赖，结成某种共同体才能进行物质生产。这种共同体，即在人类管理基础上的共同体，在不同的土地所有制中表现为不同的形式。“在所有这些形式中，土地财产和农业构成经济制度的基础，因而经济的目的是生产使用价值，是在个人对公社（个人构成公社的基础）的一定关系中把个人再生产出来。”③这些管理形式的两个基本特点是：

第一，个人从一开始就不表现为单纯物质生产的个人，而是以拥有土地财产作为客观的存在方式，这种客观的存在方式是人活动

① 《马克思恩格斯选集》(1)，人民出版社 1972 年版，第 79 页。
② 《马克思恩格斯全集》(46，上)，人民出版社 1979 年版，第 485 页。
③ 《马克思恩格斯全集》(46，上)，人民出版社 1979 年版，第 482—483 页。

的前提；

第二，这种把土地当作劳动的个人财产来看待的关系，直接要以个人作为某一公社的成员为媒介，每一单个的个人，只有作为共同体的一个肢体，作为共同体的成员，才能把自己看成所有者或占有者。

马克思认为，资本主义社会是“第二大形态”，以分工为前提的商品生产，是资本主义社会生产方式的显著特征。马克思说，商品生产“不管活动采取怎样的个人表现形式，也不管这种活动的产品具有怎样的特性，活动和这种活动的产品都是交换价值，即一切个性，一切特性都已被否定和消灭的一种一般的东西”①。个人与社会的联系，只有通过交换价值的媒介，只有成为交换价值或货币的所有者，才能获得自己的社会权力和自己同社会的联系，人本身劳动的社会性质，表现为劳动产品本身的物质性质，生产者同总劳动的社会关系，表现为生产者之外的物与物之间的社会关系，即人对物的依赖性。这种人对物的依赖性，形成一种支配个人的强制力量，束缚了个人自由自觉的活动，使人的本质力量的实现成为一种空洞的形式。

马克思认为，以产品经济为特征的未来共产主义社会是“第三大形态”，全社会物质文明和精神文明高度发达，旧式分工和三大差别消灭，“作为目的本身的人类能力的发展”② 得到展现。人们享有充裕的自由时间，有了充分发展和发挥自己的一切爱好、兴趣、才能、力量的广阔空间；劳动由谋生手段变为生活目标，成为生活的第一需要，转变为自觉的活动，即自主的劳动，管理则成为自觉的自我管理而不是外在的管理；人摆脱了外在的物质财富的束缚，不再为谋生而奔波操劳，而是致力于本身潜能的发挥和个性的全面发

① 《马克思恩格斯全集》(46，上)，人民出版社 1974 年版，第 103 页。

② 《马克思恩格斯全集》(25)，人民出版社 1974 年版，第 927 页。

展。在那时，“人终于成为自己的社会结合的主人，从而也就成为自然界的主人，成为自己本身的主人——自由的人”①。在人的活动中，人具有充分的主人翁地位，既是管理的客体更是管理的主体，人的行为、观念的发展是一个充满自主性的过程，人对自身个性才能的发挥具有自主设计、个人活动的自由和自觉性，劳动表现为不再像以前那样被包括在生产过程中，相反，表现为人以生产过程的监督者和调节者的身份同生产过程本身发生关系；劳动者不再是生产过程的主要当事者，而是生产过程的自主者。简言之，人本身的一般生产力，成为生产和财富的宏大基础。

从马克思的论述中，我们可以看到，人的本质力量的实现和人的自由全面发展作为人类管理活动的根本目的或终极目的，具有十分重要的道德价值。

首先，人的发展是管理的最高目的。管理的根本目的是为了人，而不是为了物。正是为了人自身的利益和发展，才出现了管理这种特殊的社会现象，也是为了自身，人才在历史发展过程中不断探寻、改进和完善新的管理方法。任何一个阶段的管理活动的直接目的，最终都要服务于管理这个根本目的。在管理活动中，人是目的与手段的统一。因此，真正科学的管理始终关心人、注重人，反对见物不见人，以物取代人。

其次，人的自由全面发展学说，不仅仅是一种教育学说或教育方针，而且也是贯通人类管理活动的理想目标和终极追求。管理活动最终而且必须以人的自由全面发展为归宿。管理与人的发展具有一致性，管理为人自身的发展开辟道路，为实现全面发展的自由个性提供最现实的途径。

再次，为解决管理活动中人与物的矛盾指明了方向。管理的实

---

① 《马克思恩格斯选集》(3)，人民出版社 1972 年版，第 443 页。

现过程，也是解决人与物矛盾的过程。人与物的关系问题，蕴含着人类的本质和意义如何确立的问题。因此，人类在客观对象中占据何种位置，人与物如何联系和如何区别，就成为管理活动的一个重要方面。人的自由全面发展在人类管理中地位的确立，其实质就在于把管理的发展看成是使人自身的发展成为管理发展的前提和基础。人类社会实践活动的发展表明，现代社会生产的机械化和自动化日益发展，要求人的劳动熟练程度和文化素质得到普遍提高，一个民族、一个国家经济发展的快慢和经济实力增加的程度，不仅取决于自己拥有的资源多少，还取决于人的素质。如果人的文化、技术、专业水平低，劳动纪律差，则很难掌握先进设备、先进工艺和先进技术，以及现代化的管理方法，因而很难产生管理的强功能和高效益。

总之，无论从哪个角度看，管理必须重视人、关心人，为人的发展提供尽可能多的物质文化条件，自觉地把确证人的本质力量、追求人的自由全面发展作为自己的最高目标。

自愿自觉的活动是人类管理的最高境界

自由的活动，是人区别于动物的本质。只有在人类达到自由自觉的活动的时候，才表明人类的管理走到了最高境界。马克思说：“一个种的全部特性、种的类特性就在于生命活动的性质，而人的类特性恰恰就是自由的自觉的活动。”①

人的自由，必然具体地体现在人的活动之中。如前所述，人类的管理活动作为主体性活动，必然包含着目的性和价值性，表明人作为主体决定自己行为活动的主动性。这就与受动性的活动划清了

① 《马克思恩格斯全集》（42），人民出版社 1979 年版，第 96 页。

界限。毫无疑问，外在的强制必然会压抑人的活动的主动性、积极性和创造性，内在的强制（例如活动主体自身的饥饿、寒冷、狭隘的名利思想等）也不可能使人们真正按照自己的意愿去行动，并且外在的强制往往可能通过内在的强制对活动主体施加压力。如果一个活动主体不能真正地按照自己的意愿去行动，那么，这个活动主体就会感到不自由。

自由存在于活动主体能决定自己的目的，并按照这个目的去行动的过程之中。因此，活动的目的所体现出来的主动性，就转化为自由的自愿原则。自由的自愿原则，与强制相对立，但决不意味着活动主体可以随心所欲地想入非非。活动的目的，应该是活动主体在对自身的需要和外部世界的规律性和真理性认识基础上形成的，亦是在活动的合价值性和合规律性的统一基础上形成的。也就是说，自愿原则是人的活动具体而现实地体现合规律性和合价值性相统一的表现，自由是建立在合规律性基础上的合价值性的“随心所欲”。

人在活动中所体现出来的作为活动主体的有意识的自我调节，表明人的行为活动具有合价值性和合规律性的自觉性。它要求与管理上的主观专断划清界限。主观专断论者认为，人可以随心所欲地使行为达到目的，而不需要遵循一套合乎目的的方式和方法。然而，这恰恰表明，他由被他支配的对象所支配。如果一个活动主体的行为不能实现作为活动出发点的“目的”，那么，活动主体也就不会感到自由。反之，如果有一套行之有效的实现目的的方式和方法，活动主体就会在调节自己的行为过程中左右逢源，处处自如，就会感到自由。

因此，在人的活动中体现的活动主体对自身行为合价值性和合规律性的调节，就转化为自由的自觉原则。自由的自觉原则所体现的管理主体调节活动的方法，是主体在对自我内部世界的价值性认识和客观外部世界的规律性认识基础上形成的，因而也是具体而现实地体现活动的合规律性和合价值性相统一的表现。由于它是活动主体在自我发展过程中为实现自我的目的所必须遵循的“当然之则”，因而它不是以活动主体被迫必须服从的强制形式表现出来，而是以活动主体的自我设定、自我形成、自我实现的形式表现出来。

自由是自愿和自觉的统一。体现外在规律性和内在价值性相统一的自由的自愿原则和自觉原则，两者相互贯通，彼此渗透。两者统一的深刻基础在于，人是自然界和社会的产物，并且活动于自然界和社会之中，以主体需要形式表现出来的作为内在价值性的自我发展，与外部世界的客观规律性在本质上是一致的。由管理主体的目的及其方式和方法所推动和调节的人类活动，使外在规律性和内在价值性、人的内部世界和外部世界相互融合，从而达到马克思所说的“社会化的人，联合起来的生产者，将合理地调节他们和自然之间的物质交换，把它置于他们的共同控制之下，而不让它作为盲目的力量来统治自己；靠消耗最小的力量，在最无愧于和最适合于他们的人类本性的条件下来进行这种物质交换”的自由境界。它强调，外在强制的管理活动，只有转化为活动主体的自愿自觉的行为，才是管理的至上境界。

3.
伦理的管理职能

科学理解伦理的本质和管理的真谛，是揭开“管理”与“伦理”结合之谜的前提性条件，是科学揭示管理的道德性的重要前提。伦理作为人类精神生活与精神实践活动的重要组成部分和管理伦理构成中的一个极其重要的方面，是管理伦理研究必须予以考察的对象。马克思指出：

> “社会生活在本质上是实践的，凡是理论导致神秘主义方面去的神秘东西，都能在人的实践中以及对这个实践的理解中得到合理的解决。”①

马克思的实践观点，为科学地说明伦理的本质提供了基本的方法论原则。我们依据这一方法论原则，对伦理和管理的本质规定作出探讨，从中可以找到“伦理”与“管理”的“通约之桥”。

伦理活动是人类精神性活动的基本样式

马克思主义认为，人类把握对象世界的方式，可以相对地归结

① 《马克思恩格斯选集》(1)，人民出版社1972年版，第19页。

为物质性活动和精神性活动。人类精神性活动的样式是极其丰富的，但就其基本样式而言，主要有三类：

一是指向外部世界的理论活动；

二是指向人类自身内在世界的伦理活动；

三是指向作为二者之综合的人类理想的艺术活动。

这三种类别，是文明时代人类精神性活动的基本样式，而在原始时代，所有这些有区别的样式，都包含在巫术神话这一原始的、统一的精神性活动的母体之中的。经过漫长的历史发展，巫术神话才归于消亡而为从中成长起来的理论的、伦理的和艺术的基本样式所取代。相对而言，伦理活动又是人类起源最早、最基本的精神性活动样式。

人类的理论活动，是人类对外部世界的一种把握，其特点是概念或范畴式的把握。这一特点，是由于人作为理论活动的主体而将外部世界视为本质上不变的实体所导致的，这与其他精神性活动的样式根本不同。用概念去把握对象世界的结果，是构成一个关于对象世界的逻辑的理论体系，即把对象把握为一个超越时空、非感性的逻辑结构。由于概念或范畴是抽象的语言符号，所以它所表示的便是对象的本质或一般规律。本质或规律并非现实世界的真实写照，而是超越现实世界，或者说扬弃了现实世界而进入了可能世界。本质或规律所表达的，正是一个可能世界，它所指示的不是有关事物的存在与否，更非存在的实然状态，而是事物存在的可能性，以及可能性转化为现实性的条件。

以概念的形式把握事物的本质或规律，把事物从直接的现实世界提升到可能世界，这是理论活动象征性地把握对象世界的特有方式。理论活动的典范形式，有科学和哲学。科学又称经验科学，这是因为，科学作为一种理论活动，所指向的对象世界原则上都是可经验的事物，并且要求科学理论都以经验为基础，受实验的检验。

如果理论活动所指向的对象世界，超越了可经验的范围而指向作为整体或总体的世界，那么，我们就超出了科学而进入了哲学。由于哲学指向整个世界，所以哲学又称为世界观。哲学由于指向超越了可经验范围的整个世界，也就无法采取实验的方法，而只能采取思辨的方法。哲学与科学作为理论活动对对象世界的把握，两者是相互影响的。哲学作为一种对对象世界——自然、社会和人的总体性把握，不可能不影响到科学对各个经验领域的认识，而科学作为对于构成总体的部分的认识，又不能不制约着哲学对总体世界的把握。

人类的伦理活动或道德活动，所指向的不是外部世界，亦非世界总体，而是人类自身的内部世界。人类的伦理活动作为人类精神性活动的一种基本样式，像理论活动并非直接反映现实世界一样，它不是直接地反映人们的现实行为，而是要超越人的现实行为这种“实然”进入到可能世界，把人的现实行为置于可能世界的背景下予以观照，并且依据所设拟的理想世界中的人的行为标准予以评价，通过这种评价而引导人们的现实行为，使之趋于理想的人的行为。人类的伦理活动，主要是处理伦理主体的主观要求的满足和理想追求与客观现实社会之间的价值关系。它不仅是规范的总和，更体现着人的价值追求，调节着人的自我发展、自我实现与社会客观环境的关系，使作为伦理主体的人的个性日益丰富、发展和完善，同时也使社会的普遍性整合日益深化。

从社会发展的总趋势来说，个人的进步和社会发展是协调一致的，只有社会发展了，个人才能获得更多的自由，才能在更高层次上实现自我。同时，也只有社会绝大多数成员的个性丰富发展，才会导致社会的真正进步。但就具体阶段而言，个人要求的膨胀往往会导致社会的混乱，为了社会秩序的和谐稳定又不得不约束个人的欲望和要求，限制个人的自由和解放。伦理正是人类为了寻求自我发展的个人欲望的满足与社会秩序的和谐之间确立的一种平衡机制。

伦理既是人类自我实现的方式，也是社会矛盾的调解方式和社会关系的调节手段，这种调解方式和调节手段，主要是以评价命令的方式实现的。因此，伦理一方面具有社会性、约束性和规范性，另一方面又具有主体性、个体性和理想性。

伦理作为自我发展在个人欲望上的满足与社会秩序的和谐之间的一种平衡机制，主要表现为具有约束性的行为规范体系和有等级次序的价值观念体系。这些行为规范和价值观念，具有命令性，它通过传统习惯、社会舆论、内心信念来发挥作用。伦理作为人自我实现的方式，主要表现为有诱导性的理想体系。实现自我、完善自我，是作为主体的人固有的属性，人们通过努力使现实日益趋向理想，这种理想既包含长远理想、短期理想，也包括社会理想，通过向理想的趋进，人获得自我的实现和完善。伦理作为社会矛盾的调解方式和社会关系的调节手段，其基本问题就是社会和个人的关系问题，其基本内容表现为人的价值，人在世界中的地位，人生的意义、理想、目的，个人对他人和社会的态度，以及应承担的责任和义务，等等。

伦理不同于科学、艺术和宗教，它不是用理论思维，也不是用形象思维、信仰的方式去把握对象世界，而是用善恶评价的方式去把握对象世界。通过善恶评价，一方面确立善的理想的价值体系引导人，另一方面确立行为原则，形成有等级次序的准则、戒律的规范体系约束人。一般而言，它把有利于社会和谐稳定的因素与有利于人的自我实现和完善的因素评价为善，而把以个人伤害他人与社会和以社会扼杀个人的因素评价为恶。

伦理以评价命令的方式把握对象世界，是对对象世界的价值性和理想性把握，而非事实性把握，其目的不在于客观地反映对象世界，而是为人们确定善恶之间的界限，探索个人完善和社会发展的途径。伦理对对象世界的把握，不同于科学对对象世界的把握。伦理认识与科学认识相比，缺乏严谨性、论证性和准确性。恩格斯指出：

> “道义上的愤怒，无论多么入情入理，经济科学总不能把它看作证据，而只能看作象征。”①

伦理具有与科学不同的理解社会环境和对象世界的手段，人类的道德经验是独一无二的历史实验室，它通过评价命令的方式，体现着人类自我实现的最富有前景、最合乎人性的方向和途径；通过伦理要求、道德理想的具体方式，预测社会发展的前景。伦理活动把握对象世界，不像理论科学活动那样具有理性的说服力，但更具有知情意汇聚升华的感染力、震慑力和感召力。当然，伦理活动作为人类精神性活动的一种基本样式，要受制于物质性活动，因而是随着经济基础即社会经济制度的变化而变化的。

人类的艺术活动或艺术生活，是对理论活动和伦理活动的一种综合，即它是对外部世界和人自身内部世界的一种整体性把握。这一点与哲学有相似之处。但艺术所指向的对象世界，并不像哲学那样，是超越了可经验范围的世界总体，而是可经验的有限的整体，一种有限的主客体统一的具体整体，因而艺术活动的语言是形象的、具体的，而非概念式的，它借助于形象的语言符号即意象去把握世界。艺术虽然是一种通过感官知觉而进行的活动，但它并不是仅仅停留于直接的现存感性世界，仅仅诉诸感官，而是要通过具体的感觉形象，向人开放一个可能世界，展示出生活的意义。

艺术所展示的可能世界，与科学以抽象的概念语言所展示的抽象的、中性的、冷冰冰的客体世界不同，它以形象的语言展示给人

---

① 《马克思恩格斯选集》(3)，人民出版社1972年版，第189页。

们一个活生生的生活世界，即艺术所揭示的可能世界是浸透着人的情感的可能世界，是主客体消融为一体的可能世界。这样的可能世界，也是人的一种理想世界。

与伦理活动的理想也不同，艺术不是直接的说教，也不是仅仅指向主体自身的，而是把伦理理想融于一个个具体的理想世界之中。因此，艺术活动所要追求的理想世界，是美的世界。美是真与善的统一。无论是观赏艺术，还是创造、表演艺术，人都要诉诸自身的审美想象和理想化体验，从而获得虚拟的满足，获得内在价值的实现。审美价值便是人的一种完善性实践，或"内部实现"的方式。如歌德所说，人在现实中无法得到的东西，可以在艺术中得到。但艺术亦非纯粹的精神王国，它作为人类精神性活动的一种基本样式，同样受制于人类的物质性活动。

伦理的价值指向

人类的伦理活动作为人类精神性活动的一种基本样式，所指向的是人类自我的内部世界。这决定了伦理的价值指向和价值建构必然与理论活动不同。在本质上，伦理是人类对自我生存和发展的一种规范、设计和引导，是为人类自身的自我实现和自我完善服务建构的价值和规范体系。因此，伦理的实质，是人类对自我的一种内在管理。正是人类对自我的内在管理延伸至人类对外部世界的管理，要求人类对外部世界的认识与改造活动必须为人类自身的生存、发展和"自由解放"服务，从而才具有人类对外部世界的管理活动。

我们知道，人类存在着，便行动着、行为着。与此同时，自从有了人类，便有了人类对自我行为的限制和规范。这种限制和规范，大致可分为两类：一类是外在的强制性规范，如政治、法律、制度；另一类是内在的自觉性规范。伦理正是这种自觉性规范，它以命令、评价的方式为人们提供具有约束性的等级次序的价值观念体系和行为规范体系。

马克思说，“自由自觉”是人的类特性。正是人类的这种“自由自觉”的类特性，从而使人类自觉地形成伦理规范对自我的限制和价值引导，形成人类对自我生存和发展的价值取向。所谓价值，虽然极其复杂，但其中十分明确的是，它始终以人为中心，以事物存在对于人的意义为基本含义。在世界万物中，只有人追求意义。或者说，只有人需要赋予自己的生存以意义，赋予其他事物以意义。

人作为社会性、历史性的存在物，在自身的进化过程中，形成了丰富多样的需要体系——不仅具有物质性需要，而且具有精神性需要，并在需要的推动下形成了人所特有的创造性特质，从而在万物中居于主体地位。构成人的类本质的种种特性的发挥和人的主体地位的确证及肯定，是人自身的意义之所在。人不断地根据自己的需要变外在之物为“为我之物”，而人的任何一种需要的满足，都意味着人对自身的肯定；人的任何一种新的需要的产生，则都意味着人的本质的丰富。因此，人连同使人得到肯定和丰富的人的需要，在各种价值中，是作为“目的”价值或者说“终极”价值而存在的。人以外的万事万物存在的意义，不能由其自身得到说明，只有从它们与人发生的关系中才产生了意义问题。使万事万物和人联系起来从而产生意义的，是人的需要。换言之，万事万物有无价值，依据它们同人的需要的关系而定。

伦理作为人类的创造物，作为人类精神性活动的一种基本样式，其存在的理由在于伦理所提供的价值。伦理的价值指向，在于规范人与人、自然、社会之间的伦理关系，是人类在满足自我个人欲望与社会秩序的和谐之间的一种平衡机制。它既是人类自我发展、自我实现的方式，也是社会矛盾的调解方式和社会关系的协调手段。它为人们的生活、创造以及交往活动提供必要的秩序，提供适应环境、改造环境和自我完善的方式。因此，在最一般的意义上，伦理的价值正是指向社会秩序的需要和人的自我实现的需要的有机结合和有机统一。在本质上，它是人类对自我的一种内在管理活动。

在西方，伦理一词英文为 ethic，从词源上说，起源于希腊文的 Ja θnk（ta ethica），其词根为 ετησs 和 nnoS，前一字的原意是“风俗习惯”（custom or habit），后一词的原意为“品性气质”（character or disposition）。公元前 4 世纪，亚里士多德首先使用 ethŏs 这个词，并把它的意义加以扩大和改造，先构成了一个形容词 ēthicos（伦理的），以后又构建了一门新的学科 ēthika，即伦理学，创造了完整的规范伦理学。从词源上讲，西方伦理学的原意，是一门研究社会的风俗习惯与个人品质的科学。

在我国，“伦理”一词首先出现于《小戴礼·乐记》：“乐者，通伦理者也。”东汉学者郑玄解释说：“伦，犹类也；理，犹分也。”即分类条理的意思，最初并无人之伦理的意义。在《说文解字》中，许慎注释道：“伦，辈也。从人仑声。一曰道也。”“理，治玉也。从玉里声。”伦开始指可区分的人的辈分，理则指玉石的纹理，以后引申开去，伦含有类、序等意，而理则有了道理的意思。这时的伦理，才指向一种等级、次序、顺序关系，犹如音乐中的不同音阶，只有依照一定的比例关系和伦次关系，才能使五音达到一种和谐，从而奏出优美的音乐一样，不同阶层、不同人之间也只有建立某种伦次关系，才能达到某种和谐。孟子、荀子正式以“伦”阐述人类社会的关系。孟子说：“使契为司徒，教以人伦，父子有亲，君臣有义，夫妇有别，长幼有序，朋友有信。”（《孟子·滕文公章句上》）这里的“父子”、“君臣”、“夫妇”、“长幼”、“朋友”，就是指社会中人与人的关系，叫“五伦”；而“亲”、“义”、“别”、“序”、“信”，则是用以调整、处理“五伦”关系的伦理规范和道德原则。以后，“伦理”一词便逐渐用来专指人类社会生活关系中应当遵循的道理和规则，或人类社会生活的秩序、规则及合理正当的行为。

黑格尔通过对法与伦理的对比考察，深刻地揭示了伦理的价值指向。他认为，伦理是构成社会价值体系中的核心内容，不但规范和约束人的行为，还研究人的行为、研究人的行为规范，并尽可能地指出它们存在的合理性，包括制度存在的合理性和国家存在的合理性。

黑格尔认为，伦理作为最高层次的价值观，乃是一种善。这种善，表现为两种形式：一种是实质性的，即人类社会最理想的存在状态。在人类不断扩展着的实践活动中，这种状态表现为一种可能性空间的扩大。一种是人对实质之善的理念，即主观的善。他说：

> “主观的善和客观的、自在自为地存在的善的统一就是伦理。”①

这种统一，不是别的，正是人类通过实践活动不断扩展着的自由。黑格尔说：

> “伦理是自由的理念。它是活的善，这活的善在自我意识中具有它的知识和意志，通过自我意识的行动而达到它的现实性；另一方面自我意识在伦理性的存在中具有它的绝对基础和起推动作用的目的。”②

所以，伦理不只是一种规范和约束，而且是一种自由与和谐的状态。人类不仅在观念上追求这种状态，而且以这种观念的善为摹本，作为一种起推动作用的目的，去促使人类实现这种善。正是在

① 黑格尔：《法哲学原则》，商务印书馆 1961 年版，第 162 页。
② 黑格尔：《法哲学原则》，商务印书馆 1961 年版，第 164 页。

这种善的理念推动下，人类不断地去寻找实现这种善的社会组织方式。社会组织方式，即人类管理方式。人类对自我实现与自我完善的设定，即自由的设定，事实上是一种人类对自我的内在管理。人类对自我的内在管理，推动人类去对外部世界实施控制活动，决定人类对外部世界的认识和改造活动要为满足人的内在需要服务。

因此，伦理作为人类对自我的规范和约束，作为人类对自身行为的调节、控制和内在管理，是有意识的、积极的、主动的、自觉的人类活动，是人类“向善”的实践理性。它以人的自我生存和发展、以人的自我实现和完善这一最高价值尺度，即以追求人的最高价值目标——亚里士多德和黑格尔等人称之为“至善”，马克思、恩格斯称之为“人的自由全面发展”为基础，是人类生存环境（包括自然、社会）与人类自我之间制约关系的积极反映。人的生存和发展、人的自我实现和完善，是人类需要的最高层次，人类的一切价值体系、一切行为规范，都是建立在这一需要基础之上的，人类一切活动的最终目的，都是为了满足人类自身的生存和发展、人的自我实现和完善。

人作为二重性——既是个人的存在物，同时又是社会的存在物——的存在[①]，客观性上决定了人类的生存和发展、人的自我实现和完善，必须对自身进行内在管理。如果没有这种内在管理，便不能协调社会关系和建构社会秩序，也就没有作为社会存在的人，人的自我完善和自我实现便没有可能。因此，伦理作为人类规范人性、完善人性的需要，是人类永恒的追求。

人类之所以能实现对自身行为的伦理规范，即内在管理，根本原因在于人类具有自我意识能力。人是自然界中到目前为止发现的最高级的动物，其之所以高于其他动物，即在于人具有自我意识能

① 唐凯麟：《伦理学教程》，湖南师范大学出版社 1992 年版，第 38 页。

力，能用理想、理性、意志支配自己的行为，而动物则只受本能的支配。马克思指出：

> “动物和它的生命活动是直接同一的。动物不把自己同自己的生命活动区别开来。……人则使自己的生命活动本身变成自己的意志和意识的对象。他的生命活动是有意识的……有意识的生命活动把人同动物的生命活动直接区别开来。正是由于这一点，人才是类存在物。”①

正是人的意志和意识的努力，人就和动物区别开来。在伦理方面，这一意志和意识的努力就体现为人对自己的内在管理和自觉规范，自己对自己在内心“立法”，即确定伦理规范从而完善自己的人性。

伦理对人类自我内在管理的建构

人类活动的根本目的，在于实现人自身能力的充分发挥和发展，即马克思称之为“人的自由全面发展”。伦理的价值指向表明，伦理是人类对自我的一种内在管理，是人类对自我的心智结构和精神世界的建构、改造和提升活动，是人类对自我的“自由全面发展”的精神实践规定。

马克思指出：“正像一切自然物必须产生一样，人也有自己的产生活动即历史……它作为产生活动是一种有意识地扬弃自身的活动。”由于人所独具的意识和自我意识，人能将自己作为对象来对待。马克思说：

① 《马克思恩格斯全集》（42），人民出版社1979年版，第96页。

> “对于意识所以有肯定的意义，是由于意识把自身外化了，因为意识在这种外化中知道自己就是对象，或者说，由于自为存在的不可分割的统一性，而知道对象就是它自身。”①

伦理活动作为人类实践精神把握世界的活动方式，正是这样一种有意识地、积极地扬弃自身的主体性规约活动，是人类追求自身的自由解放和全面发展的精神规约活动，即内在管理活动。在《德意志意识形态》中，马克思曾形象地说明这一点：

> “人们不应当再拿某种不以个人为转移的 tertium comparationis（用作比较的根据即标准）来衡量自己，而比较应当转变成他们的自我区分，即转变成他们个性的自由发展，而这种转变是通过他们把‘固定观念’从头脑中挤出去的办法来实现的。”②

列宁也曾指出，人类的实践活动就是要扬弃对象原有的规定性，并赋以新的规定性，实现人的目的。“为了通过外部世界的规定的（方面、特征、现象）来获得具有外部现实形式的实在性。”③也就是说，人类对自我的内在管理，是人的自由全面发展的根本途径。

所谓人的自由全面发展，“它包括十分丰富的内容。就个人内在方面而言，它包括个人德、智、体、美、劳和谐完整的发展；个人潜力的最大限度的发挥；个人需要的全面丰富和满足。就个人活动方面而言，是指个人通过自己自由自觉的创造性劳动，和外界世界

---

① 《马克思恩格斯全集》(42)，人民出版社 1979 年版，第 169—170 页。
② 《马克思恩格斯全集》(3)，人民出版社 1960 年版，第 518 页。
③ 《列宁全集》(55)，人民出版社 1990 年版，第 183 页。

发生相对全面的对象性关系，并充分表现和实现自己内在本质力量的丰富性。其具体规定是：个人创造性活动的充分发挥和个人活动相对完整性与充分的可变换性等两个方面。就个人外在的社会关系方面而言，是指个人积极参加各个领域、各个层次的社会交往，同其他个人，从而也同社会的生产进行相对普遍的交换，使个人摆脱个体的、地域的和民族的局限，摆脱陈旧狭隘的社会关系，形成尽可能全面丰富的物质关系和思想关系。”①

人的全面发展，是一个历史范畴，它是社会发展的函数，始终要受到社会条件的制约，表现为一个人类社会实践的历史发展过程，表现为人的内在统一和个人与社会的统一，即人的社会性不断丰富和发展的过程。马克思在探寻人的解放之路时，曾对人的发展历史做过三段式的划分。他认为，在前工业社会，人结合成以血缘、地缘为纽带的群体，人依赖人的共同体，人之存在的主要形态是“人的依赖关系”，那时人类还处在不自由的非独立状态；产业革命和市场经济的兴起，具有独立人格的人开始出现，在尚未充分发展的工业社会和市场经济条件下，以及追求金钱和物质私利为本性的资本主义生产方式中，人之存在的主要形态是“以物的依赖性为基础”的人的独立性，此时，自由和平等成为普遍原则，人的自由个性得到片面发展；在未来的共产主义社会，即“建立在个人全面发展和他们共同的社会生产能力成为他们的社会财富这一基础上的自由个性，是第三阶段”②，这时人类已成为真正自由的人类，他们有着丰富的自由个性。

马克思还进一步深入地揭示了个人的内在统一和人的社会规定性的全面关系，指出“建立在个人全面发展和他们共同的社会生产能力成为他们的社会财富这一基础上的自由个性”的最终实现，要

---

① 唐凯麟：《伦理学教程》，湖南师范大学出版社 1992 年版，第 69 页。

② 《马克思恩格斯全集》(46，上)，人民出版社 1979 年版，第 104 页。

有许多主客观条件为前提。"自由个性"的时代，就是人类进入了全面地占有并发挥自己的全面本质的时代，是真正属于"人"的时代，其社会将是这样一个共同体，"每个人的自由发展是一切人的自由发展的条件"。一方面，每个人的自由发展是一切人自由发展的条件，如果无法使每个人都达到自由发展，一切人的自由发展自然也就不可能达到；另一方面，一切人的自由发展也是每个人的自由发展的条件，没有一切人的自由发展，也就不可能有每个人的自由发展。

马克思关于人的自由全面发展的理想价值形态，虽然在目前还只具有价值预制的性质，但实现人的自由全面发展始终是人的一种内在要求。

在伦理学史上，人的自由全面发展一直被伦理学家和道德哲学家当作人所应当追求的道德理想，是人在进行人格塑造和德性涵育时所追求的最终目标和最高价值，伦理被作为人的自由全面发展的重要维度得到高度重视。中国古代文化曾从不同角度提出过多种理想人格范型，如以"君子"、"贤人"、"圣人"、"完人"、"士大夫"为理想人格的儒家道德人格模型，以"真人"、"圣人"、"神人"为理想人格的道家道德人格模型，以"强者"、"强人"为理想人格的墨家道德人格模型，以"能法之士"为理想人格的法家道德人格模型。在西方，古希腊思想家苏格拉底提出了"善良的、讲道德的、明智的和富有知识的人"，亚里士多德提出了"完美的人"或"精巧的人"，智者学派提出了"智者"和另一些思想家们提出了"完人"、"身心和谐发展的人"等道德理想人格；近现代资产阶级思想家提出了"完善和幸福的人"、"自我实现型的人"、"机能充分发挥型人"、"生产倾向性人"、"胜任型人"，有人甚至提出了"理性道德型人"的理想人格。

尽管这些不同的理想人格模型含义不同，各个思想家提出这些人格范型的立场、目的、时代不同，但他们都坚持人要全面发展的价值取向，都把人的全面发展作为一种伦理、道德性质的衡量标准和人在道德上所追求的最高价值。我国儒家甚至把人的全面发展看作一个纯粹道德问题，这虽然具有道德决定论和泛道德主义的色彩，但是，他们凸显人的全面发展的伦理维度，不能不说是一个重要贡献。

马克思主义自从诞生之日起，就始终关注着人的自由全面发展问题，而人的自由全面发展也始终是马克思主义伦理学的重要旨趣。马克思主义伦理学研究人的伦理关系的最终目的，是为了促进人的本性的真正实现、人的道德自由和人的自我完善、自我发展，即人的自由全面发展。在马克思主义伦理思想的发展历程中，人的自由全面发展和人的本性的真正实现，始终是同人的道德的自我完善和发展相一致的，人的道德的自我完善和发展，是人的自由全面发展中最主要的、首要的内容。[1] 马克思认为，意志自由既是人类进行一切活动的前提，又是人类活动所追求的目的。意志自由之所以是可能的，是因为这是人和动物相区别的根本所在，是人的类特性，也是人之为人的标志和尊严所在。在伦理活动中，人的意志自由最能充分体现人的类特性，因为从本质上讲，伦理是“人自己为自己立法”（康德语）的过程，伦理活动中没有外在力量的参与和干涉，而是依赖主体内心信念的自觉确立，因而最能体现人的类特性和人的发展水平。在这种意义上，人的伦理水平和道德层次即是评价人的自由全面发展最重要的维度之一。

人的自由全面发展，既是人的现实的实践活动和历史过程，同时又是人的理想性、目的性和超越性之印证，因而它是人类发展的共同理想和最高价值。针对个体，它是个体不断追求的理想人格。因而人的自由全面发展就是社会不断进步和个人不断改造的最大的、

① 章海山：《马克思伦理思想的历程》，上海人民出版社 1991 年版，第 6 页。

首要的“应然”，这充分证明它的伦理学底蕴和伦理指称。当然，马克思主义关于人的自由全面发展的范畴，并不单纯指人的伦理发展和完善，它还包括人的能力、社会关系和个性的发展。人的自由全面发展的伦理维度，表明的是伦理对人的限制与束缚并不是反对自我，而恰恰是人的自我实现与人的自由全面发展的形式之一。正如泡尔生所说：

> “全部道德文化的主要目的是塑造和培养理性意志使之成为全部行动的调节原则。我们把这种德性或美德称为自我控制。离开了自我控制，就没有自由和个性。”①

伦理正是在这种限制与自由的内在同一中获得真实而非虚幻的实现。

人的自由全面发展的伦理维度，最主要表现在既遵循社会的伦理规范，同时又努力地使自我在伦理方面朝高层次方向发展和完善，即追求至善上。实质上，这两个方面最终可归纳为人达到道德的主体性和规范性的高度统一。在社会生活中，伦理一方面起着协调社会成员之间、个人与社会之间、人与自然之间的利益关系的作用，使个人追求的自身利益符合社会利益、促进社会利益，具有功利性的一面。另一方面，在人的自我发展过程中，伦理又具有超功利的一面，即在精神生活领域中，激励个人不断自我完善，使人的知识、思想、道德、审美，亦即真、善、美等精神方面日趋提高和发展，使人逐步趋向人的人性、智力和体力的自由全面发展。因此，伦理不仅使个人自由发展，而且使个人逐步具备一种自主、自决、自择、自律的能力，能够按照社会发展的需要和个体发展的历史目标这一

① 弗里德里希·泡尔生：《伦理学体系》，中国社会科学出版社 1988 年版，第 412 页。

价值系统进行正确的自择和自律。这种自由选择和自律能力，对于人的全面发展是至关重要的。人们可以正确地使用这种能力，通过对道德必然的认知和遵循，通过道德责任的自觉选择，通过理性对自我的控制和限制，使美德成为习惯，从而达到道德的理想境界和自我完善与全面发展。

人的自由全面发展，不像康德所说的那样，只停留在思想领域之中，而是一种非常重要的实践理性。它不仅能转化为伦理实践，而且还能转化为人类征服自然、社会和完善人类自身的实践活动，它使人们的精神转化为追求真、善、美，追求理想和道德境界的实践活动，其价值导向是转化为征服客观世界，改造主观世界及趋向人自身的自由全面发展。同时，人的自由全面发展不仅是价值理性，而且也是工具理性，它可以具体地指导个人的伦理及其他实践活动，使之具有可操作性，实实在在地转化为人的社会实践活动，从而促进社会和人自身的不断发展。

伦理作为人的自由全面发展的重要维度，表明伦理活动主要是人类的一种精神性实践活动，是人类对自我的内在管理，因此，也就是主体性的活动。精神性实践活动的诸多规定性，只能理解为主体的属性。精神性实践与主体属性是同一的，是人类实践精神把握世界的活动方式。在批评旧唯物主义的缺陷时，马克思曾指出，它们“对事物、现实、感性，只是从客体的或者直观的形式去理解……不是从主观方面去理解”①。他在论述实践精神把握世界时，“把握”用了“aneigen”一词，其含义是“据为己有”、“使世界成为自己的世界”、“为我的世界”等。该词是从“eigen”（自己的、特有的）加动词前缀“an”构成的，所谓“aneigen”世界，就是把世界变成自己的世界，成为“我的”世界，即使世界主体化，成为主

---

① 《马克思恩格斯选集》(1)，人民出版社1972年版，第16页。

体的世界。这说明，伦理活动是一种属人的活动、主体性活动，体现着人的主体规定性。

伦理活动作为实践精神把握世界的活动方式，表现为评价、命令规范体系，这些评价、命令规范是否表达了主体的需要，是否实现了主体要求与客观现实的统一，是否改善了人们的生活秩序、人际关系和行为倾向，是实践精神把握对象世界是否成功的标志。伦理活动的使命，不是“客观地”再现对象世界，而是提出要求、需要和理想，通过主体的活动加以满足和实现。在结构上，它既非仅仅是感性的，也非仅仅是理性的，而是感性与理性的统一，是知情意的统一，知与行的统一；在内容上，它既是主观的，又是客观的，既包含主体的需要、信念，又包含客体的规定和规律，是主体用“内在尺度”去度量、把握外部对象；在目的上，它不仅满足于主体所达到的“现有”，还要通过情感的激励、意志的选择和信念的执著，改造“现有”实现“应有”，即人类自己的理想，它不仅具有评价性和选择性，而且具有许多其他规定性，如目的性、创造性、自觉性等。这些规定，从不同的侧面反映了伦理价值的深层内涵，即人类对自我的内在管理是人类为了自己的自由全面发展而自觉地创造。

伦理是特殊的社会管理方式

如前所说，伦理作为人类的自我发展在个人欲望的满足与社会秩序的和谐之间的一种平衡机制，它既是人类自我实现的方式，也是社会矛盾的调解方式和社会关系的调节手段，是人类对自我的内在管理。人类对自我的内在管理，不仅针对个体，必然延展至集体、群体，延展至社会。

人类对自我的内在管理，是与自然、与他人、与社会相联系的。

没有外在的依存关系，也就不可能有人的自我内在管理。列宁指出，马克思主义的基本思想，是把社会关系分成物质关系和思想关系。思想关系只是不以人们的意志和意识为转移而形成的物质关系的上层建筑，而物质关系是人们维持生存活动的形式（结果）。

如果我们把伦理对社会关系的调节看作一个过程，把它作为一种社会调节的一般体系，从而执行特殊功能（实现自然、人和社会的内在统一）的过程，那么，就会发现，它具有其他一些社会规范如法律的、制度的或政治的、经济的、社会的、文化的、科学技术的规范的全部基本特征。一切社会规范的共同点是它们的规定性，它们决定可容许的行为参数，规定目的行为的界限，同时含有对积极活动的巨大推动力。伦理规范如同其他社会规范一样，对社会关系体系具有调节作用，其目的在于创造和维护社会秩序的和谐。

一般而言，社会秩序常表现为两种形式：一是自生秩序，二是创生秩序。

所谓自生秩序，是指并非由人有意识地、自觉地为某一特殊目标而设计出来的秩序，而是一种自发的秩序。例如人类的语言，任何语言都有其特定的语音、语法和语义体系，具有明显的规律性，但却不是出自某些人的创造和发明。再如普通法（the common law），或任何不成文法，以及各种社会风俗习惯，它们都起到规范人们行为和维护社会秩序的作用，但也不是出于任何人的设计和安排。

所谓创生秩序，则是人们自觉设立的社会秩序，是指社会中种种人为设计的制度与组织。与自生秩序相比，创生秩序主要有三个特点：

第一，创生秩序由于出自人的设计，因此是比较简单的，也就是说，创生秩序的复杂程度，不会超过设计者所能掌握的程序；而自生秩序有的比较简单，有的极为复杂，甚至超出任何人所可能理解和操纵的范围。

第二，创生秩序一般是具体的，可通过考察凭借直觉理解；而自生秩序则是一个抽象的系统，其分子之间的关系是由一些抽象的性质来界定的。自生秩序的一个重要特点是：即使构成它的分子在性质和数量上有所改变，只要它们的关系结构维持不变，自生秩序仍会继续存在。

第三，创生秩序有其特定的目标，而自生秩序则无特定的、具体的目标，但在自生秩序中，活动的个体可以利用它来达到特定的目的。

自生秩序和创生秩序，只是社会秩序中相对的两个方面，并不能把它们截然分开，它们之间相互意蕴，相互包含。按照哈耶克的观点，人类社会的很多重要制度和规范，如伦理、道德、财产、自由、法律等，绝不是人类理性自觉的创造，而是人类在长期的适应、调整、选择过程中的行为结果。这个过程是一个文化演进的过程，它的复杂程度远远超过我们的感官知觉和知识性理解。个体的生存与繁衍，从来不是基于他对生活环境的所有事物有着完全的知识和理解，而是基于他可以利用个人的知识和技能适应环境的变化。

随着社会的发展，人类社会逐渐从自发性管理走向自觉性管理，社会秩序越来越从自生秩序走向创生秩序，社会制度的形成和存在，使人们的行为受到约束和限制，从而使文明和社会秩序成为可能。在这里，“制度”一词被赋予了非常广泛的含义。所谓制度，按照诺思的定义，它“包含着一套以章程和规则为形式的行为约束，一套从章程和规则出发来检测偏差的程序，最后还有一套道德、伦理的行为规范，这类规范限定了章程和规则的约束方式的轮廓”[①]。在诺思对“制度”的定义中，包括规章和规则（即狭义的制度）、守法程序和道德伦理这样三项基本内容，前两项是“正式的”或有形的

---

① 道格拉斯·诺思：《交易成本、制度与经济史》，《经济译文》1994年第2期。

制度，它们对个人最大化行为的约束需要社会的强制，最后一项是一种“非正式的”或无形的制度，其特征在于得到社会上多数人的自觉遵守和维护。

社会秩序是社会运行的内在要求。无论是“正式的”或有形的制度规范——制度（狭义上的规范和法律），还是“非正式的”或无形的制度规范——伦理规范，其价值就在于确认和维系着一定的社会秩序。这种秩序体现人类在保障自身生存和发展的过程中对安全性、功利性、确定性，以及对自我的肯定等方面的渴望和期望。从管理的角度看，自人类社会出现后，伦理规范是确认和维护社会秩序的最初的社会管理方式，是人类自我管理的第一章。那时，社会秩序主要是一种自生秩序，其支撑的工具主要也是一种自生的，即“非正式的”或无形的制度——伦理风俗传统。

马克思在《摩尔根〈古代社会〉一书摘要》和恩格斯在《家庭、私有制和国家的起源》中指出，人类最古老的社会组织，是建立在氏族、胞族和部落之上的一种社会组织，它经过蒙昧时代、野蛮时代漫长的历史过程，最后进入文明时代。在原始社会，生产关系的基础是生产资料公有制，土地归部落所有，住所则为居住者所有，这也就是我国古书《礼记》上所说的“大道之行也，天下为公”的时代。人类在原始公社经济基础之上产生的上层建筑，首先不是政治权力机构及其政治、法律思想，而是氏族制度及其伦理观念和规则，即马克思主义创始人所称道的古老纯朴的道德，它起着调节人与人、人与社会之间关系的重要作用。氏族制度是从没有任何内部对立的社会中生长起来的，除了运用道德舆论的力量进行社会管理和维持社会秩序之外，它不需要其他任何强制手段。在谈及原始社会道德的这种社会管理作用时，恩格斯曾十分生动地描述道：

“这种十分单纯质朴的氏族制度是一种多么美妙的制度

呵！没有军队、宪兵和警察，没有贵族、国王、总督、地方官和法官，没有监狱，没有诉讼，而一切都是有条有理的。一切争端和纠纷，都由当事人的全体即氏族或部落来解决，或者由各个氏族相互解决；……虽然当时的公共事务比今日更多，——家庭经济都是由若干个家庭按照共产制共同经营的，土地乃是全部落的财产，仅有小小的园圃归家庭经济暂时使用，可是，丝毫没有今日这样臃肿复杂的管理机关。一切问题，都由当事人自己解决，在大多数情况下，历来的习俗（即指古老的纯朴道德）就把一切调整好了。不会有贫穷困苦的人，因为共产制的家庭经济和氏族都知道它们对于老年人、病人和战争残废者所负的义务。大家都是平等、自由的，包括妇女在内。”①

归结原始社会的管理活动、管理内容和管理形式，具有以下鲜明的特征：

第一，原始社会主要是一种“风俗”管理或“风俗的统治”。这种“风俗的统治”，既表现为对社会的一种管理，又表现为原始人的一种伦理要求。在原始社会，由于生产力水平低下，人们必须结成集体，共同劳动，互相帮助，才能获得食物、战胜自然灾害和外族侵扰，维持个人与氏族生存。因此，维护氏族与部落的共同利益，共同劳动，相互关心，维持氏族的自由、平等，以及劳动中的勤奋、无畏，作战中的勇敢，既成了原始社会的基本管理规则，又成了原始人类的基本伦理要求与美德，谁触犯了这些管理规则、行为规范，谁就将受到氏族、部落的严厉惩罚。

第二，原始社会的“风俗”管理，主要是一种不自觉的习惯性

① 《马克思恩格斯选集》(4)，人民出版社1972年版，第92—93页。

管理。原始社会的风俗生活，是建立在自然与社会都近乎严酷的强制下的规范生活，风俗即管理。在《村社》一书中，亨利·梅因通过对古代社会的考察，发现风俗习惯仅仅是由于风俗习惯本身就获得了必须遵从它的充分理由。罗斯通过对风俗的考察，指出："风俗的内容实质是一项自我实施的措施……在风俗中有一种出自迷信的畏惧或舆论的惊恐而服从的原始法典。"罗斯把风俗表述为一种力量、束缚和制约个人的其他力量的一个加固物或同盟者。[①] 在《巫术、科学、神话与宗教》一书中，马林诺夫斯基也深刻地揭示了风俗在原始社会中这种不自觉的习惯性管理功能：

> "在原始状态中，传统（即指习俗）对于社会有无上的价值，所以再也没有比社会分子遵守传统更为重要的了。必须严格地守着前代遗留的民俗与知识，才能维护秩序与文明。倘于此总稍有松懈，便使团结不固，以致文化根本动摇。……初民的知识、社会组织、风俗信仰，都是列祖列宗惨淡经营得来的无价之宝，得之不易，便无论如何都要保存起来，所以初民的德操以忠于传统为最重要。以传统为圣的社会也因权势久延而得无上利益。因此可见，这样的信仰与行为将传统圈上圣圈，打上超自然的印玺，是对于这样阶段的文明有'生存价值'的。"

> "由此可见，入世礼仪的主要作用是：表现原始社会里传统的无上势力与价值，深深地将此势力与价值印在每个人的心目中，并且极其有效地传延部落的风俗信仰，以使传统不失，团体固结。"

① 爱德华·A. 罗斯：《社会控制》，华夏出版社1989年版，第142页。

第三，原始管理具有民主性的伦理性质。马克思指出："氏族组织在本质上是民主的"，他们有"把一切公共的事情看作是自己的事情的民主本能"。当时的民主，当然不是政治上的民主，因为那时还缺乏关于政治社会的概念。氏族有议事会，它是氏族的一切成年男女享有平等表决权的民主集会，氏族组织有从全体成员中推选酋长和军事首领的权力，并可以随时撤换他们。酋长在氏族内部的权力是父亲般的，纯粹是道德性质的，他手里没有强制的手段。马克思说：

"在他们当中与其说以权力，不如说以表率……以他们所享有的尊敬来进行领导的。"①

一切成员在权力面前完全平等，成员之间有互相帮助和保护的义务。原始社会这种低级形式的民主管理，孕育着未来社会自我管理的雏形。

第四，原始社会的风俗伦理统治是后来一切管理的发源地。摩尔根指出，"氏族的规章就是具有法律效力的习俗"②。这种具有法律效力的风俗统治，既表现为对原始社会的管理，又表现为对原始人的伦理要求；既具有后来人类社会所具有的法的强制性特征的萌芽，又具有依靠人们的舆论、内心信念来调节行为的非强制性特征的萌芽。随着生产力的发展、社会大分工的完成、私有制的出现，以及社会交往的扩大，原有氏族管理已越来越不适应时代的需求，"旧氏族时代的道德影响、因袭的观点和思想方法"，便"逐渐消匿下去"，代之而起的是维护统治阶级利益并使阶级斗争保持在"秩序"范围内的政治上层建筑及其政治、法律思想，而在阶级对抗和

---

① 马克思：《摩尔根〈古代社会〉一书摘要》，人民出版社 1992 年版，第 236 页。

② 摩尔根：《古代社会》，商务印书馆 1987 年版，第 287 页。

冲突中相继产生的新的奴隶制道德、封建道德、资产阶级道德，则逐渐降到次要地位，成为统治阶级统治的辅助工具，为统治阶级的利益和统治辩护。

然而，不可否认的是，即使在后来的社会发展中，伦理的管理性质虽已冲出原始社会单一的规范性特征，但仍然具有强烈的社会行为规范性质，并借以维护基本的经济、政治和社会秩序。在研究社会控制时，罗斯详细讨论了十多种社会控制手段，但最终还是将其分为伦理和政法两大类。伦理和政法同为社会秩序的管理控制手段和社会行为的规范方式，只是作用的形式不同。而且，如果说严格意义上的政法控制终将有一天会从地球上消失的话，那么社会生活的管理和调节却不会消失，而将愈来愈多地由伦理来承担。恩格斯曾这样指出：

> “单纯地追求财富就不是人类的最终的命运了。
>
> 自从文明时代开始以来所经过的时间，只是人类已经经历过的生存时间的一小部分……管理上的民主，社会中的博爱，权利的平等，普及的教育，将揭开社会的下一个更高的阶段，经验、理智和科学正在不断向这个阶段努力。这将是古代氏族的自由、平等和博爱的复活，但却是在更高阶段上的复活。”①
>
> “他们的个人才能即智慧和勇敢，他们的爱好自由，以及把一切公共的事情看作是自己的事情的民主本能”，将使人类“返老还童”②。

① 《马克思恩格斯选集》(4)，人民出版社 1972 年版，第 175 页。
② 《马克思恩格斯选集》(4)，人民出版社 1972 年版，第 152 页。

伦理的管理功能

人类的一切活动包括伦理活动，都有着自觉的目的。满足人类需要的目的性活动，要求人类在改造自然界的过程中必须掌握“两种尺度”：一是客体尺度，二是主体尺度。同时，在满足人类需要的目的性活动过程中，社会个体是和他人相联系的。当人要满足自己的需要时，就必须使自己的活动同他人的活动联系起来，意识到社会的存在，与他人进行社会性的分工和协作，于是不断地将自己的需要和愿望与他人交换，不断调整自己与他人的行为，协调利益关系，并将处理好自己与他人、个人与社会之间的关系作为发展自己、完善自己的手段。在长期的这种人类活动的过程中，人们对客观现实与主观目的的关系的认识，逐渐形成了善的观念。

一般地说，通过人的有目的的活动，客观世界中的“自在之物”转化为“为我之物”，体现了人的目的，符合人的要求和意愿，这就是善；反之，就是恶。善的活动，包括两个因素：一是人的目的、人的需要；二是客观规律提供的可能性，也就是真。真是善的前提。因此，人的一切活动都应当是合规律性与合目的性的统一，善的价值就是人们依据客观规律进行社会活动，改造外部客观世界，使“自在之物”转变为“为我之物”，从而实现人的目的，满足人的需要。

由于人的目的和需要，必须在社会活动中通过与他人、与社会的相互关系才能实现，善就与人们之间的利益关系紧密地联系在一起，因而善的价值就是人与人之间社会关系的价值。伦理的管理价值，就是在人类社会的管理活动中，通过一定的伦理规范来调整人们之间的关系，协调人们之间的行为，从而使人们的社会活动既能最好地实现自我，又能最好地实现社会利益。伦理犹如一个调节器，在社会原则与个体原则相互作用的基础上，发挥着自己的方向（世界观）职能和调节职能，不断调整和控制人的思想感情和社会行为，保证社会生活和社会活动的有序运转。

（一）伦理的凝聚功能

詹姆斯·M. 布坎南从人与人之间的相互关系出发，研究了组成人类社会的纽带和能使这种纽带破裂的机制和态度，充分说明了伦理在人类社会生活中的管理作用和功能。他认为，人类社会任何一种形态，均可看作是三种抽象的人际关系模式或成分，即伦理共同体、伦理个体和伦理无政府的不同比重的混合体。任何社会都是伦理共同体、伦理个体的某种形式或程度的结合。第三种模式，即伦理无政府因素的增加，会使社会凝聚力相应减少。这三种因素结合在一起的实际比例，决定了一个社会可观察到的“秩序状态”，也决定了一个社会政权的强制程度。对政府的需要程度，以及政府在管理上的困难程度，都直接受这三种因素结合在一起的比例影响。

布坎南通过对这三种模式及其社会与政治含义的分析，探讨了人类社会的生命力问题和社会管理问题。

一是关于伦理共同体及其社会与政治的含义。布坎南认为，伦理共同体表现为群体中的个人成员不以孤立的个体自居，而把自己看成集体中的一分子。从一定意义上说，伦理共同体是始终存在的，因为任何个人都不能离群独居，世间也没有任何人可以成为一个只考虑自己的孤立的意识单位。每个人都在某种程度上同某个或某些集体相联系，如核心家庭、扩散家庭、家族或部落，各地方的、民族的、人种的或宗教的群体，工会、企业、社会阶级，以及国家。多数人可以在同时不同程度地效忠于几个集体，而这些集体的大小、形式、价值来源都各不相同。每个人所效忠的集体，以及对这些集体的重视程度又彼此相异。根据作为人们在社会中的凝聚力因素的伦理共同体在各个社会中的相对重要程度，可以区分不同的社会。

这样，就有可能把社会区分为集体主义倾向或个人主义倾向的社会。布坎南认为，相对而言，在讨论社会稳定及政府统治的必要性问题时，伦理共同体是三种模式中最难立论的。原因在于，在一个单一的社会中，可能同时存在许多个伦理共同体，它们对社会秩序影响的好坏各有不同。

一种极端的情况是，假设在同一政治单元内，即在一个（民族）国家内，所有的成员都同属一个伦理共同体，那问题就比较简单。在这一环境中，所有成员作为（民族）国家集体的一分子，上下一致，目标一致。当这一模式的社会面对其他国家时，可能是民族冒险政策的根源；当本民族受到外敌威胁时，民族集体的共同意识可能转化为真实的力量。由于人们的目标一致，政府领导变得轻而易举。人们认识到自己是这个大单元中的一员，因而服从政府的领导。另一方面，统治者也按照人们的意愿行事。统治者与被统治者之间融洽无间，没有人会认为自己是自治自主的个人。另一种极端的情况是，在（民族）国家这个政治单元内，可能不存在集体伦理意识，没有共同的价值标准，但人们或大多数人又分别根据自己从属的小集体或集团意识来表达自己的思想，决定自己的行动。这些集体或集团可以是民族、人种、宗教、地区、职业、就业状况、阶级等等。人们的忠诚感只限于小集体，没有一致的为国家或民族效忠的意识。这一类社会具有单纯伦理无政府主义者组成的社会特点，不同之处在于造成伦理无政府的不是个人，而是不同的集体。在这样的社会中，人们对待自己同一集体中人的行为方式，和对待没有资格参加这一集体的人迥然不同。集体与集体之间，或不同集体的个人之间的社会冲突不时发生。由于这种矛盾的存在，必须要有政府的统治，而这种统治可能是主权者的强制性统治。如果没有这种力量，则霍布斯所说的个人与个人之间的战争，就会成为集团与集团之间的战争。

二是关于伦理个体及其社会与政治的含义。伦理个体表现为社会成员在社会交往中以道德对等为准则，这样做并不是出于对人群或集体的共同忠诚感，而是出于个人对道德准则的自觉认同。一方的内心信念是什么，另一方毫不在意，但同时鉴于自己享有的自由之心而尊重别人有同等的自由。这种互相尊重的关系，不像伦理共同体那样，需要个人与某个集体认同。每个人在思想上和行动上对待他人时，把他人看作自主的个人，而与他是否可能属于某个群体或某一社会层次无关。在伦理个体组成的秩序中，不同集团的人们，只要双方同意遵守互信的行为准则，一个集体的人就可以同其他集体的人发生工作上、社交上的往来。布坎南指出，描述伦理个体应有行为的抽象规则，才能使人与人的交往范围急剧扩大。互相信任的规则一旦建立，双方就不再需要在合约中申明双方均属于同一个伦理共同体、双方具有共同的价值观和共同的效忠对象。按照伦理个体的秩序规则，个人作为完全自主的个体，仍然可以生活下去，但在纯粹伦理共同体的秩序中，则绝无此种可能。

布坎南认为，伦理个体的秩序规则描述了每个社会内人际关系的状况，不同的社会可以用伦理个体制规则的相对普及程度来加以分类。这些规则可能作为伦理共同体意识的补充，以增加社会凝聚力；也可能完全代替伦理共同体，使之不再必要。设想在一个环境中，如果众多个人遵循伦理秩序的言行准则，人人都以互相尊重与宽容精神对待他人，尽管人们不一定属于同一集体或共同体，没有共同的价值观与忠诚感，但在这种情况下，个人的人身和财产可以是安全的，社会可能是安定的，对政府统治的需要可能减到最低程度，而个人自由便能相应地达到最大限度。

在极端的例子中，如人们个个都能严格按伦理规范行事，就根本无须政府。如果人们能普遍遵守相互尊重的原则，“有秩序的无政府主义”就会形成。较现实的情况是，大多数人（不一定是全体人员）可望按照伦理秩序的准则行事，这样，政府职能就可减到最少限度，政府能尽到守夜人或保护作用就行了。用一般的话说，就是政府职能只限于执行法律，其他事都不用管，在某种意义上说，就是不再需要统治本身。

三是关于伦理无政府及其社会与政治的含义。伦理无政府表现为，在社会（如果这样的社会可能存在）中，个人认为自己和他人不属于同一伦理共同体，个人也不接受伦理个体制下的最低行为准则。在伦理无政府状态下，个人视他人为达到自己的目的的工具。他不像某些具有共同目标的社会（如伦理共同体状态下）中的个人那样，以兄弟态度待人，也不认为他人是自主的个人，值得自己以信任与尊重的态度来对待（如伦理个体秩序下的状况）。

伦理无政府是对伦理共同体与伦理个体两种秩序的真正否定。在这种状态下，人们违反康德的基本教言——“人是目的，不是工具”。伦理无政府描述了一个社会中成员间的态度与行为，根据它在不同社会中的不同分量，可以对社会加以分类。设想在一个伦理无政府环境中，许多人均属于伦理无政府主义者，那么，人的生活就像霍布斯在《利维坦》一书中所说，“孤独、贫困、卑污、残忍而短寿”①，人们之间彼此既无共同体的意识，又不尊重其他个人。这样的人，自然非被严格统治不可。为了得到一个强制性主权政府，以便有效地保护社会秩序与个人安全，个人必须牺牲自由。社会安定的获得，是以个人接受强制政府为代价的。当一个社会出现众多的伦理无政府主义者时，实行高压政治就可能成为必需。

伦理的社会管理凝聚功能，表现在具体的管理组织中，就是管理组织的凝聚力。布坎南关于伦理共同体、伦理个体和伦理无政府的分析，同样可以用来说明管理组织的生命力命题。一个组织必须

① 托马斯·霍布斯：《利维坦》，商务印书馆1985年版，第95页。

具有凝聚力，才能生存和发展。组织中共同的道德感，可以通过人与人之间的传递和感染，在潜移默化中建立起一种友好的人际关系、集体氛围，改善人与人、人与组织、组织与社会的相互关系。共同的伦理规范和道德感，还可使人们的思想情感和行为相互协调一致，形成一种强大的向心力，把人们凝聚在共同的组织中。

（二）伦理的导向功能

众所周知，伦理活动是以调整“现有”和“应有”的关系为己任的。“应有”作为“客观的”应当关系，转化为人们的风俗习惯，积淀为人们的心理结构，以潜移默化的方式支配、影响着人们的价值追求和活动目的，引导着人们从“现有”发展到“应有”。“应当”表现为秩序、公理、要求、关系和意识，是联系社会生活、维持社会存在的必要纽带。“应当”作为一种关系，一种客观的精神力量，对人来说，不仅具有某种强制规范性，而且具有效用性和方向性。一方面，伦理“应当”具有对个体行为的社会规范和约束功能，具体表现为以下三种形式：

第一，人类整体对个体行为的约束、调节，既包括历史中积淀下来的传统、风俗、信仰、信念，又包括个体生活于其中的社会具体行为规范；

第二，社会个体之间对自身行为的调节和约束；

第三，社会个体出于良心、信念对自己行为的自觉约束和调节。

另一方面，伦理“应当”常以要求、理想的形式出现，为人们指明行为的方向，具有社会导向功能。伦理理想以过去的伦理认识成果为基础，形成一个充满人的意志、情感和愿望的伦理实践“蓝图”。它推动和鼓舞人们满怀信心、目标坚定地去进行将其变为现实的实践活动。如恩格斯所说：“推动人去从事活动的一切，都要通过人的头脑，……外部世界对人的影响表现在人的头脑中，反映在人的头脑中，成为感觉、思想、动机、意志，总之，成为‘理想的意图’，并且通过这种形态变成‘理想的力量’。”①

伦理理想的力量，根源于人们的信念。所谓信念，“是人对于在生活上所遵循的原则和理想的深刻而有根据的信仰。具有信念的人的思想同情感和意志融合在一起，对于他，和原则相矛盾的行为就不可能发生”②。对伦理“应当”的信念，就是对伦理理想的现实性确认，以及对实现理想的强烈感情和坚强意志。理想是不会自动转化为现实的，也不可能一帆风顺地实现。人们在为实现理想而奋斗的过程中，必然会碰到困难与挫折。只有具有坚定信念的人，才不至于在困难面前动摇、灰心以至悲观绝望。信念来自对真理的信仰，来自对自己力量的确认，来自高度的使命感和事业心。对理想的坚定信念，使人们在任何艰难险阻面前“目标始终如一”（马克思语）。

伦理理想作为一种精神力量，具有强大的凝聚力；伦理理想作为人们所追求的目标，具有定向作用，使人们把自己的行为都集中到促进既定目标的实现方面来，从而产生一种巨大的精神推动力；伦理理想作为一种社会规范，对人们的行为进行评介，符合这种规范的行为会受到社会的赞扬，违背这种规范的行为会受到人们的指责和制止，从而调节人们的活动。

由于伦理理想具有动员、组织、鼓舞群众的作用和调节人们活动的规范作用，因而也就具有管理手段的功能。伦理的这种社会导向功能的运作机制，具体表现在三个方面：

一是通过伦理的价值取向来实现导向功能；

二是通过伦理原则的根本思想与未来指向来实现导向功能；

三是通过伦理规范的规定性来实现导向功能。

---

① 《马克思恩格斯选集》(4)，人民出版社1972年版，第228页。

② B. B. 波果斯洛夫斯基：《普通心理学》，人民教育出版社1981年版，第80页。

（三）伦理的操作功能

任何一种社会，伦理都有其自身的规范体系。规范就是规则、准则、原则、戒律、标准，就是规定。规定本身具有极强的操作性。伦理的管理价值，就是在管理活动中通过一定的规范体系来调整人们之间的关系，协调人们之间的行为，从而使人们的社会活动最好地达到自己的目的，实现自己的利益。伦理规范体系在调整人与人之间的关系时，一方面发挥着准则之功能，即调节人们的行为准则；另一方面起着规定性的作用，规定人们哪些可以做，哪些不可以做，哪些应该做，哪些不应该做。伦理规范的这些作用，与生产过程的操作规程、科学研究的技术路线、法律条文等一样，有着类同的可操作性。它是处理人与人之间关系的行为准则。这种准则，不仅适用于人们的伦理生活，也适用于人类的管理活动。例如“互助互利、平等合作、相互尊重”的伦理规范，不仅能调节人们的伦理关系，同样也能调节人们的管理关系。在生产过程中如何使生产者能协调地合作，使分化了的知识实现整合，这些伦理规范就发挥着特殊作用。在调节过程中，它不再只是一种伦理思想、伦理精神的体现，更重要的是已成为人们有机合作的行为准则，已成为人们在合作过程中的操作章程。同样，“互惠互利”，“已所不欲，勿施于人”的伦理规范，在人们经济活动的交换过程中，不仅具有理论上的操作价值，而且具有现实的操作性能。它要求经济活动主体在交换过程中必须按照这一准则进行交换、进行操作，符合这些伦理规范的行为，才是应该的行为，才是正义的、合理的行为。任何一种伦理规范，都具有操作功能，即使超前的、理想的伦理规范，也同样具有某种程度的可操作性。

（四）伦理的整合功能

伦理的整合功能，表现在三个方面：

一是合作关系的整合。合作是规模经济运行的关键环节，是现代经济发展的客观要求。然而，无论何种形式的合作，或多或少都会出现合作团体的内耗。如何减少合作团体的内耗呢？通过伦理来整合个体的行为，是减少内耗的根本方法。通过伦理教育的作用，把伦理价值目标、伦理原则、伦理规范转化为合作成员的内心信念；通过伦理修养的作用，把道德的内心信念转化为合作成员的行为习惯；通过道德的评价功能，对这些道德行为的习惯加以巩固，从而调整人的行为朝着有利于合作关系的方向健康发展，限制不利于或有损于合作关系行为的发生。通过这种内在的整合来协调和实现人与人之间的关系，从而达到分工后的合作效应。

二是交换关系的整合。在商品交换的过程中，买者和卖者之间所追求的价格目标正好相反，存在着利益矛盾；卖主之间也存在着激烈的竞争，相互之间降低出售价格来争取买主；买主之间也存在竞争，通过提高价格增强购买力。面对交换关系的这些诸多矛盾，如何使原本对立冲突的行为得以整合一致？恪守“互惠互利”的伦理准则，并以“不损人利己，不唯利是图”和“以质取胜”的商业伦理理念来指导人们的经济行为，是一条行之有效的途径。

三是利益关系的整合。无论是生产过程中的合作关系，还是商品流通过程中的交换关系，最终都要形成一定的利益关系，如个体之间的利益关系、个体与群体之间的利益关系、群体之间的利益关系等。这些利益关系，时常会有冲突。面对这种情形，就需要在利益主体之间倡导一种“集体主义”精神，以“集体主义”的原则去处理各种利益的冲突或分配不公，否则经济活动就会出现秩序混乱。“集体主义”原则是当今我国社会主义道德的根本原则。如果没有“集体主义”这个道德原则，那么在个人利益与群体利益、群体利益与国家利益、暂时利益与长远利益、局部利益与整体利益出现冲突时，我们就会面临困惑。实践证明，“集体主义”原则是我们处理利益关系的根本准则，是对各种利益进行整合并行之有效的最高准则。

(五)伦理的激励功能

人的行为，总是受到一定的思想道德观念、伦理规范的支配，并受到心理因素的强烈影响。一定的伦理规范，总是体现特定群体的共同利益、习俗和传统，因而成为组织中人们内心衡量行为的标准。如果某一成员违背了组织的伦理规范，就会受到舆论的谴责，被群起而攻之；反之，如果某一成员模范地遵守组织的伦理规范，就会得到大家的认同、称赞。

这种通过善恶评价所造成的社会舆论和良心意识，一方面使人们形成明确的善恶评价标准，对人们的行为具有巨大的导向作用，它使每个成员都受到一种无形的导向力和约束力，使人们知道自己应该做什么和不应该做什么，自觉地调节自己的行为向组织共同的伦理准则靠拢。这种道德力量，不仅能够支配和决定每个成员的行为方向，而且能引导整个组织向着预定的目标前进。另一方面，它能使组织成员培育一种扬善抑恶、慕正厌邪的情感，形成对一定理想和信念的坚定信心，以及为实现这种目标的强大责任感和克服困难的顽强意志，从而激发出极大的工作热情和开拓进取的积极性、创造性。

道德的力量使人们认识到自己在组织中所处的地位和责任，强烈地感受到自己的职业和工作的社会意义，从而以真正主人翁的态度做好自己的岗位工作。这种道德力量，是组织最可宝贵的财富，是推动组织发展的强大精神力量，是组织提高管理效益，实现既定目标取之不尽的力量源泉。

伦理管理职能发挥作用的特点

自从人类进入文明社会以来，人类社会的管理，总是由强制的与非强制的两个方面构成。

社会管理的强制性一面，主要表现为政治和法制的管理。这种管理，依靠国家执法机构或惩罚机制强制进行，有着一种特殊的外在威严和打击力量，对社会的各方面起着强有力的管理作用。这种强制管理，常表现为制度化管理，表现为特定的社会制度，具有明确的、硬性的要求，其调节和管理的范围与程度有一定的限制。制度化管理，总是比较原则和简明扼要的，不可能涵盖五光十色、纷繁复杂的社会现象和社会行为的各个方面。而且，一般而言，制度化管理规范常有一定的滞后性，它总是等社会上某种现象或某种行为发展到一定程度，具有相当的普遍性后，才出台制度加以必要的管理和约束。

社会管理的非强制性一面，则以风俗、习惯、传统、舆论、心理、伦理、信念、良知、社会教化、爱好等形式出现，其中以伦理为主要内容。伦理的管理作用，由于作用于人的内心，直接影响人的内部精神世界，因而对社会生活的管理作用显得深刻、内在。由于它是依靠社会舆论、良心、个人信念、传统和社会教化的力量来维系的，通过潜移默化来获得一种内在的威严与力量，从而实现其社会管理的职能，因此又称为非制度化管理。伦理的这种非制度化管理职能，与法律或政治等强制性或制度化管理相比，具有明显不同的特质。

（一）非强制性

政治、法律等对社会的制度化管理，主要依靠国家行政权力、司法机关和经济杠杆等暴力或惩罚机制强制执行，有着一种特殊的外在威严和力量。伦理则不同于这种法律政令，不具有国家意志的属性，也得不到权力的保障，更没有设立专门机构按照严格的程序进行，而是通过社会舆论、传统习惯、内心信念等力量来实施其对社会的管理职能，是一种基于对社会发展、人类幸福和自我完善的普遍价值关怀和使命感，通过一系列道德教育，震惊、统摄人的心灵，获得一种内在的威严与力量，从而发挥管理作用。因此，相对于法律、政治等制度化管理，它主要是一种非强制性的内在管理、柔性管理和自我管理。这种管理，虽然是无形的，但却是广泛的、深刻的，从某种意义上讲，也是强有力的。

（二）广泛渗透性

伦理规范在本质上是一种社会意识形式，是实践精神把握世界的方式，是对人之为人的最基本要求，它从现实利益关系的角度，特别是从现实生活中个人对待社会整体利益、群体利益的角度去调整人的各种社会活动和社会关系。凡是涉及现实利益的地方，就有伦理的调节和管理。因此，伦理的管理作用，较之法律、政治等制度化管理，具有更大的普遍性、广泛渗透性和悠久的历史。具体表现在：

首先，伦理的管理作用贯穿于人类社会的各个形态。自从有了人类社会，伦理就发挥着自身独特的管理作用，“在市场尚未形成与政府尚未出现的漫长岁月里，那时既没有市场调节，也没有政府调节，习惯与道德是这一漫长时间内唯一起作用的调节方式”①。而且，在制度化管理消亡之后，伦理的调节管理作用，可能仍然会继续存在。

其次，伦理的管理作用遍及社会生活的各个领域，它不仅存在于经济领域、政治领域、文化领域、宗教领域，而且在军事、外交等领域也都有所表现。伦理的管理作用，不像制度化的管理规范所调节管理的范围仅限于自身所规定的范围那样具有有限性，一些制度化管理无法干预的领域，如人们的私生活、不文明习惯等，伦理都可以利用各种特定的方式进行干预，从事管理，发挥管理职能。习惯与道德调节“也是在市场力量和政府力量达不到的领域内唯一

① 厉以宁：《超越市场与超越政府》，经济科学出版社1999年版，第1页。

起调节作用的调节方式”①。

再次，即使制度化管理，也要在伦理的基础上才能更好地发挥作用。例如，法律的建立必须以社会的基本道德为基础。法律是对正义的追求，而正义是道德性的。再如，经济领域的管理，不论是生产领域、流通领域、交换领域，还是分配领域，哪个环节都离不开伦理的调节管理作用。例如，在运用工资、福利、奖罚等经济手段进行管理时，如果不考虑和运用伦理上的公平原则、公正原则等，该奖的不奖，该罚的不罚，或者奖罚颠倒，赏罚不明，不但不能起到应有的激励作用，反而会使人们产生拒斥心理，促发消极作用。

最后，伦理能进入到人作为“社会人”的深层次发挥作用。众所周知，伦理规范具有层次性，法律等制度性规范只是伦理规范中的最基本部分或者说最低部分，而最低的伦理规范与要求，并不能代表或限制那个时代所应该具有的所有层次的伦理规范和要求，人们有着接受更高层次的伦理熏陶的自由。高层次的伦理熏陶作用，能将社会推进到更高境界的管理之中。

（三）义务本位性

伦理规范一般是以义务为基准而制定的，主要以义务性规范为核心，而不是以权利性规范为主体。义务就是本分，就是为他人和社会做自己应当做的事，其基本特征是行为主体应当作出或应当怎样作出一定的行为，以及不得不作出某种行为。如果违反这种要求而拒绝作为，他将受到社会舆论的非难和良心的自我谴责。这种义务性要求，同法律等制度化规范在形式上是相同的，但法律义务的履行是以对法律的恐惧和威慑为前提的，并且谋求相应或对等的权利，而人们对道德义务的承担则是以对道德的自觉认同为前提的，并不是谋求相应或对等的权利。社会成员在履行道德义务时，不是

① 厉以宁：《超越市场与超越政府》，经济科学出版社 1999 年版，第 10 页。

被动地屈从于某种外在压力，而是在正确地把握了现实伦理关系的基础上，领悟伦理提出的客观要求，从而把“应当怎样做”变为“我要这样做”，使义务的实现由自发到自觉，由自觉到自为。同时，人们对道德义务的恪守，也往往不是以谋求权利或获得相应的补偿为前提，而是一般含有某种程度的自我牺牲精神。人们在履行政治、法律等制度化管理的义务时，往往同谋求个人权利相联系，人们对义务的恪守是为了满足权利的需要，而当人们履行义务不以求得某种权利或相应补偿为必要前提时，人们的行为便步入了道德的圣殿。

（四）灵活性

政治和法律等强制性管理，都具有制度化的特征，对人和社会的管理要通过专门机构、专职人员、既定程序、比较严厉的措施等来进行。一般地说，在这种管理中，管理者与被管理者界限比较分明。由于具有强制性和权威性，实施起来能立即生效。同时，由于其制度化和权威性的特点，管理者容易也只能按照条文办事，不能随着客观形势的变化而有所变化。伦理的管理职能，则与此不同，它可以不受上述种种框框的限制，可以在任何时间和场合，通过任何组织和个人，以灵活多样的方式进行，具有灵活性特点，“习惯与道德调节是介于市场调节与政府调节之间的，市场调节被称作‘无形之手’，政府调节被称作‘有形之手’，习惯与道德调节，介于‘无形之手’与‘有形之手’之间。在习惯与道德调节的约束力较强时，它接近于政府调节，而在约束力较弱时，又接近于市场调节”①。

管理与伦理的统一性

伦理从根本上说是人对自我的内在管理，是一种特殊的社会管

① 厉以宁：《超越市场与超越政府》，经济科学出版社1999年版，第3页。

理方式。归根结底，管理是对人的管理，管理中必然包含着对人的道德价值目标的追求，内在地具有管理的道德性。在这种意义上，伦理具有管理职能，管理具有伦理性质，伦理和管理具有内在的一致性和统一性。

（一）管理与伦理具有同质性

我们知道，人类管理的形成源于社会群体生活和社会关系的协调、配合和控制，是人类一项最基本的社会活动，具有社会属性和自然属性的二重性特征。

所谓自然属性，是指管理具有协调和指挥生产劳动及其他活动，提高人的积极性，发挥人的创造性，提高劳动生产率等职能，反映了社会协作活动过程本身的要求，是一系列组织手段和管理方法与技术的总结，不管在哪个社会形态，都具有如何处理管理诸要素相互关系、优化组合、优化功能的超出于社会阶级关系之上的人类因素。

所谓社会属性，是指在阶级社会中，作为人类特殊实践形式的管理行为，总是受到那个时代的生产关系和经济基础的影响和制约，体现出当时社会各阶层、各群体之间一定的社会关系，而且在很大程度上反映社会统治阶级的意愿和要求，代表着统治阶级的价值倾向。在人的社会关系中，人与人之间的利益关系是最基础和最基本的关系。管理通过制定和运用一系列有利于人们正当行为获利而不利于不正当行为获利的规则和社会资源分配规则，大至制度（宏观上的）、体制、法律、政令，小至政策、纪律、条例、规章、守则等，其实质是确认和反映社会物质生活和人们利益关系的真实内容，把人的利益矛盾、冲突和对立限制在一定的范围之内。就管理的社会属性而言，管理的本质就在于调节人与人之间的利益关系。因此，管理也是人的利益关系的反映，是社会共同的、由一定物质生产方式所产生的利益和需要的表现。

伦理作为调节人与人之间关系及其行为规则的总和，产生于个人与整体、个人利益和整体利益发生矛盾的时候和地方，是由社会物质生活条件首先是经济条件决定的。具体地说，人对自身行为和他人行为进行道德评价，目的在于判别行为的善恶。在现实生活中，善恶并非抽象的原则，而是依据人们的利益关系来确定的，因而道德的基本问题也就是人与利益关系问题。正如马克思所言：

“正确理解的利益是整个道德的基础。”①

“‘思想’一旦离开利益，就一定会使自己出丑。”②

人与人之间的利益关系，是伦理规范得以存在和发展的基础和必要条件。利益取决于人们的社会物质生活条件，首先是人们在一定生产关系体系中的地位，即人们生存的经济关系和经济条件。因此，伦理和人的利益发生直接的联系，利益能否实现，直接制约着人的道德情感。在这种意义上说，伦理乃和管理一样，它的存在和发展状况，只能是社会物质生活条件的真实反映。

从历史唯物论的角度看，管理和伦理都是由一定的社会生产关系和经济基础决定的上层建筑的组成部分，其职能都在于为人的行为选择明示方向，从“可为”和“不可为”这样两个方面来规范人的行为，共同发挥着调节人的行为、规范社会关系和社会生活的作用。这一相同的作用本质，决定了两者在具体内容上的一致性。一般而言，伦理规范所反对或许可的，管理上往往亦相应地禁止或许可。从形式上看，管理常常表现为由一定社会、国家、民族、阶级、集团、组织、群体制定的，规范人的行为活动、调节人的社会交往

① 《马克思恩格斯全集》(2)，人民出版社 1957 年版，第 167 页。

② 《马克思恩格斯全集》(2)，人民出版社 1957 年版，第 103 页。

关系的准则体系，它的形成和执行具有一定的强制性，表现为制度化的特征。

伦理作为调整人的行为规范，主要是通过社会舆论对人的行为的善恶评价，以及人的良心、内心信念的反省、支配作用，使人的行为从“实然”向“应然”转化，它的形成和执行具有非强制性，表现为非制度化的特征。但就两者的实质内容而言，管理和伦理都是社会规范文化的主体，都是为维系人类社会的生活秩序而产生的。通过管理和伦理的设定，社会关系和社会活动会朝着人类所共同追求的价值方向发展。可以说，一切社会价值观念和人类理想目标，都需要借助于人类的管理活动和伦理规范，使人们遵循“应如何行为”的指向，才能实现。

管理是实现目标的活动。任何目标，都是人制定的。这表明，人的管理活动具有巨大的能动性与强烈的价值性。人类管理活动的最终目的，是追求人的全面发展和自由自觉的活动。不同历史阶段的管理活动，只是一个不断地向新目标和终极目标跃进的过程，一个不断从“实有”到“应有”的过程。从终极的意义上说，管理并非像有些人所理解的那样，是一种保守性、束缚性的活动，其内在精神在本质上是一种变革活动，具有批判性、理想性和超越性。卡斯特说：

> “管理的特点就是变革——迅速的、不断的、根本的变革。唯一不变的事就是变革。”①

在本质上，管理所追求的，是未来，是人的自由全面发展。管理不断通过自身的优化——结构优化、功能优化，通过人的自身努

① 弗里蒙特·卡斯特，詹姆斯·罗森茨韦克：《组织与管理》，中国社会科学出版社1985年版，第19页。

力，在现实的基础上，不断追求管理的理想性——理想的功能、理想的效果，以及人的本质力量的实现和发展。管理通过对不断变化的内部要素与外部环境的动态控制，使管理系统内外因素的配合在变动中不断趋于合理，根据人的发展变化，不断变革那些失去合理性的规章制度。管理理论与原则的发展，管理手段与方法的更新，人类整个管理水平的提高，以及人的本质力量的不断发展和完善，就是人们在变革自然、变革社会，在获得自由的过程中不断变革管理的结果。

同样，伦理作为人类对自我的内在管理，它所体现的内在精神是对社会理想和人生价值的崇高追求，理想性是它的灵魂。伦理总是以“应然”的价值指向把社会生活引向理想的层次，具体包括人际关系的和谐、生活的幸福、社会秩序的稳定、人的自由全面发展和自我实现等，是一个不断从“实有”到“应有”的过程，也具有批判性、理想性和超越性。一旦失去了批判性、理想性和超越性，伦理就失去了它应有的价值。伦理的这种内在精神，不仅使伦理伴随着人类社会发展的始终而起作用，并且成为各种管理规则与实施的价值取向。管理本身所蕴含的伦理追求和价值理想，在本质上就是伦理理想所追求的价值体现。

管理的目的之一，是使系统功能优化，取得最大效率和最佳效益。它通过合理的手段和方法，在不改变其物质资源、人力资源、财力资源、信息资源的情况下，通过合理地组织、协调、控制系统内各要素的关系及系统与环境的关系，使系统内诸要素及系统与环境的关系达到最佳组合状态，使系统发挥最大功能，取得最大效益。“高效性”不仅是管理的一个突出特点，也是它的一个基本要求。这一要求不仅成为管理领域“进化”的“自然法则”，而且也在社会生活中支持一切有助于降低社会运作成本，提高社会运作效率，优化社会运作效果的社会运作方式。

就社会生活中最重要的行为管理规范而言，在日常的法律、行政权力和伦理三种约束力量中，伦理是凭借社会舆论和个人良心、内心信念而实现约束的，是来自人自身内部的一种自觉力量，较之法律约束所依靠的庞大的国家机器、行政权力约束所依赖的复杂的行政组织力量等，是成本最低、见效最快、效力最强、扩张性最大、结果最好的一种约束力量。它不仅直接避免了法律、行政权力等外部约束力量必然导致的社会成本的增加，而且也避免了由于行为个体对外部强加行为约束的认同程度差异而可能引起的“逆反”、“抵抗”情绪，从而最大限度地扩张了约束力量的影响范围，提高了约束力量的约束效果。因而，伦理约束的高效性，是其他外部约束力量所无法比拟的，与管理对高效性的追求具有高度的一致性。

（二）管理和伦理具有相容性

管理与伦理的相容性，是指管理中渗透着伦理的善恶评判性，伦理中渗透着管理的制度强制性。

一方面，管理中渗透着伦理的善恶评判性。管理原本没有什么善恶评判，它只是随着人类的进化而出现的一种社会控制活动和特殊的实践活动。由于伦理生活作为人类社会中一种特殊的理性价值活动，几乎和人类社会历史一样久远，并且是作为人类控制活动的最初形式出现的，这就使得管理这种社会控制活动从一出现就渗透着伦理的善恶评判性。伦理生活这一不同于自然科学知识的人类行为智慧，既实行着人类行为的准则体系，又使管理中也渗透着普遍存在的伦理要求。这主要表现在：

第一，管理原则总是与一定的社会伦理原则相一致。在中国长期的封建社会中，伦理历来与政治融为一体，发挥着巨大的管理力量。“从总体上看，形式上，政治原则是从伦理原则推导出来的。孟子所谓有‘仁心’才有‘仁政’，后儒所谓有‘仁义’、‘天礼’才有‘礼乐刑政’等，讲的都是这种道德。”[1]政治手段往往广泛渗透着伦理手段，制度规范往往就是伦理规范。仁义礼智信，究竟是政治，是伦理，还是文化？伦理规范在中国传统社会中发挥着极强的社会整合作用，使中国传统政治和传统文化具有浓厚的伦理色彩和伦理性质。在西欧中世纪，同样如此。政教合一，伦理与宗教混为一体，封建伦理借上帝之名，蒙上毋庸怀疑的不可侵犯的神启圣光。在这种情况下，中世纪的一切管理都带上了神的色彩。西方近代管理理论与原则的发展，对人的认识历经了“工具人”、“经济人”、“社会人”、“决策人”等过程，而这个过程正是与文艺复兴以来社会伦理对人的认识的不断进步相吻合的，正是与西方人文主义所要求的实现人的自由、平等、博爱的伦理精神相一致的，从而使在文艺复兴之前盛行的童工制、血汗制管理方式成为为社会伦理所不容的管理制度，并上升为法律所明确禁止的。任何一种管理制度、管理规则规范，如果失去其现实的伦理基础，或者与现实的伦理规范相对立，那么这种管理制度是不可能长久的。

第二，在阶级社会，统治阶级总是根据自己的利益，提出一些伦理规范，来实行对全社会的管理服务。处于管理者地位的统治阶级，一方面总是将自己的意志以法的形式变为国家意志，成为社会的一种行为规范，另一方面又总是基于自己的利益提出相应的伦理要求，成为人们生活中的另一种行为规范。如我国封建社会中的“君君、臣臣、父父、子子”，就既是一种具有法律效力的行为准则，又是一种具有伦理要求的行为准则，封建君主正是通过这样的两手维护作为统治者、管理者的地位。

第三，管理者总是运用建立在善恶评价与奖惩基础上的道德调控手段，调节人们的行为，达到一定的管理目的。

---

① 沈善洪，王凤贤：《中国伦理学说史》（上），浙江人民出版社1985年版，第13页。

另一方面，伦理中渗透着具有管理性质的制度强制性。伦理制度的强制性，是指伦理存在于社会的基本结构之中，并普遍渗透于社会制度之中，如政治制度、经济制度、法律制度中。伦理具有制度强制性由来已久。如我国古代的《周礼》就把官员的责任和道德要求制定为典章制度；孟子所言的“仁政”，便是中国古代社会政治伦理体系的核心；唐律则把“三纲五常”、“忠孝节义”等封建伦理明文化、条文化；我国现行宪法把“五爱”、公民的人身自由、人格尊严不受侵犯等道德基本要求规定出来；新加坡利用制度来保证东方伦理道德的发扬，在社会公德、家庭伦理、国家公务员职业道德等方面作出非常细致的规定等。这些都是这种制度强制性的表现。制度性的道德原则和伦理规范，虽然有其特定的适用对象和范围，其绝大多数都与人们的日常道德原则和规范直接重叠，或者与相应制度的基本精神直接同一。我国封建时代的“三纲五常”、“忠孝节义”，既是人们日常生活的伦理原则与行为规范，同时也是社会政治制度精神的内核，是贯穿于当时全部政治制度、政治组织机构以及政治活动中的伦理原则和伦理规范。

在现代社会中，那种在社会的基本结构和重大制度中起作用的日常生活道德原则与规范越来越少了，其作用的意义也大大下降了，但是，作为具有独立道德价值体系、具有制度强制性的伦理原则和规范，却越来越多了，即越来越多地把一定社会的伦理要求硬化为制度，并在伦理生活领域中贯彻执行。

（三）管理和伦理具有互补性

管理和伦理具有同质性、相容性，但二者不可相互代替。管理与伦理终究是两种追求不同目的的社会实践活动，各有特点。

其一，管理和伦理分别反映着主体对客体的不同关系。一般地说，管理作为一种以规律性和价值性相统一的理性认识，首先是以“实然”认知即事实认知为前提的，它直接以客体作为自己的认识对象，表现为主体对客体的属性及其规律的反映，要求尽可能真实地把握客观对象，具有精确性、规范性和可预测性。而伦理体现的是主体对客体的主观态度，是从主体需要的角度判断客体对于主体的意义，因而在本质上表现的是人们对客观事物是否符合人的利益所产生的情感体验和价值追求。

其二，管理与伦理的评价基础不同。管理活动以对客观对象的运动规律的认识为前提，在此基础上实现对系统要素的优化组合与功能优化，使对象依据客观规律发生有利于主体的变化。因此，管理主要是一种事实判断。它一般以事实为依据考察主体行为对客体产生的实际效果、作用及行为主体应负的责任。管理一般不诉诸良心、不允许渗入主观因素，主要以行为的实际效果作为衡量依据。伦理则不同，它主要是一种价值判断。它虽然也考察人的行为的社会后果，但更关注的是人的内心信念和价值观念，是行为主体由自身利益和文明素质熔铸而成的思想动机，带有浓厚的主观色彩。

其三，管理行为和伦理行为遵循的原则不同。我们说，自愿自觉的活动是人类管理的最高境界。但严格地说，管理行为体现得更多的是遵循自觉原则，伦理行为体现得更多的是遵循自愿原则。自觉是一种理性的品格，更多地符合管理活动的要求。管理强调的是外部世界及其规律性对人的行为的限定，主体在这里是受制的、被动的，要求理智地服从不以人的意志为转移的外部强制力量。自愿则是一种意志的品格，更多地符合伦理活动的要求。伦理强调的是行为主体从善去恶的内在信念与价值追求，主体在这里是主动的、积极的，是出于自由意志的内在实现和价值体验。

管理和伦理的同质性、相容性和互补性，使二者相互体现、相互渗透、相辅相成、相互补充、相互依赖、相互推动，共同成为管理与伦理结合的内在基础。因此，管理与伦理的结合之所以会成为时代的管理潮流，是由两者的内在本质所决定的。

成中英先生指出：

> “伦理是内在的，‘管理’是外在的。我们今天要强调：若要建立一个好的伦理，同时就要建立一个好的管理。……管理和伦理两者，是相辅相成的，相互为用，并互为因果的，必须并行发展，缺一不可。因之今天我们必须同时讲管理伦理化、伦理管理化。……伦理不足的地方，要用管理来弥补。同样的，只靠管理是不够的，只有管理而没有伦理，只是一种外在的规范，而没有内在的制约，因而不能收到最好的效果。所以，管理还要内在化为伦理。也就是管理之不足，必须济之以伦理。”①

这里道出的，正是伦理和管理的内在统一性、互通性和互补性。一方面，伦理对于管理的重要意义在于：

首先，伦理对管理准则体系的制定及其活动具有重要参考意义。管理准则体系的制定，关涉人们的道德风俗、习惯、舆论和信念等各种因素，它以人们所能接受的伦理规范为基础，集中体现人们的利益和愿望。恩格斯曾论证某些法律制度是由某些道德习惯转化而来的客观事实，他说：

> “在社会发展的某个很早的阶段，产生了这样的一种需要：把每天重复的生产、分配和交换产品的行为用一个共同规则概括起来，设法使个人服从生产和交换的一般条件。这个规则首先表现为习惯，后来变成了法律。”②

---

① 成中英：《文化、伦理与管理》，贵州人民出版社 1991 年版，第 269 页。

② 《马克思恩格斯全集》(18)，人民出版社 1964 年版，第 309 页。

利益关系的调整是人们道德活动的基本内容，而管理在本质上体现的也是人们的利益关系，以及由此产生的伦理问题。国家通常是通过伦理教化、道德说教为自己的各项管理制度的实施奠定伦理基础，从而使人们把国家制定的各种法律、规章制度、规则等当作维护自己利益的保障来接受。此外，伦理的价值还为管理的评价提供了道义标准，人们总是会以伦理要求为参照物，强调管理本身的合伦理性、合道德性。

其次，伦理对管理准则体系的实施具有重要意义。无论是伦理行为规范还是管理准则体系，其调节、协调和导向功能的发挥，最终都需要表现为人们的遵守和服从。强制性是管理制度准则体系的主要特点，但若不以人们的意志和服从为前提，其强制程度可能就十分有限，甚至有时会软弱无力，管理可能会收效甚微，甚至引起人们的抵触情绪。管理准则体系的制定，只能说明其存在，而其实施则只有在人们的自觉意识状态中才会取得命令威力。在这个意义上，管理的实施过程，同样也是自律和他律的统一，是一种既注重内在性的自律观念又注重外在性的他律观念的统一。

再次，人的道德素养对于管理的实施至关重要。管理不可能自立自行，它要靠人来制定，也要靠人来实施，只有具备良好道德素养的人才能制定“善法”、“善规”。有了“善法”、“善规”，还需要有德之人去执行，要求管理者具有品德魅力和吸引力。对管理的具体执行而言，伦理的力量是深厚而持久的。

另一方面，管理对于伦理也具有重要作用。伦理活动和伦理建设同社会的其他活动和建设一样，离不开管理。伦理建设也需要管理。管理作为人类组织社会生活的一种最基本的手段，是人类在改造客观世界的过程中为达到一定目的（标）所从事的对系统的计划、组织、协调和控制活动，一般具有确定性、稳定性和强制性的特征。这些特征作用于人的伦理生活，极有利于社会的伦理建设。

首先，管理的确定性有助于人们对特定的伦理规范、伦理目标的认识、把握和落实。在管理中，人们可以按照行业、部门特点把伦理规范、具体目标转化为对工作的具体要求，从工作范围、标准、程度到工作态度、责任、义务，都可作出细化、明确的规定，使人们便于把握和执行。

其次，管理规章制度的稳定性有助于人的道德养成。把伦理规范转化为管理制度，可以提高伦理的权威性，使伦理规范获得普遍的遵守，并成为人们反复实践的行为，从而使人们践履伦理规范的行为逐渐成为人们的自觉行为。

再次，管理的强制性能够为伦理建设保驾护航。人的伦理行为需要建立在良好的道德素质基础之上，是人们自律能力的体现。提高道德素质，培养自律能力，主要依靠社会的道德教育和个人的道德修养。但同时，促使伦理规范的践履，伦理意识的觉醒，还必须辅之以强制性的他律手段。伦理固然以扬善为基本特征，但抑恶惩恶也是不可或缺的重要方面。管理的强制性是更有效的抑恶惩恶手段。在管理中，规定人们该做什么、该怎样做，也就是对人们不该做什么、不该怎样做的强制规定。如果人们该做的不做，不该做的做了，就要根据管理条文受到惩罚，这种惩罚实际上是对恶的惩治，也即是对道德正气的弘扬。[①] 可见，管理是伦理建设的重要手段。

从他律到自律是人类管理的最高形式

我们知道，制度化管理与非制度化管理是人类社会管理的两种基本形式。制度是一系列相互联系的行为规范的集合，它广泛地存在于人的各种活动领域，如政治制度、法律制度、经济制度等。然

① 鲁鹏：《制度的伦理效应》，《哲学研究》1998 年第 9 期。

而，制度化规范与非制度化的伦理规范，从来都不是截然分开的，而是相互作用、相互体现和互渗互补的。制度化管理规范的产生和制定，无一例外地是以一定的伦理价值体系为依托的，没有伦理理念的萌生和阐发，便没有制度的确认和推行。一定的伦理原则与伦理理念的支配，使并非直接道德行为规范的制度指向特定的伦理目的，从而产生具有道德意义的行为结果。

事实上，在文明社会，社会的大部分伦理规范都被纳入到制度化的规范体系之中，观念形态的制度化规范本身就是一种伦理学说。也就是说，伦理常常被制度化。许多思想家对政治与法律等制度的阐释，同他们的伦理学说并没有根本区别，他们对未来美好社会的设计与描述，与他们心目中的价值判断（“应当如何”）是完全吻合的。所以，从严格的意义上说，与非制度化的伦理相对的制度，指的是那些可操作的、作为已然事实的社会机制，而不是观念。不仅如此，从发生学的意义上看，制度规则的制定，都是以一个社会占统治地位的伦理价值体系为依托的。也就是说，伦理“应当”是制度化规范的生长点。

制度化规范不是因为它与强力结合在一起就获得了它强制性的正当理由，归根结底，是来源于道德的合理性。这种合理性，是一种内在的强制和内在的管理，其力量得到人们内心的普遍认可。换句话说，道德的合理性是构成制度化规范的强制性的内在根据。

以法制原则的产生为例，我们可以清楚地看到道德的合理性作为制度规范的内在根据。例如，人格独立与人格意识根源于欧洲文艺复兴时期人文主义者提出的自由意志论，人权、人民主权、自由平等、正义等，与社会契约学说关系十分密切。卢梭指出，处于自然状态下的人们，都是自由、独立和平等的，他们通过自由协商、订立契约，并严格加以遵守，就组成了法治国家；国家既然是人民自由意志的产物，那么人民就是国家当之无愧的主权者，其主要的表现形式就是立法权；人民与政府及行政官吏的关系，是主权者与执行者（即公仆）的关系，人民随时可以根据自己的意愿来委托或撤换他们。权力制衡和法律神圣学说，更是启蒙思想家对人性的缺陷加以透视和剖析的产物，而任何形式的人格独立与人格意识、人权、人民主权、自由平等、正义、人性论等等，毫无疑问，首先是伦理学的命题。勃兴于 14—16 世纪的欧洲文艺复兴运动之所以被称为一场伟大的思想解放运动，就在于当时的思想家们为世人描绘了一幅美妙的价值理想蓝图。这些充满了深知远见的道德学说，是一道消解剂，造成了对旧观念和旧制度的伟大革命；同时又是一剂催生素，直接导致了新制度的创生。当法国的《人权宣言》庄严问世时，谁都能看出里面凝结了这些伟大思想的精华。如果说法律是一种“已然”的和有形的社会机制，那么它的确立则是以一种“应然”的和无形的道德理想为基础和出发点的。在现代国家，越来越多的道德规范被纳入到社会的法律规则体系之中。例如，法律规定不得偷盗、抢劫、强奸，不得作伪证，不得侵吞公共和他人财物，每个人都享有受教育的权利，不得因性别、出身、种族等差别而遭到歧视，等等。所有这些以强制性的法律为形式确定下来的行为规范，其前身无不是这样那样的价值判断或伦理规范。在现代国家，法律所体现的总是这个国家占支配地位的价值观。

中国文化的一个重要特点，是政治与伦理的一体化，因而在中国，礼（即道德理想）与法（即法规制度）的联系就更为密切和直接。在两千多年的封建历史中，纲常之礼既是各种法、典、律、令的支撑点，更是其最基本的内容。例如在《唐律》中，除正文之外，还附有关于“十恶”的规定：“一曰谋反，二曰谋大逆，三曰谋叛，四曰谋恶逆，五曰不道，六曰大不敬，七曰不孝，八曰不睦，九曰不义，十曰内乱。”“十恶”中的“不敬”、“不孝”、“不睦”、“不义”等行为，显然是违背封建社会“三纲五常”的不道德行为，而在《唐律》中被列为法律制裁的对象。这是伦理规范向法律规范的转化，是渗透于法律制度中的伦理要求。封建统治者总是试图借助法律的威严来维护封建性质的伦理纲常。

制度化规范与非制度化规范，都是调整人们之间关系的行为规范。然而，两者又有明显的区别。制度化规范主要关注人的外在行为及其造成的后果，不追究导致这种行为和后果的深层原因，甚至间接原因，一般表现为外在于人，是一种他律性质的规范，从外部强制性约束人的行为；伦理规范则不然，它注重塑造人的灵魂，建构外在行为的内在根据和自觉信念，是一种自律性质的规范，从人的内心唤起人的自觉约束和自我管理。

马克思指出，“道德是人类精神的自律”。道德主要立足于人类的自律自觉。自律作为道德区别于制度化规范的标志，是道德在现实生活中发挥独特的社会调节与管理职能的魅力所在。从这个意义上说，制度化规范要得到卓有成效的实施，就必须把外在的强制性机制内化为人们心中的道德律令，转化为人们心中的自律准则。这是一个变强制为自觉，变他律为自律的过程。只有变他律为自律，才能发挥规范的最佳功能。

他律（Heferonomy）一词，来源于古希腊文 heferos（其他的）和 nomos（规律），其意是“外在于人的规律”。管理规范意义上的他律，可理解为行为主体据以行为的规范和动机，受制于主体之外的某种力量，受外在根据的支配，是一种外在的理性命令，而不是主体内心的欲望和意向。他律的特征表现为：

第一，主体本质上是受外在规则与命令支配的，符合、服从于外在规范的要求，就是好的。行为规范是给定的、现成的，外在于心灵的。

第二，受规范支配的他律行为，是被动的、外在要求的，而非主体的内在精神需要。行为遵守的是规则的词句与外在形式，而不是规范最严格的内容和精神实质。

第三，评价衡量他律行为的标准，不是根据主体的内在动机，而是根据行为是否严格地服从了规范的形式要求。

自律（Autonomy）一词，是古希腊语中 autos（自己）和 nomos（规律）两词的结合，其含义为“自己对自己的规定”，即“自己的规律”。管理规范意义上的自律，可以理解为，人作为行为主体，变外在的规范和命令为自我内在的自觉认识和理想信念，按照自己立下的行为准则，自主地约束自己，限制自己。自律的行为活动，不再是迫于外在的命令或被动的服从，而是主动接受或创造，因而是“合于法”，更是“本于法”。

与他律相比较，自律具有这样一些特点：

第一，内外需要一致。规范上的自律，不仅使行为主体了解、掌握外在规范的要求和命令，而且使主体更加自觉地以此作为自己的行为准则，把它视为自己的内在要求、内在规定和观念，是外在约束与内在自我约束的一致，是社会的客观要求与主体的内在需要的一致。这种内外需要上的一致，不是把外在需要的规范视为异己的负担、枷锁，而是把它奉若神明，并因能够按照这样的行为准则行事而产生神圣感、崇高感。

第二，自己为自己立法，即把外在要求内化为心中的行为法则。这些法则，对行为主体既有至高无上的约束力，又是人们为自己立法的结果；行为主体既用理性为自己立法，又靠意志来服从法令，既是立法者，又是守法人。

第三，不断自我超越。具体的规范、制度，总是确定地对应于一些具体行为，并因其稳定性才有可能被贯彻、执行、落实。但规范、制度的这种确定性、稳定性，又可能蜕变为僵化性。面对新情况，面对前所未有的行为与新的行为领域，既有的规范、制度可能会显得不适应和滞后。而规范上的自律，既是行为主体的一种自觉，又是行为主体的一种能力和品质。这种品质，使得个体能够自主地选择或作出正确的行为，即使在没有外在的具体规范、制度约束的情况下，在既有的规范、制度已经不适应和不够用之时，自律的实践品格也可能引导主体自主地寻求和实现应有的精神价值。这就是说，自律能够超越既有的规范、制度的局限，在既有的规范、制度不能起作用的时间和场合，发挥独特的作用。

他律和自律，虽然是一对矛盾，却并非不相容。它们同为规范人的行为手段，在内容上有交叉和重合的方面，在形式上也可以相互转化。因此，两者不能截然分离。制度化管理规范作为一种外在的强制性规范，只有通过内化为一种自律的行为，即变被迫遵守为自愿遵守，才能发挥最佳效果。从他律的强制管理到自律的自我管理，是人类社会管理的最高形式。

4. 管理的外在道德

一般而言，管理目标的选择、决策的依据、管理关系的设置，以及管理方式的确定，都离不开人的价值选择与道德选择。丹尼尔·A. 雷恩指出：

> “处在人类社会文明和文化背景中的管理活动，不是一种与外界隔绝的活动，因为管理人员是在特定的文化价值准则和体制内的管理组织中作出决定的。”①

虽然管理本身并不是具体的、直接的伦理行为，但往往要遵循特定的伦理原则和道德要求。一方面，人们把一定的社会伦理原则和道德要求规定并具体化为管理标准和管理手段。这些特定的社会伦理原则和道德要求的支配，使并非直接伦理活动的管理行为指向特定的伦理目的，并产生具有一定伦理意义的结果。另一方面，人类社会总是要对一定的管理活动作出伦理评判和道德审思。这就是我们所说的管理的外在道德的作用。

管理的外在道德，是一种使管理行为和管理活动合理化的价值

---

① 丹尼尔·A. 雷恩：《管理思想的演变》，中国社会科学出版社2000年版，第4页。

系统，它对管理的重要作用主要表现为社会价值观对管理基本模型具有决定作用，管理活动总要受制于社会的道德评价，管理必须体现一般的社会伦理原则。管理的外在道德与管理的内在道德一道，构成管理的道德性的两个双向互动、有机统一的方面。

人的道德选择是管理的前提

人的道德活动，是人的自我创造活动的重要内容，人类能够对自己的本性作出决定，决定自己是什么和将成为什么，从而构成人的人性世界和道德世界。

道德活动，包含着存在于我们之中和社会之中的特定的价值及其选择，即使并非所有的价值及其选择都直接与道德相关（例如健康、财富、美貌、对环境的控制等），但所有这些价值及其选择，在决定我们人性形成这一方面，都受到道德的影响。道德活动之所以能够对人的活动发生影响，源于“道德活动的特殊性，第一在于它是价值活动，是在人们的道德意识支配下所进行的，与人际的利益相关，与主体的需要相关，可以用善恶来评价，可以而且也应该用主体的内在尺度来衡量；第二在于它是完善活动，可以有效地引起主体及活动对象的品德、境界、修养的变化。因此，我们对道德活动作出如下的规定：道德活动是一种特殊的人类主体性活动，是人类主体出于高级的精神需要和道德动机而进行的旨在达到自我，他人或社会完善的实践精神性活动”①。

人的道德的自我创造活动，是以道德价值和道德选择的方式进行的。道德以善恶评价形式为人们提供社会现实和人自身的价值知识。道德价值对于人性世界具有极为重要的意义。Daniel Maguire

① 姚新中：《道德活动论》，中国人民大学出版社 1990 年版，第 22 页。

（丹尼尔·麦奎尔）指出：

> “道德价值比所有其他价值更基本，因为道德价值所触及的不仅仅是我们做什么、体验什么或具有什么，而且触及我们‘是’什么。如果一个人没有被赋予财富、优雅、美貌、教育和审美经验的价值，则被人们公认为是不幸的。然而，如果人是杀人犯、骗子或贼，那与仅仅是不幸又有了质的差别。这种失败表现在人是什么和作为人他必须是怎样的层次上。”①

人类总是不断地表现出自己的价值选择及其取向。人作为价值选择的主体，并非认识什么就接纳什么，只有为“我”所选择的，才能成为“我”的一部分，才能转化为“我”的目的和意图。世界总是表现出多种多样的可能性，其中最主要的有真假之分、善恶之分、美丑之分。人的道德选择，是人的价值选择之一种。人的道德选择，即善恶选择。在善恶之中，又有大善与小善、大恶与小恶之分，道德主体必须进行选择，趋善避恶，择大善而离小善。

善恶评价是善恶选择的先导。善恶评价和善恶选择共同构成一种道德价值。从主体上看，善恶评价所表现的是道德主体对某一对象的“善”的要求，是主体从自身的需要、愿望出发而产生的价值目标；从手段上看，善恶评价是借助道德准则进行的，准则作为价值尺度放在了被评价者的面前，发挥着度量和标准的作用；从被评价者来看，善恶评价作为一种要求、一种舆论，虽然有其强制性和约束性，但被评价者是否接受这种要求，又往往取决于自己的良心、义务和价值认同。

---

① Daniel C. Maguire. The Moral Choice, Garden city, N. Y.: Doubleday. 1978. P. 3.

在善恶评价的基础上进行善恶选择，是道德活动的基本规定性之一。尽管也许“在实际生活中，我们大多数人都意识不到我们的选择朝向哪一方面，不过，这些选择在我们作出的每次决定中都有所预示和反映”[①]。对人而言，人的道德选择，是无可选择的选择。

一方面，对个人来说，社会道德首先是既定的、不可选择的。生活在社会中的人，都能感觉到一种无形的控制，使其不能随意越位，不能随心所欲地行动。社会、家庭、朋友、社会组织和学校等等，都为我们提供了应该做什么人和应该怎样行动的“肖像”。每一个人都生活在一种道德氛围之中，这种道德氛围就像我们呼吸的空气那样，不可见却真实地存在着。这意味着，在个人的道德选择与社会道德之间，要作出严格的区分是非常困难的，甚至是没有意义的。大多数人的行为都受到社会教育和既有道德的极大影响。人们倾向于尊重一夫一妻制、尊重法律和与人平等相处，因为人们所受的社会教育使人们视这样的行为为美德。

另一方面，道德的无可选择表现为，人们要选择做一个无道德的人或不受道德约束的人，是不可能的。人们要选择在道德上表现为基本的无道德，也是不可能的，但选择不道德却是可能的。在最通常的意义上，所谓不道德，意味着一个人没有按照社会的道德标准去生活，或一种行为不符合社会道德规范。关于一个人或一个群体应该怎样行动的观念，在更基本的意义上，“不道德”这个词则指人们人性的不恰当的表现形态。不道德就是“作为人来说其行为是不适宜的”[②]。这种评判的前提，是假定社会生活具有某些作为人“应该怎样做”的适宜标准，具有“什么是道德的”和“什么是不道德的”标准。

人类的管理行为如同人类的任何其他行为一样，首先进行道德

① 查尔斯·L. 坎默:《基督教伦理学》，中国社会科学出版社1994年版，第9页。
② Daniel C. Maguire. The Moral Choice, Garden City, N. Y.: Doubleday 1978. P. 71.

选择，是无可选择的选择。我们所有的人都必须选择自己是什么，以及自己将做什么。同样，凡是人就必须共同选择自己将有一个怎样的社会和群体，以及作为群体活动者，自己将怎样作出反应和行动。人的道德选择，是管理的前提。

个体价值观与管理模式

一般认为，价值观是社会观念系统的主要组成部分。所谓观念，是指人们关于客观对象的总观点、总看法。人们对事物的看法，是多方面的，但总的说来，可以归纳为两种：

一种是关于客观对象的本质和规律性的总看法、总观点，这是一种物质（非价值）形态的观念，或者叫事实观念；

一种是关于客体对象的意义的总看法、总观点，这是一种价值（非物质）形态的观念，简称价值观念或价值观。

换言之，价值观就是人们关于事物对自己的意义或有无价值及价值如何的总看法和总观点，或者说，是人们愿望的总和。因而，价值观是一种以"应该"或人们"应该"希望什么（有用的、有意义的东西）的形式而出现的观念系统。一般而言，价值观主要是一种具有规范性质的东西。

价值观包括个人价值观、组织价值观和社会价值观。个人价值观是组织价值观和社会价值观的基础。

管理组织是由若干现实活动着的个体组成的，价值观的个人特征表明，每个组织成员的价值观可能互不相同，甚至组织成员在同一组织活动中对同一客观效果的追求活动，也可能出于完全不同的价值观类型：有的可能是为了表现自己的能力，证明自己比别人出色；有的可能是出于自己的责任心，认为这是自己工作的本职；有的可能是为了多挣一份奖金，满足自己经济上的追求；有的可能是为了寻求一种社会认同，在同伴的压力下不得不如此做；有的可能是想通过自己的行动获得表扬，达到一种自我满足与自我实现；有的是真正出于良心和民族事业心，觉得唯有如此，才能为社会和民族的发展贡献自己的一份力量。诸如此类，在同样的现象背后所隐藏的个体价值观的重大差别，在现实管理活动中并不罕见。

在《领导哲学》一书中，美国管理学家克里斯托弗·霍金森将组织成员的价值观分为三个层次四种类型，分析、归纳了组织成员的不同价值观类型。[①] 如下表所示。

组织成员价值观的层次与类型

价值类型	价值根据	心理官能	哲学取向	价值层次
Ⅰ	原　则	意　动 意　志	宗　　教 存在主义 直　　觉	一
ⅡA ⅡB	结　果 舆　论	认　识 理　性 思　维	功利主义 实用主义 人道主义 民　　主 自由主义	二
Ⅲ	偏　爱	情　感 情　绪 感　情	行为主义 实证主义 享乐主义	三

霍金森的这种划分方法虽然不尽合理，但他却提出了管理学中所必须重视的一个问题：研究被管理者的价值观类型与管理模式的关系。只有正确认识与区分不同组织成员的价值观类型，才能灵活而又恰当地将管理规范应用于具有不同价值观的组织成员，在允许的范围内，使各自得其所欲得，进而较好地运用行为调控手段，使组织的功能得到最好的发挥，从而收到最佳的管理效果。

① 克里斯托弗·霍金森：《领导哲学》，云南人民出版社1987年版，第35页。

组织个体不同的价值观类型的客观存在，使管理面临的现实问题是：如果组织价值观与组织成员的个体价值观不一致，该怎样办？以组织价值观强制取代或统一组织成员的个体价值观，这样既过于简单也是近乎幻想；让组织放弃自身的价值观，也是不现实的。一个组织不能没有自身的价值观，价值观的组织特征，决定了组织价值观对组织成员个体的超越性和至上性。对于这种价值观冲突，管理组织固然可以通过行政手段，使其保留在适当的范围内，以保证组织活动的正常进行，但这种处理的消极面是反而往往加深组织与组织成员之间价值观的冲突，并使组织内部运行机制受到无形的“内耗”。这样，必然会出现管理的两难困境：管理愈协调一致，就愈使人受束缚。一方面，管理者必须协调其组织内部立法与个性的冲突，即他必须解除组织对于单个的组织成员的关心与压倒一切的组织目标之间的压力；另一方面，管理者必须解除其组织活动与其组织赖以生存的环境所产生的抑制、对抗和冲突的压力。①

组织目标与个人目标的共存，集体利益、社会利益与个人利益的共存，大公无私、先公后私、亦公亦私、“我为人人，人人为我”等境界的并存，不同信仰的并存，已是当代社会存在的不争事实。多元文化、多元价值观，对于任何一个管理组织来讲，既是一个无可回避的客观现实，又是组织活力与生命力的源泉。大一统的价值观念，虽然从表面上看有利于组织的管理，但从根本上说，不啻是组织的一个悲剧。因此，有的管理学家这样指出：

> “总经理所起的真正作用是把企业的价值观管理好”。②

---

① 刘光明：《商业伦理学》，人民出版社1994年版，第234页。

② Thomas J. Peters, Robert H. Waterman, Jn. Ir., In Search of Excellence: Lesson from America's Best Run Companies, P. 26.

多元价值观的存在，一方面是组织的活力泉源；另一方面它同时也要求组织要采取灵活而又恰当的管理模式应用于具体的组织成员。个体多元价值观的存在，决定了科学管理的本质是协调。

哈罗德·孔茨指出：

> “许多权威人士把协调当做主管人员的一个独立职能。然而，把它当做管理的本质看来更为准确，因为使个人的努力与所要取得的集体目标协调一致是管理的目的。”①

要使组织的管理活动取得成效，就必须使组织目标与社会目标相协调，组织目标与个人目标相协调，组织要求与个人要求相协调，个人行动与组织行动相协调。只有协调组织内各要素尤其是人的要素，组织的功能才能得以充分发挥。

协调的实质是利益关系的调整，而如何正确处理利益关系则是伦理所要回答的问题。因此，要正确协调组织成员个体价值观的冲突与对立，最重要的是要运用伦理途径，做到管理与伦理相结合。讲究伦理，可以从多方面促进个体价值观与组织共同价值观的统一，个体目标与组织目标的统一。

第一，伦理的约束通常是通过社会舆论和内心信念唤醒人们的良知和羞耻感、内疚感，从而实现自我控制和社会控制的理性目标。管理与伦理结合，要求通过管理措施营造良好的伦理环境，使组织成员认识到什么是应该做的，什么是不应该做的，并以这种行为规范指导自己的行为。这种伦理环境有助于使个体价值观认同组织的共同价值观。

第二，组织崇高的价值目标，能激发组织成员的工作热情。彼

---

① 哈罗德·孔茨、西黑尔·奥唐奈：《管理学》，贵州人民出版社1982年版，第83页。

得·圣吉说："当人类追求的愿景（Vision）超出个人的利益，便会产生一股强大的力量，远非追求狭窄目标所能及。组织的目标也是如此。"① 讲伦理的组织能吸引人、留住人，发挥人的潜能。

第三，组织活动是集体活动，管理效益要通过组织全体成员的共同努力才能取得。以组织伦理观为核心的柔性协调，有助于集体活动取得成效。

社会价值观决定管理的基本模型

管理生长于一定的社会文化环境。不同的社会文化土壤，培育出不同的管理模型。霍金森指出：管理组织与其活动环境的关系是一种共生关系，组织的生死存亡是文化变迁的组成部分，环境不仅是自然的，而且是政治的，甚至是文化的和时代精神的。管理的外在道德首先表现在一定的社会价值观对管理的决定作用。一定的社会价值观决定管理的基本模型，因为一定的社会价值观对管理活动和管理关系的结构、活动方式及其条件，都有着规制作用。

我国有学者以中华人文精神和中华传统思维方式为分析内容，从社会价值观背景视角分析了以我国儒家"治国之道"为主的中国古代管理思想，并把它同以西方人文精神和近代思维方式为分析内容、从社会价值观背景视角分析的西方（主要指美国）现代工商管理理论进行了比较，较深入地揭示了不同的社会价值观对管理模型的决定作用②。所谓人文精神，是指一个社会中多数人所共有的、对于现实人生的特有态度。人文精神是社会文化的深层结构，是社会价值观的集中体现，对管理存在着深刻的影响和制约。

---

① 彼得·圣吉：《第五项修炼》，三联书店1994年版，第9页。

② 关于不同社会形态的价值观对管理基本模型的决定作用，本文主要采用了张阳博士和何似龙先生的研究成果作为论证。在此深表谢忱。参见张阳、何似龙：《两种管理模式的界定与比较》，《江海学刊》2000年第3期。

中华人文精神同西方人文精神相比较，两者具有许多不同的内涵，如下表所示。

中华人文精神与西方人文精神之比较

中华人文精神	西方人文精神
对人与自然、人与其他事物关系的态度	
在人的现实世界和现实生活中，中华人文精神对人、人的价值、人格、人道、人的文化和历史存在，表现为充分的肯定与尊重。在中华文化中，“天人合一”、“天人感应”思想深入人心。神权与王权、自然与人、天道与人道相统一，人们视天地万物为阴阳男女所化育，一切都已“人化”。因此人在认识现实人生时，将不受任何来自人之外的事物的影响，在人与自然、人与神、人与其他万事万物的关系中，人是主体，是这些关系的出发点与归宿，主动权始终掌握在人的手上	西方人文精神对人及人的现实人生的肯定与尊重，始终没有摆脱超越于人的现实世界、现实生活的某种抽象绝对物——上帝或理性——的阴影。中世纪神学主张人有原罪、人性恶，因此人必须严格禁欲，遏制人性以求赎罪，最终获得上帝的原谅，并接纳进天堂。中世纪晚期文艺复兴把人文主义普及到整个欧洲，形成一种对人的价值特有的尊重。但是，他们思维深处对抽象绝对物的崇尚习惯并未改变，随着文艺复兴后理性主义和科学精神的提倡，人又变成了理性工具
对个人与集体、个人与社会关系的态度	
在对待个人与集体、个人与社会的关系上，中华人文精神主张以集体、社会为本。对人的存在与价值的肯定与尊重，主要表现在极度尊崇人们对相互依存的共同体（集体、社会、国家）的整体利益的追求与维护，强调个人利益在整体价值中实现，视社会整体价值为人的价值本位。在走向文明社会过程中，氏族社会没有得到彻底清算而形成了特殊的宗法制度。家国同构、政统与宗统合一、血缘关系与阶段分化交混，促使中国古代各种社会关系被盖上一层温情脉脉的面纱，使社会共同体内个人利益与整体利益相融合，整体利益高于个人利益。因而，为	在对待个人与集体、个人与社会的关系上，西方人文精神主张以个人为本。对于实现人生的肯定与尊重，主要表现为对个人利益、个人权力、个人功名的追求与崇尚。文艺复兴时期最激励人心的口号就是恢复人性的“我是人，凡是赋予人的一切我莫不具有”。个人主义作为对中世纪神本主义的报复，其根本内涵是人的价值观念上的革命：用个人解放、个性张扬来代替对上帝和教会权威的顺从。人们对个人功利的追求成了价值中心，个人与个人之间在个人利益上的差异得到极度强调。随着资产阶级革命成功，在资本主义社会的成长中，这种精神获得了

续表

中华人文精神	西方人文精神
实现整体利益以保障相互依存的心理倾向，比为争取个别的个人利益的心理倾向更为强烈，从而产生以相互依存的共同体为中心的社会心理，产生对共同体所具有的深深的义务感和责任心，促使人们在整体利益的实现中实现自身的价值，整体利益最终成为人生的价值尺度	异乎寻常的发育。各种伦理精神都支持人们对个人利益和成功的追求，而且使人们深深地感到，这种追求本身就是为“上帝效劳的机会”，是“天赋的权力”，是“创造财富的原动力”……所以，在西方文化中，个人功利的实现程度最终成为评估人生价值的终极尺度，个人利益成为社会价值的本位
对个人与个人关系的态度	
中华人文精神把人与人之间的关系看成是共同体中相互依存、同舟共济的关系。高度强调共同体的整体利益，人们所注重的是相互间的共同性而不是相互间的差异性，人与人之间的相安和谐，大大超过了相互间的竞争性。人们在社会交往和共存相依时首先强调的不再是个人获得利益的权利，而是对于共同体利益的义务与责任，人与人之间不是利益互惠的契约关系，而是努力惠加对方的道义关系	西方人文精神，把人与人之间的关系看成是相互独立和彼此竞争的关系。在个人主义价值观念下，特别强调个人对自身利益与成功的追求，强调人与人之间利益的差异性而不是共同性，因而人们相互间的依存性被独立性所替代，相互间的相安性变成了竞争性。个人对于他人来说首先强调的是获得自身利益的权利，人与人的相处与交往首先强调的是权利平等、利益互惠的契约关系

所谓思维方式，是指人们比较稳定的思维模式（或格式、样板），是人们定型化的思维形式、思维方法和思维内容的结合。对个人的思维方式而言，思维形式是指人们借助于一定的概念、判断、推理等建立起来的抽象思维、形象思维和灵感思维等思维活动的形式；思维方法指人们认识和把握客观事物的工具和手段，如分析、综合、归纳、演绎、类比、联想等等，它们在很大程度上规定着人的思维路线、过程、逻辑程序和具体形式，而且经常转化为人们观察处理问题的具体方法；思维内容则是指人们把一定的思维形式、思维方法应用于具体事物，开展思维活动所得到的结果与表现，是形成思维方式的基础。思维内容一般以知识、观念、观点和习惯等

表现出来。

对一个民族而言，还存在着集体的思维方式。所谓民族思维方式，是指由历史长期积淀而形成的为一个民族中多数人所共有的思维习惯。与人文精神一样，思维方式是社会文化的深层结构，是社会价值观得以表现的基本形式，也深刻地制约和影响社会的管理思想。

中华传统思维方式与西方近现代思维方式相比较，两者具有不同的特点，如下表所示。

中国传统思维方式与西方近现代思维方式之比较

中华传统思维方式	西方近现代思维方式
1. 对思维形式的选择	
重视形象思维，长于直觉、想象、灵感等非逻辑思维和判断、忠诚、友谊、爱憎、政治等超理性过程的使用	长于抽象的逻辑思维，反对非逻辑思维和超理性过程的使用
2. 对思维方法的选择	
从整体出发，重视各部分之间的关系，注重平衡均势、调和统一，偏向于综合的系统方法。长于类比与联想方法的应用	细分整体，孤立局部，进行封闭式的科学分析。偏于定量计算和数学工具的使用，长于归纳与演绎方法的使用
3. 思维方式对使用知识的选择	
主要使用尚未进入公共知识体系，仅停留在个人头脑中的知识（大部分是经验和“不能明确表达的知识”）	使用已被明确表达，因而是进入公共知识体系的科学知识，反对个人经验的使用
4. 思维方式对思维内容的选择	
强烈的主体意识和对人生的关注，带有浓厚情感因素。道德评判高于一切，道德评判统摄、涵盖价值评判和事实评判	忽略人性，重视理性。不主张道德评判，重视事实评判

民族人文精神、思维方式，作为社会文化和社会价值观的深层结构，相对于社会生产力、生产方式、社会形态和根本制度而言，具有变革的滞后性、稳定性，使它们对管理产生具有历史延续作用

的影响，并由此深刻持久地决定不同民族的管理特色，铸就不同的管理模式。如果我们用 M1 代表以我国古代儒家“治国之道”为主要内容的中国古代管理模式，用 M2 代表西方近现代工商管理模式，用 E1 代表中国古代管理思想的原型，E2 代表西方近现代管理理论的原型，用 X1 代表人文精神作为管理理论原型的一个基本变量取值，用 X2 代表思维方式作为管理理论原型的另一个基本变量，那么，M1、M2，E1、E2，X1、X2 之间相互作用的属性，就形成具有不同属性的管理模式，见下表所示。

中外管理属性与模式比较

管理模式		M1	M2
管理原型		中国古代管理思想（E1）	西方现代管理理论（E2）
基本变量取值	X1	中华人文精神	西方人文精神
	X2	中华传统思维方式	西方近现代思维方式
管理属性	手段	主要依靠人治来实施管理，寻求和衷共济的人心所向。从人们实际存在的对共同体的义务感、责任心出发，依靠道德教化，借助心灵感召和激发来实施对人们行为的规范。社会组织化的主要特征是对“自组织”的仰仗	主要依靠体制来实施管理，寻求合乎科学的管理体制。依靠建立在科学知识基础上的直接控制，通过对个人损益来实施对人们行为的控制。管理的主要特征是对“他组织”的依靠
	任务	促使人们合乎规范地生活（包括学习与工作）	促使人们积极协调地工作
	目的	强调社会平均与共存，达成以有序、统一、稳定为主要特征的社会内部和谐状态	强调组织效率与效益，获得以斗争、变革、创新为主要特征的组织外部竞争优势

由于不同的社会价值观，即不同的人文精神（变量取值 X1）和思维方式（变量取值 X2）对管理理论原型（E1、E2）的制约和影响，从而形成了具有不同属性的管理模式（M1、M2）。

代表我国古代以儒家“治国之道”为主要内容的管理模式 M1，主要是一种追求社会内部和谐的管理模式。这种模式认为，管理就是由管理主体主要使用人治的方式来寻求和衷共济的人心所向，依靠道德教化，借助心灵感应和激发来促使人们合乎规范地生活，达成以有序、统一稳定为主要特征，且强调平均与共存的社会内部和谐状态。

代表西方近现代工商管理模式的 M2，主要是一种适应组织外部竞争的管理模式。这种模式认为，管理就是主体主要使用合乎科学的管理体制，借助建立在科学知识基础上的直接控制，通过对个人利益损益来促使人们积极协调地工作，获得以斗争、变革、创新为主要特征，且强调效率与效益的组织外部竞争优势。由此可见，不同的社会价值观对管理基本模型具有不同的决定意义。

社会价值观变化对管理思想的影响

丹尼尔·A. 雷恩深刻地看到了社会文化和价值观对管理模型的这种重要影响。他说：

> “管理思想既是文化环境的一个过程，也是文化环境的产物。”①
>
> “在不同的时期和不同的文化中，其价值准则不同。管理的成效受到个人和集体的关系以及普遍存在于文化之中的社会价值准则的影响。”②

这也正是霍金森所说的：管理组织与其活动环境的关系是共生

① 丹尼尔·A. 雷恩：《管理思想的演变》，中国社会科学出版社 2000 年版，第 13 页。
② 丹尼尔·A. 雷恩：《管理思想的演变》，中国社会科学出版社 2000 年版，第 7 页。

关系，组织的生死存亡是文化变迁的组成部分，环境不仅是自然的，而且是政治的，甚至是文化的和时代精神的。

社会文化和价值观对管理思想的制约和影响，不仅表现在对个人和组织的管理行为具有制约和影响作用，不同社会形态中的社会价值观，决定不同形态的管理基本模型；而且表现在，即使在同一社会形态中，社会价值观的变化，也会对管理思想发生相应的作用。不同的价值观，对同样的问题可以有完全不同的看法，具有不同价值观的组织和群体，表现出不同形态的组织结构模式、组织目标、行为规范和组织风气。社会文化和价值观主要通过三种形式对管理活动发挥作用：

一是被管理者的不同价值观类型，决定着管理活动需要运用不同的管理模式；

二是不同的社会形态有着不同的社会价值观，因而决定了其社会形态中不同的管理结构、功能与规范内容；

三是即使在同一社会形态中，由于社会价值观的变化，也会产生管理结构、功能和规范内容的变化。

我们以资本主义管理模式的建立及演变过程为例，来说明同一社会形态下社会文化价值观念变化对管理运行模式的制约和影响。众所周知，资本主义自身的发展经历了一个摆脱封建主义的发展阶段，很显然，这个发展阶段中的封建主义与资本主义管理运行模式有着质的区别。即使在资本主义从近代走向当代的发展过程中，也同样经历了不同管理模式的转换。造成这种管理模式转换的深层原因，正是社会文化、社会价值观的变化。

就西方资本主义摆脱传统的封建主义的发展过程而言，在研究近代资本主义管理的基本模式及其思想理论形态的建立过程时，丹尼尔·A. 雷恩指出：新教伦理、自由伦理、市场伦理这样三种价值观的变化，是“促使旧的文化制度摇摇欲坠的新事物”，是“三种最终导致产生工业革命以及人类新文化的力量”，“这些力量为新的工业时代奠定了文化基础”，而“这种文化新生的结果建立起一种新的导致必须对管理进行正式研究的需要”①。也就是说，这三种价值力量最终导致了资本主义管理模式的形成和建立。

新教伦理、自由伦理、市场伦理，是三种不同的文化价值观。

新教伦理是对中世纪教会中央集权的挑战，是人们要求现实尘世幸福与成就的价值观体现，它把从事世俗活动看成是个人从事的最崇高的伦理活动，从而打破了古老的神学对人们的束缚。这种伦理还把劳动、节俭、世俗的追求当成当时社会生活管理的目标与行为规范，从而导致了进一步向自由伦理的文化转变。

自由伦理是对高度集权的国家统治的挑战，它通过制宪政府在人民和国家的关系上提出的新概念，明确提出个人自由、平等是天赋的权利，管理（包括法律的管理）要以理智而不是专横为基础，它保护私有财产的权利，要求在财产面前建立公正的制度，从而使人们在分配资源的经济安排中、社会关系中以及政治机构中摆脱屈从的地位而获得新的自由。这种伦理使公正、平等、自由竞争成为管理的基本原则与规范，并进一步发展到市场伦理。

市场伦理是对传统的由于国际贸易出现而产生的国家干预一切经济事务的挑战，从而提出的市场经济的主张。它要求并支持个人的主动性，反对官僚主义，要求自由竞争，要求现实的组织或集体的利益，而不是大一统的所谓国家利益。市场伦理确定了近代资本主义管理的基本原则。

新教伦理、自由伦理和市场伦理这三种“伦理”，或者说文化行动的标准，在改造对人民、对工作和对利润的文化价值准则的实践中发生相互作用，从而建立起资本主义管理的基本模型。

---

① 丹尼尔·A. 雷恩：《管理思想的演变》，中国社会科学出版社 2000 年版，第 28—29 页。

就西方资本主义从传统形态走向当代形态的发展过程而言，其管理由于社会价值观的发展变化，也同样经历了不同管理模式的转换。

传统的资本主义文化提倡个人主义的社会价值观、私有财产制度、公开市场中的自由竞争和有限制的政府控制。这种文化价值观认为，社会只不过是社会中个人的总和，自尊和成就产生于必要的单独的斗争，在斗争中首创性和艰苦工作得到报偿，适者生存，优胜劣汰；财产权是个人权利的神圣保证；政府控制得越少越好。

当代的资本主义社会文化发生了相当大的变化，这种文化价值观把个人看成是社会不可分割的一个成员，在这个社会中，个人的权利和责任取决于共同利益的需要，政府起着社会需要计划者与执行者的重要作用。这种文化价值观认为，个人成就与自尊需要是个人在社会过程中所处地位的产物，个人通过成为某个群体的成员而得到个人所欲求的东西。一个组织得很好的群体充分发挥个人的能力，这样，财产权就不如来自团体或群体成员的各种权利更为重要。①

在传统资本主义和当代资本主义发展过程中存在的两种文化、两种伦理价值观，从而形成了两种不同的管理原则、规范和价值目标，带来两种具有重大区别的管理结构及其运行模式。美国学者弗里蒙特·E. 卡斯特、詹姆斯·E. 罗森茨韦克曾列出一张表格，说明从传统资本主义伦理价值观到当代资本主义伦理价值观的主要转变及其对管理模型所产生的深刻影响②，如下表所示。

---

① W. F. 马丁、G. C. 洛奇：《我们 1975 年的社会——企业可能不喜欢的社会》，《哈佛工商评论》1975 第 11-12 月号。转引自高兆明：《管理伦理导论》，复旦大学出版社 1989 年版，第 62—64 页。

② 弗里蒙特·E. 卡斯特、詹姆斯·E. 罗森茨韦克：《组织与管理：系统与权变的方法》，中国社会科学出版社 1985 年版，第 51—52 页。

资本主义伦理价值观从传统到当代的转变

传统资本主义伦理	当代新出现的资本主义伦理
个人主义的新教伦理，财产权与自决权	重视社团、群体参与和责任以及社会文化对个人福利影响的社会伦理的成长
最大的个人利益产生更高水平的福利	需要社会协作行为
通过劳动分工与专业化来提高效率	从人的满足感方面认识专业化的限度
商业企业被视为一个经济单位	企业组织被视为社会经济机构
传统资本主义伦理	当代新出现的资本主义伦理
利润最大化被作为唯一的目标	利润被作为主要目的，但对社会目标有不断增长的认识，满足多种目标
全部重点放在经济成绩与效率上	重点放在效能、效率和职工的满足感上
企业组织被视为封闭系统	企业组织被视为与其环境相互作用开放的系统
仅对市场与竞争环境作出反应	对许多利益集团和社会力量作出反应
政府行动的自由放任观点	认识到政府在满足社会目标方面的作用
人们追求对自然的开发和控制	在自然的限制下和谐地生活在自然中
通过开发环境资源的努力促使经济成长	认识到成长的限制并走向保护资源
广泛利用科学技术，自由放任与技术决定观	认识到科学与技术的局限性和控制技术应用的必要性
社会对企业的期待仅限于生产商品与劳务	社会希望工商业考虑解决更广泛的生活质量问题
根据利润测定企业工作成绩	根据利润和其他社会效益指标测定企业工作成绩

管理活动的伦理评价

由于伦理道德作为人类社会中一种特殊的理性生活，它的历史延伸和人类历史一样久远并渗透在人类活动的各个领域，这就使管理活动自一开始就包含着伦理因素并同时存在着善恶评判性。对管理活动进行伦理评价或善恶评价，就是对某一种或某一类管理活动在伦理意义上作出肯定或否定性的价值判断，从而把管理活动区分为善的或恶的，有利的或有害的，正义的或非正义的，合理的或不合理的，通过对管理行为或活动的道德赞许或谴责来干预管理活动，从而使管理活动符合社会主体的价值取向和社会发展的价值追求，即符合评价主体“应该如此”的伦理需要。

（一）伦理评价何以可能

对管理活动进行伦理评价，其第一前提是伦理能够对管理活动进行评价。也就是说我们首先要回答的问题是：伦理为什么能对管理活动进行评价？根据何在？伦理之所以能够对管理活动进行评价，其根据源于管理活动的属性。

首先，从管理活动的结构特性上看，管理活动既包含物质因素，也内在地包含伦理因素。人类管理作为一种“发挥某些职能，以便有效地获取、分配和利用人的努力和物质资源，来实现某个目标”[①]的“生产方式的社会固定的形式”，其本身内在地包含有价值因素和伦理因素。同时，人类的管理活动存在于人类社会文化背景和伦理背景之中，人和社会的价值因素或伦理因素是管理活动内含的重要组合因素，管理和伦理两者往往“同时存在而又相互依存”。

从管理活动的系统结构来看，我们可以粗浅地把管理活动划分为这样三个层面：

一是外在的，由管理手段、人的努力和物质资源等组成的“物质活动层面”；

二是内在的，由作为管理活动主体的人在管理活动中反映出来的由思想意识、价值观念、行为模型等构成的以管理伦理观念为主的观念层面；

三是居于外在层面与内在层面中间的，由管理模式、管理关系结构和管理组织等组成的体现管理水平的制度层次。

---

① 丹尼尔·A. 雷恩：《管理思想的演变》，中国社会科学出版社2000年版，第2页。

在管理活动的有机整体中，这三个基本层面中的任何一个，都不能脱离其他两个层面而独立存在和发展，同时各个层面的变化以及它们之间的协调与制约，又无不对管理活动发生作用。

物质层面的变革，是人把人自身的努力和物质资源作为自己的作用对象，是人去改造物，使物质资源发生符合或满足人的物质利益需求的功能和作用；

制度层面的变化，是管理活动主体作用于管理关系结构、管理模型和管理组织，使管理活动更加符合社会发展（物质利益目标和人的发展目标的统一）的需要；

观念层面的变化，是人作用于自身，使人的管理行为和价值取向更加适应于和有利于人的全面发展的需要。

管理活动的这种结构特性表明：管理活动既是事实的又是价值的，既是实然的又是应然的，是事实和价值、实然和应然的统一。物质利益因素与价值伦理因素的存在及其统一，不仅揭示了对管理活动能够作出伦理价值评价的最深刻的根据，而且还揭示了这种伦理价值评价可以是社会评价和自我评价、外部评价和内在评价的统一。

其次，从管理关系的性质来看，管理关系既是一种利益关系，也是一种伦理关系。管理活动主要体现在人与人、人与物和物与物的相互作用，而其首要途径是人与人之间的相互作用，其次才是人与物质对象之间的相互作用，并依此实现物质对象之间的相互作用。因此，人与人之间的相互作用及其关系是管理关系的核心。

在管理活动中，人与人的关系，又可细分为利益关系、契约关系和责任义务关系。

利益关系是管理关系的基础。根据马克思、科斯和阿尔钦的理论，管理产生的原始动力是为了通过协作节约生产成本或交易成本，通过“队（teams）生产”的方式提高生产效率，实现个体无法从事的生产经营活动，使参与协作的各方都能获得独立生产所不能得到的利益，实现各方以自己所富有的资源投入获取自己所缺少的资源收益（以有换无）、以最小的投入获得较大的收益（以小换大）的愿望。管理的利益关系，主要包括管理内部的利益关系（即管理者与被管理者的关系）和管理外部的利益关系（即管理组织与社会、国家，管理组织与组织之间的关系）。

管理的契约关系，是管理利益关系的法律形式和具体体现，它是人们为在管理活动中保证利益相关者的利益互置平等地实现而用契约的形式来界定契约双方的责任和权利。管理契约关系，既包括管理内部各种契约关系，也包括管理外部各种契约关系。

管理的责任义务关系，是指诉诸人的义务感和良心，使管理组织与内外公众、组织与社会、组织与生态环境之间建立的一种主动的互动责任关系。“这种责任关系又有两个层次：第一个层次是主动忠实于契约的规则责任；第二个层次是发自良心与义务的道德责任。”①规则责任基于信，道德责任基于善。②

从本质上讲，由利益关系、契约关系和责任义务关系所构成的管理关系，实际上是一种受伦理意识、伦理原则的规范和制导的，以利益互置的运动方式而存在的相对稳定的社会伦理关系。这种伦理关系包括三个方面：

一是管理组织与外部利益人之间的伦理关系；

二是管理组织内部利益人之间的伦理关系；

三是管理组织与生态环境之间的伦理关系。

管理关系的这种伦理关系性质，正好体现了与伦理是在社会物质生活过程中基于一定的物质关系而形成的，用以协调相互利益关系的，在本质上属于思想关系的性质的一致性。利益是伦理的基础，

---

① 欧阳润平：《义利共生论——中国企业伦理研究》，湖南教育出版社 2000 年版，第 52 页。

② 彼得·科斯洛夫斯基：《伦理经济学原理》，中国社会科学出版社 1997 年版，第 40—50 页。

在人改造外部世界的对象化活动中，在人与自然关系的背后，深藏着的是人与人之间的利益关系。正是人的这种对象化活动背后的利益关系，使得管理活动同时具有伦理属性，并可以对之作出伦理评价。管理关系内在地包含着伦理关系，将利益关系和伦理关系集于一身，这正是有可能对管理活动进行伦理评价的基本依据。

再次，由上面两点所决定，管理必须遵循两种逻辑：效益逻辑和价值逻辑。① 管理是追求效益与价值两方面和谐统一与完整实现的实践活动。效益逻辑是管理直接追求的目标。效益逻辑的要素是经济效益和社会效益，经济效益的实现最终要受社会效益的制约和评价，其内在原理则是二者的统一。价值逻辑一方面体现管理的目的和价值指向，另一方面也体现着管理内外部关系的模式，以及处理这些关系的价值原则。价值逻辑的要素是管理主体、管理客体，以及作为管理核心系统的人的需要，其内在原理是人的需要、价值追求与人的全面发展。在这两种逻辑中，效益和价值、科学和人文、经济和伦理都不可分离地交融在一起。

众所周知，管理活动是管理主体的自由意志的创造活动，管理活动的现象形态是多样的，其本质不过是管理主体自由意志的现实存在。管理伦理没有相对独立的感性空间域，它只是管理主体的自由意志活动，不能外在于管理的具体活动这样具有直接感性存在的空间域，必须通过管理的具体活动表现于外。因此，管理和伦理作为不同的领域仅仅只是在抽象的思维中存在，在现实的管理活动中二者却不能分开。当管理由抽象变为现实的管理活动时，就由于管理主体的目的和手段、动机和效果的选择，行为态度，彼此关系的评价等而内在地包含着伦理因素和伦理评价。

现实的管理活动不是纯经济性质的，同时也是伦理的。由于效

① 樊浩：《管理的文化力与人文管理》，《齐鲁学刊》1994 年第 6 期。

益逻辑和价值逻辑所关注的对象不同，效益逻辑主要关注的是管理活动中的经济——技术性内容，或者说主要是利益关系，而价值逻辑主要关注的是管理活动中的人文内容，或者说是利益关系背后的人与人之间的关系和人文精神，因此两者是从不同的角度、侧面对管理活动的揭示和评价。效益逻辑和价值逻辑关注的焦点、评价的内容各不相同。正是在这个意义上，我们可以得出结论说，在管理的具体活动形态中，具有效益和伦理之区分，只要效益法则和伦理法则各自牢牢地把握自己的对象范围，那么，对管理活动同时进行经济（效益）评价和伦理评价，就是由管理活动的双重逻辑所必然推出的结论。由于管理活动内在地具有伦理因素，因此，对管理活动的伦理评价就不是僭越的，而是可能的、合理的。

（二）伦理评价何以必要

管理活动是社会存在的最基本的实践活动，作为本体论的社会存在首先具有经济学的含义。然而，管理并不是一个纯经济学的范畴。管理与伦理的结合在对“物”的研究和对“人”的研究相结合中拓宽了对社会本体论深层化研究的路径，它本质上包含着对伦理本体存在意义的确认。究其至要有二：

第一，人的本质力量对象化所显示的伦理力量，是人之所以成为人的普遍的自我肯定形式。马克思指出：

> “只是由于属人的本质的客观地展开的丰富性，主体的、属人的感性的丰富性……因为不仅是五官感觉，而且所谓的精神感觉、实践感觉（意志、爱等）——总之人的感觉、感觉的人类性——都只是由于相应的对象的存在，由于存在着人化了的自然界，才产生出来的。”

马克思在这里讲的“实践感觉”正是指人的伦理要素和伦理力

量的展现。作为人的本质力量的一种对象化作用，伦理力量是人“成为确证和实现他的个性的对象”的重要形式，人以伦理行为和伦理力量来证实自身的“普遍存在”，正如马克思所说的“只有当物以合乎人的本性的方式跟人发生关系时，我才能在实践上以合乎人的本性的态度对待物”。同时，人的本质力量的展现和拥有，又应以“实现人的本性”而使主体的伦理道德自在又自为，它促使人的伦理个体化，成为人的普遍存在的自我肯定形式。因此，伦理对人具有存在论意义，对管理活动则具有社会本体价值。

第二，伦理始于利益关系的调整，始终与管理、与效率相联结，因此，管理并不是一个纯粹经济学意义上的范畴，而是一个超越经济范畴的社会历史范畴。人类的管理活动，内在地要求自身有一种普遍的价值目标体系和价值规范体系。这种价值体系，一方面为管理活动的客观存在辩护，另一方面构成管理行为的规范基准。因而，人类理想的管理活动图景，应当是一幅始终连接着效率和伦理相互转化的符合人性的活动画卷。由此引出与管理直接相关的两个管理伦理的实践问题：

其一，管理活动如何在保障以最小的投入获得最大效益的同时保障伦理的最大实践效果，换言之，管理所得到的效果是否是经济效果与伦理效果的统一，是否可以保障人们在获得“外在利益”的同时又获得“内在利益”，在管理活动的创立与实践过程中是否支持提倡效率、设立规则、追求平等、倡导公正等。

其二，效率和伦理是构成管理效果的内在机制，效率是管理的普遍品格和外在效果，伦理是管理的实践品格和内在效果。因此，对管理活动的效率（经济）评价是必要的，对管理活动的伦理评价也是必要的。

现实的管理活动，总是在一定的管理关系结构、管理模型和管理目标指导下进行的，因而管理的正常运行要有相应的价值目的和价值设计、伦理原则和管理行为的规范来引导和保障管理秩序的有序和合理。不同的价值设计和伦理要求，规定管理活动的现实存在方式，使其有不同的发展方式和发展结果。管理是以效率为目的，还是以公平为目的？从主体的角度讲，管理是以经济为目的，还是以人为目的？这是困扰人类管理活动的重大价值问题。人类的彻底解放，有赖于社会生产力的充分发展，有赖于管理效率的极大提高，因为物质生活资料对于人类生存、进步和发展具有基础性意义。追着经济效益和社会效益的管理活动不仅具有手段的意义，同时也具有直接的目的性意义。

不过，由手段向目的转化就带来了两个问题：

一是管理活动的诸要素以何种方式结合才能实现效益这一直接目的。

二是如何扬弃效益作为中介环节存在的直接目的性而使其复归于作为手段存在的本性，从而达成效益追求与人的自由全面发展的一致性。

前者的合理解决又直接依赖于后者的合理解决，而二者的统一，就是效益与人的关系，就是管理的目的性及其手段选择的问题。值得注意的是，在现实管理活动中，我们在谈到对管理活动的伦理评价时，往往看到的是管理的具体目的、手段及后果方面，而无视管理作为手段存在的本性，这样就严重妨碍了对管理活动进行伦理评价的必要性的深刻把握。如果管理仅以追求效益为目的，为效益而效益，那么管理就失去了价值灵魂。管理应为人的自由全面发展服务的目的性存在，或者说效益与人的发展相统一的目的性存在，逻辑地规定了管理活动手段性选择要求：一切管理活动都应当以有利于人的自由全面发展为规定，既不能不追求效益，又不能不择手段，唯效益是图。

从管理活动的自身结构要素来看，在管理对象和管理手段相同的条件下，管理主体以什么态度从事管理活动，直接关系管理活动的结果。管理活动的主体是否认同现实的管理关系结构及其基本模型、组织设计，是否满意现存的管理活动关系及其具体的管理环境，是否赞许管理活动的技术手段，是否认同已有管理活动的效果等，都会通过对现实管理活动的态度表现出来。

管理活动主体的态度，是对管理活动最简洁最直接的评价。管理活动主体的态度本身就是一个强烈的道德问题。例如，管理活动主体是否有社会责任意识？是否有主人翁精神？是否具有敬业精神？是否具有环境意识？是否体现公正、平等、人道、效率、民主原则？等等。这种评价分别来自行为者本人、他人和社会。社会通过这种评价促使管理主体调整管理结构及其运行模型，使管理活动符合社会的伦理要求；个人通过这种自我评价在调整自己管理行为的同时，获得一种心灵的宁静与和谐，进行自身的人格提升，从而体现自身对组织文化与社会伦理的意义，对社会进步和人类进化的意义。

现实的管理活动，总是在管理主体具有一定的态度前提下进行的，对管理活动及其主体态度的不同伦理评价与指导，甚至有不同的管理价值；在善的伦理评价与指导下的管理活动与主体态度，甚至可以有较大的管理价值。正是在这个意义上，我们说，对管理活动及其主体态度进行伦理评价，也是完全必要的。

（三）效益评价与伦理评价的统一

对管理活动的效益评价和伦理评价都是必要的。然而，这两种评价又往往是矛盾的，从而使人们在管理活动中常常滋生“效益拒斥伦理”、“效益提高以牺牲道德为代价”的偏颇认识。

所谓效益评价与伦理评价的矛盾，是指对同一管理活动，两种评价的结论往往会大相径庭。为什么会造成这种矛盾对立呢？其根源在于效益评价和伦理评价二者分属不同的领域，观察的角度、侧面不同，故评价的对象与标准各不相同。

效益评价的对象，是管理活动的物化存在和经济效率；伦理评价的对象，则是管理活动中的人文内涵和人文精神。效益评价的依据，是管理活动的客观效果；伦理评价的依据，则是管理活动的全过程。效益评价是以成败论英雄；伦理评价则是通过对管理活动主体行为的综合把握，揭示其伦理价值。因此，在这种意义上，效益评价与伦理评价相矛盾，就不是一件奇怪的事，而具有可理解性。效益评价和伦理评价矛盾的客观性存在，并不意味着两者就不可以寻找达于统一的某种途径，或者说效益评价就是排斥伦理评价的，或者说伦理评价就是反对效益评价的。

效益评价集中关注或揭示的是管理活动的客观效果和物化形态。前面我们已经指出，物质效益对于人类生存、进步和发展具有基础性意义，这本身就意味着效益评价在其起始的意义上就具有了伦理意义和伦理价值。同时，我们还可以把对效益的评价放在更广阔的时空中，例如效益是长远的还是眼前的？是整体的还是个体的或者局部的？是纯粹经济的还是社会综合的？等等。这样，对效益的评价，事实上就已进入到伦理选择或伦理评价的领域，效益评价同时就是伦理评价。

另一方面，伦理评价并不排斥功利，更不是绝对超功利的。伦理评价肯定功利、效益，只不过肯定的是以正当的、善的手段所获得的功利、效益，是人民之功利，是社会整体之效益，是与以人的发展为目的相统一的效益。这种伦理评价与效益评价的统一，就其内容而言，就是通常所说的长远利益与眼前利益的统一，个体利益、局部利益与社会整体利益的统一，经济效益和社会效益的统一，科学与人文即效益追求与人的发展的统一，物质财富获取与获取物质财富手段的统一。如果在这种意义上进行效益评价，那么，效益评价就不是纯经济的，它同时也是伦理的。当效益不再是一个纯经济学意义上的指标，而是意味着与包括人的发展在内的客观对象的符合时，也就具有了人文内涵和伦理价值，并在相当程度上与伦理合二为一。在这种意义上，效益评价与伦理评价就是统一的。

在具体的历史过程中，对管理活动的效益评价和伦理评价的矛盾，通常大致有两种情况：一种是在变化了的社会历史环境中，没有现实存在理由的伦理价值体系对变化着的历史环境中的管理活动的愤慨；另一种是具有现实存在客观必然性的伦理价值体系，对于现实管理活动中恶的内容的抗争。对于前一种情况，尽管会暂时表现出伦理评价与效益评价的矛盾，新旧伦理价值的对立与冲突，甚至是尖锐对立，但历史实践终将会否定那种没有现实存在必然性的伦理价值体系。对于后一种情况，人们对管理活动中恶的道义批判，本身就是建立新的管理关系结构和管理方式不可或缺的一部分。这种道义上的批判，将通过人们理性的认知转化为现实的实践批判力量，从而克服管理活动中目的和手段、效益与公平上的恶现象，以科学和人文相统一的管理方式，以比较符合人的特性和以人的发展为目的的方式从事管理活动。马克思指出：

> “效用原则并不是边沁的发明。……假如我们想知道什么东西对狗有用，我们就必须探究狗的本性。这种本性本身是不能从‘效用原则’中虚构出来的。如果我们想把这一原则运用到人身上来，想根据效用原则来评价人的一切行为、运动和关系等等，就首先要研究人的一般本性。然后要研究在每个时代历史地发生了变化了的人性。”①

基于这种认识，我们对于近代以来西方管理学从泰罗的科学管理到梅约的行为科学，再到今天的企业文化和管理与伦理相结合的

① 《马克思恩格斯全集》(23)，人民出版社1972年版，第669页。

发展历程，就不会简单地以为是在管理活动的评价中奉行双重标准，而是管理自身反省、总结、改进、提高的过程。管理历史是在以历史的方式发展着历史的管理与历史的管理伦理，以历史的方式实现管理与伦理的统一。在现实生活中，有时人们对管理活动中恶的道义批判显得那么软弱无力，但在历史过程中，这种伦理评价因为其具有存在的客观必然性，又转化为巨大的现实物质力量，转变为实践的批判，从而使管理与伦理、伦理评价与效益评价实现新的基础上的统一。伦理与效益原本是管理活动的两个方面，它们统一于人的现实管理活动过程中。伦理评价与效益评价的矛盾，是人自身存在的矛盾，人在这一矛盾的展开与解决过程中进步，管理活动则在这种矛盾的展开与解决中展示出为了人的生存和发展日益走向科学和人文、效益与伦理相统一的真实内容。

管理是人的管理，伦理是人的伦理。把对管理的效益评价与对管理的伦理评价有机统一起来，不断促进人的管理与人的伦理向合乎人性和人的自由全面发展的方向前进，是伦理评价的最终价值目的。人类在使管理合乎人性，使环境合乎人性的同时，也使自己成为一个真正大写的人。马克思说：

> “必须这样安排周围的世界，使人在其中能认识和领会真正合乎人性的东西，使他能认识自己是人”，“使环境成为合乎人性的环境”。①

管理的一般伦理原则

人类在开始自己的管理活动之前，必先有一个判断。判断和行

① 《马克思恩格斯全集》(2)，人民出版社1957年版，第166—167页。

动不能分开。管理活动要形成某一个判断，是一个推理过程，在这个推理过程中所引用的理由包括两个方面：

一是构成管理运行过程的各种要素和方面的整合方式，即管理的科学规律，它要判断的是管理是否具有合规律性；

二是判断管理活动是否符合人的本性要求和人的发展这个目的，其常引用的理由是伦理规则和伦理原则，它要判断的是管理是否具有合目的性、合价值性和合伦理性。

判断是关于某一特定管理活动的决策、裁决或结论。对管理的伦理判断，是建立在对管理的伦理评价基础上的。对管理的伦理评价，是关于管理活动过程及其客观效果对管理活动主体有无价值、有何价值、价值大小的判断。在判断中，它首先必须确定客观的、公认的伦理评价标准体系，即以评价目的和标准为核心的各层级指标、关系、约束条件、各指标的统一性等。为了避免现实中依凭感觉、意向、观念等评价中的失误，就应格外重视规则和原则的作用。规则说明某一类行动应该还是不应该做，原则比规则更基本、更普遍，它是行动规则的基础。管理的一般伦理原则，反映人性和社会最基本的伦理要求与管理作为人类特殊的社会实践活动的特殊伦理要求的统一或一致，是贯穿全部管理活动的最一般性和最基本的伦理要求，对管理活动具有基本的指导意义和效准意义。

从管理的一般伦理原则的规定出发，管理的一般伦理原则，主要包括公正原则、平等原则、人道原则。这几个原则，既具有管理的特殊属性，又具有社会伦理的一般属性，决定着管理活动的基本价值方向，对于管理的其他具体原则有着基本的规定意义和向导意义。

（一）公正原则

公正，英文是Justice，又称公平、正义，是人类社会具有永恒价值的基本理念和基本行为准则。罗尔斯这样指出：

“正义是社会制度的首要价值，正像真理是思想体系的首要价值一样。”①

公正与一定的社会基本制度相联系，并以此为基础规定着社会成员具体的基本权利和义务，规定资源与利益在社会群体之间、在社会成员之间的适当安排和合理分配。因此，公正是人类自身利益、自身存在和进步的普遍要求。人类管理活动的最终目的是为了人类自身的利益、自身存在和发展，公正也就理所当然地成为管理的基本价值目标之一。

在伦理学史上，公正原则一直受到相当的重视。古希腊哲学家柏拉图首先提出了公正、智慧、勇敢、节制四种最基本的伦理原则，并第一次对“公正”做了哲学的定义：正义就是“善”。他把正义划分为城邦正义和个人正义，相对正义和绝对正义。就个人而言，正义是全德，居“四德”之首，个人正义就是在智慧的统帅下，使灵魂的各部分协调一致，各司其职；城邦正义就是组成国家的各阶级各尽其职，互不干涉；相对正义是现实世界的正义；绝对正义是理想世界的正义，即本体善。

亚里士多德进一步发挥了这一思想，认为正义之于个人是一种德态，即全德；正义之于城邦就是社会原则，它关系到人际交往关系与财产分配，因此是“建立社会秩序的基础”。正义作为社会原则，“以公共利益为依归”。

康德从义务论原则出发，认为理性是道德的基础，感性经验应排除于道德之外；快乐、幸福、利益与道德无关，相反，道德应是牺牲自己的利益。作为道德基础的理性就是“善良意志”。“善良意

① 约翰·罗尔斯：《正义论》，中国社会科学出版社1998年版，第1页。

志”就是对道德规律的尊重，是一种义务感，就是按“绝对命令”办事。人只有在“善良意志”指引下才能把握自己的行为（为自己立法），使遵循的标准具有普遍意义；而共同的理性原则要求人们之间建立交互目的性和共同主体性关系，把人当作目的而不是手段。

罗尔斯把正义称为“公平的正义”（Justice as fairness）。按照正义即公平的规定，权力应该先于利益，人们的欲望、爱好、利益受到公正原则的限制，他强调现代道德的基础已经由“最大多数的最大幸福”之“最大化”社会效益层面移置到“惠顾最少数最不利者”的“最起码”的社会道德之正当合理性层面上来。因此，在罗尔斯看来，公正原则是用来分配公民的基本权利和义务，划分由社会合作产生的利益和负担的主要政治与经济制度。由于人们的不同生活前景受到政治体制和一般的经济、社会条件的限制，也受到人们出生伊始就具有不平等的社会地位和自然禀赋的深刻而持久的影响，而且这种不平等又是个人无法自由选择的，这种不平等就是正义原则的最初应用对象。换而言之，正义原则就是要通过调节主要的社会制度，从全社会角度处理这种出发点方面的不平等，尽量排除社会历史和自然方面的偶然因素对人们生活前景和经济状态的影响。

罗尔斯进一步用契约排除社会历史因素，用一种思辨的设计合理地设置“原初状态”（Original position）条件，使一个人任何时候都能进入这种假设状态，模拟各方进行合理的推理而作出对正义原则的选择。在罗尔斯的设计中，这些选择是在“无知之幕”（the veil of ignorance）后面进行的。原初状态中相互冷漠的各方，除有关社会、经济理论的一般知识，不知晓任何有关个人和所处的特殊信息；此时，各方运用游戏理论中的最大最小值规则（maximin rule）是适合的，即选择那种最坏结果相比于其他选择对象的最坏结果来说，是最好结果的选择对象。于是，这一规则就排除了功利主义的选择对象，因为功利主义在产生最大利益总额（或平均数）的前提下，允许侵犯一部分人的平等自由。

罗尔斯同时认为，各方将选择的原则，是处在一种“词典式序列”（lexical order）中的两个正义原则：一个是平等自由原则，一个是机会公正平等原则和差别原则的结合。显然，第一个原则优先于第二个原则。第二个原则中的机会公正平等原则，又优先于差别原则。这两个原则的伦理学含义是：完全平等地分配各种基本权利和公民义务，同时尽量平等地分配社会合作所产生的经济利益和负担（允许不可避免并在道德上可以容忍的一些差别），坚持各种职务和地位平等地向所有人开放，只允许那种给最少受惠者带来最大补偿的利益的不平等分配，任何个人或团体除非以一种有利于最少受惠者的方式谋利，否则就不能获得比他人更好的生活。

因此，“公平的正义”，即意涵着正义原则是在一种公平原初状态中被一致同意的，它们所实现的是一种公平的契约，即条件公平、契约公平、结果公平。

第一个正义原则为，每个人都拥有尽可能广泛的基本自由，只要这种自由与他人所享有的同等基本自由不矛盾，不相冲突（平等自由原则）。

第二个正义原则为，社会和经济利益方面的不平等如果说不可避免，且为社会发展（符合每一个成员的最终利益）所必需，那么这些不平等至少应满足下面两个限制条件：其一，在与代际正义的储存原则一致时，适合于最少受惠者的最大利益（差别原则）；其二，在机会公正平等条件下，各种职务和地位向所有人开放（机会公正平等原则），即要最有利于最不利者，且完全自由地开放，没有封闭和歧视。罗尔斯表示了对“最少受惠者”这一阶层的偏爱，颇有人道主义传统风范，他的“公平的正义”正是从实际出发，关照社会中的各个角落，为社会经济机器布设了一个阿基米德式的支点，其理论始终体现和沉浸于“公平的正当”（right-ness as fairness）这一道德观。

伦理学史上对“公正原则”的论述表明，不同的价值观和价值标准有完全不同的公正观。一切公正观，都是具体的、历史的。从管理哲学和管理伦理学的角度看，我们可以把“公正”表述为人、社会和组织相互关系的合理状态，它所反映的是个人和组织在社会中的地位和利益关系，这种关系大致表现为两个方面：

一是表现在人身关系上。公正反映的是权利与义务的关系，公正首先是人身权利的正当占有和维护，以及对自我和他人基本权利的承诺。这就是说，在人身关系上，公正就是人身权利与义务的统一，它要求每个人都具有独立平等的人格尊严，既享有正当权利的自由，又承担平等待人、尊重他人正当权利的义务。

二是从个人与社会（包括各种群体、集团、民族、组织机构等）的关系上看，公正既代表各社会成员对其所在的社会之合理利益分配和正当秩序安排的合理期待或要求，也反映对社会成员实施的公平的利益分配尺度，包括基本权利和义务的分配尺度。

公正原则在实质上是一种使个人、组织与社会能够公平、合理、友好相处的基本原则。公正原则两个方面的内容，在管理伦理的建立中都是不可或缺的。

首先，在管理活动中坚持公正原则，就是要坚持人身权利与义务的统一。

一是要承认个人权利的合理性或“合法性”。个人有追求个人合理、合法权益的权力，管理应当具有体现个人权利公正的形式原则和内容原则。所谓形式的公正原则，就是形式的平等原则。它是形式的，不说明在哪些特定方面应该对相同的人同等对待，它只是说不管什么方面，在这些方面相同的人必须得到同等的对待。公正的内容原则，是指规定一些有关方面，然后根据这些方面来分配负担和收益。究竟根据哪些方面进行公正分配，人们提出过如下分配原则：根据个人需要，根据个人能力，根据对社会的贡献，根据取得的成就，等等。马克思主义的经济学语言，通常强调需要和劳动，可以称为需要和劳动原则，即根据需要和劳动分配就是公正的。需要原则和按劳分配原则，同形式公正原则结合起来，则可以实现分配伦理上的公正。

二是在承认个人合法利益的同时，还要坚持个人承担社会道德义务，坚持个人对自己、对组织和社会的职责、使命和任务。

马克思、恩格斯曾经指出：

> “作为确定的人、现实的人，你就有规定、就有使命、就有任务，至于你是否意识到这一点，那是无所谓的。这个任务是由于你的需要及其与现存世界的关系而产生的。”①

这就是说，生活在一定社会中的人们，总是要对他人、社会负一定的职责、使命、任务，也就是个人对他人、社会必须尽道德义务。作为调节人与人之间关系的道德义务，是一种要求人们无偿履行的义务，具有超越个人功利性的特点。履行道德义务，是不以获得某种相应的权利或报偿为前提的。这也就是康德所说的“绝对命令”。确立正确的义务观念，对于正确处理个人同他人、同组织、同社会的关系，形成和确立自觉地为他人和社会作贡献的思想、观点和责任意识，从而建立良好的道德关系和社会秩序，具有重要意义。

其次，坚持公正原则，就是要坚持合理、正当、公平的利益分配尺度。公平合理的利益分配尺度，是社会进步的重要杠杆。如果说个人对他人、社会负有一定的义务，那么在一个公正合理的社会

---

① 《马克思恩格斯全集》(3)，人民出版社 1960 年版，第 329 页。

中，个人在履行了一定道德义务后，通常会得到社会的一定报偿，如为社会作出贡献就会得到社会的表彰和奖赏。因此，坚持公正原则，在社会分配上就要做到“惠顾最少数最不利者”的“最起码”利益。由于经济的、自然的、生理的条件差别，必然会出现人们之间收入差距的扩大，形成对于弱者来说“不公正”的现实。

怎样在市场经济条件下坚持社会主义的公正原则呢？邓小平指出：

> “社会主义与资本主义不同特点就是共同富裕，不搞两极分化。”①
>
> “我们允许一些地区，一些人先富起来，是为了达到共同富裕，所以要防止两极分化。这就叫社会主义。”②

这就是说，在社会主义条件下，鼓励一部分人先富起来，由“先富”带动“后富”，同时采取各种形式维护和保障社会弱者（先天缺乏、伤残孤寡、灾祸损失等）的利益和权利。

再次，坚持公正原则要体现公益原则。公益是管理公正的前提和条件，要保证伦理上的公正，就必须使公共利益不受损害。任何单位和国家，包括全人类的资源都是有限的，如何在照顾公共、公众利益的同时做到每个人享有极大的公正，这是个难度很大的管理伦理学问题，是进行管理决策的重要理论依据，也是规范管理行为的重要原则。国家利益至上，是国家权力干预经济的基础，而只有恰当的国家干预，才能保持管理秩序的建立。管理秩序并不一定以绝对的个人自由为最优，社会主义的经济伦理有时必须用“义”的价值观来抑制自由放任的求利行为，这个“义”在大多情况下是公

---

① 《邓小平文选》(3)，人民出版社 1986 年版，第 123 页。
② 《邓小平文选》(3)，人民出版社 1986 年版，第 373 页。

益的概念。公益也有利他主义的内涵，它是对极端自由的制约前提，也是对管理秩序重新安排的正当性条件。任何集体和社会成员都不是孤立存在的，他们必须在社会活动中对社会和他人尽可能作出贡献，才有权利享用他应享有的利益。公共利益包括每个成员的利益，但它不属于任何人，而是大家的、公众的。

（二）平等原则

平等原则是一项与公正原则既相联系又相区别的伦理原则。如果我们把公正原则看作是一项“广泛涉及一个社会的主要制度、社会规范、社会主要规则等等，它是一种体系化的集合”，那么，“平等原则只是这种‘体系化集合’中的一项属性、一个层面”①。平等原则是形式的公正原则，是有关公正的基本精神和基本倾向，基本含义是“同样的情况应当同样地对待”。平等原则，作为公正的形式原则是非常重要的，它直接涉及人类生存和生存质量，但它“并不告诉我们，在这些事情上如何确定平等性或比例性，所以它作为行为的具体指导仍然缺少实用性”②。

显然，按照形式的公正原则的基本倾向，每个时代的人们对公正的具体内容和规则都会有不同的解释。根据卢梭的解释，人类中的平等与不平等有两大类型：“一种，我把它叫做自然的或生理上的不平等，因为它是基于自然，由年龄、健康、体力以及智慧或心灵的性质的不同而产生的；另一种可以称为精神上的或政治上的不平等，因为它是起因于一种协议，由于人们的同意而设定的，或者至少是它的存在为大家所认可的。”③ 也就是说，平等与不平等，一方面起因于自然，是自然造成的，因而不可选择，不能进行伦理评价，无所谓善恶或应该，如性别、肤色、相貌、身材、天赋能力等，这

① 吴忠民：《公正新论》，《中国社会科学》2000年第4期。

② 汤姆·L. 彼彻姆：《哲学的伦理学》，中国社会科学出版社1990年版，第330—334页。

③ 卢梭：《论人类不平等的起源与基础》，商务印书馆1962年版，第70页。

是自然的平等与不平等；另一方面起因于人的自觉活动，是人为造成的，因而是可以选择的，可以进行伦理评价，有善恶或应该与不应该之别，如贫富悬殊、贵贱分别、按贡献分配以及收入均等等，这是社会的平等与不平等。这样，自然平等与社会平等虽然都与利益有关，都是人与人的利益关系问题，但是，自然平等仅仅是个利益问题，不关应该与不应该的权利问题，社会平等则不仅仅是个利益问题，最主要地是个应该与不应该的权利问题，社会平等实乃权利平等。

由于自然平等无所谓应该与不应该而只有社会平等才有所谓的应该与不应该，因此，平等原则作为一种应如何的伦理原则，也就只能是社会平等而不能是自然平等，平等原则实质上也就是权利平等原则。正是在这个意义上，我们应该充分肯定，平等原则同公正原则一道，都是管理活动应当遵循的一般伦理原则。公正原则肯定人、组织和社会相互关系的合理状态，反映个人、组织在社会中的地位和利益关系，平等原则则肯定人于社会的基本贡献和种属尊严，反映个体于组织、于社会的“前提性贡献”与相应的人格尊严。

萨托利认为，平等原则可以划分为完全平等（对所有的人一视同仁）和比例平等（对同样的人一视同仁）两大原则。他认为，所谓平等原则，包括两个层面：

一是对所有的人一视同仁，即让所有的人都有相同的份额（权利或义务）。

二是对同样的人一视同仁，即相同的人份额相同，因而不同的人份额不同。这里有四个重要的副则：

①成比例的平等，即按现存不平等的程度一成不变地分配份额；

②对可以接受的差别给予不平等的份额；

③按照每个人的功绩（品德或能力）分配份额；

④按照每个人的需要（基本的或其他的）分配份额。

列在原则二下的多数副则，一般来讲可以称为“按比例的平等”原则①。

完全平等原则也包括两个副则：

一是“一切权利完全平等”；

二是“基本权利完全平等”。

对此，彼彻姆曾指出：

> “极端平等论所主张的原理正是在社会正义方面，而不是在其他道德范畴方面，人与人之间的差别是毫无意义的。按照它的观点，对社会负担和社会利益的分配必须达到绝对平等的程度才称得上是正义的，而且，违背了绝对平等的分配只能认为是不正义的，不应当考虑社会成员在有关方面可能有所区别。……大多数平等论者关于正义的见解是有严格限定的，较之极端平等论的正义见解要审慎得多……但是，他们仍然认为，对满足人类基本需要的那些利益进行平等的分配是必要的。”②

完全平等原则是基本权利的分配原则，比例平等原则是非基本权利的分配原则。所谓比例平等，是指“从人们的差别出发，把平等作为一种调节，即以各人在某方面之差别为依据而给予相应的待遇。这种平等，便不是绝对数量的平等，而是比例平等”③。因此，所谓非基本权利比例平等，实际上是一种权利的不平等，但这种权利不平等的比例，与每个人的“某方面之差别”即“相关项”或“有关性质”的不平等的比例，是完全平等的。非基本权利，是相对

---

① 萨托利：《民主新论》，东方出版社 1993 年版，第 351 页。

② 汤姆·L. 彼彻姆：《哲学的伦理学》，中国社会科学出版社 1990 年版，第 359 页。

③ L. T. Hobhouse, The Elements of Social Justice. Routledge /Thoemmes Press 1993. P. 97.

于基本权利而言的。基本权利亦即人权，是人类生存和发展最起码的、最低的、必要的权利，是满足人们政治、经济、思想等方面起码的、最低的、基本的需要和权利；反之，非基本权利，是人类生存和发展的比较高级的权利，是满足人们政治、经济、思想等方面比较高级的需要和权利。根据基本权利与非基本权利、完全平等原则与比例平等原则的划分，平等原则的具体要求体现在：

其一，基本权利平等。只有对社会成员的基本权利予以切实的平等保证，才能够从最起码的底线意义上体现对个人缔结社会的基本贡献和人的种属尊严的肯定，才能够从最本质的意义上实现社会发展的基本宗旨，亦即以人为本位发展的基本理念，也才能够从最实效的意义上为社会的正常运转确立起必要的条件。从现代人权的角度来看，个人所拥有的基本权利非常广泛。《经济、社会及文化权利国际公约》规定：

人人应有机会凭其自由选择和接受的工作来谋生的权利；

人人有权享受公正和良好的工作条件；

人人有权享受社会保障，包括社会保险；

人人有权为他自己的家庭获得相当的生活水准；

人人有权享有免于饥饿的基本权利；

人人有权享有能达到的最高的体质和心理健康的标准；

人人有受教育的权利；

人人有权参加文化生活；等等。

《公民权利和政治权利国际公约》也规定：

人人有固有的生命权；

人人有权享有人身自由和安全；

人人有权享受思想、良心和宗教自由；

和平集会的权利应被承认；

人人有权享受与他人结社的自由；

儿童享有必要的保护权；

每个公民享有参与公共事务的权利；等等。

其二，自由权利平等。自由权利平等认为人是生而平等的，社会应以人格平等为条件，要尊重和保护个人所具有的个体差异，其主要内容是：

第一，“自由”是人的一项基本权利，这种权利不可剥夺也不应被剥夺。每个人不论职位高低、财富多寡，都具有独立人格，每个人都是自己的主人。每个人的自由权利是平等的，它以不妨碍他人自由权利的行使为度。

第二，保护个人的自主性。一个人的自主性就是个人的独立性，意味着一个人不受其他人或自身心理、天赋、身体上局限的制约。自主性体现了对自主的人的人格和他人自主性的尊重。

第三，尊重个人本身合理的差异。

第四，还包括一些适当的领域，如要求最广义的良心和自由，要求思想和感情的自由，要求发表意见的自由，要求按照自己的偏好去做，要求个人有相互联合的自由，等等。

第五，自由应以理性为重要准则。人的自由应当是有节制的，故而需要理性予以指导。

自由理念对于平等原则内容的特定要求在于，应尊重个体各自的禀赋、能力以及具体贡献等方面的差别，尊重个人的发展与选择，并根据对社会贡献的不同而给予有所差别的对待；还应考虑到极端化自由对于社会所可能产生的负面影响，不应过分拉大人与人之间不同待遇的差距；等等。① 自由的平等以不妨碍他人的自由权利为度，它逻辑地包含着自由的平等是以对公众利益的关心、维护为前提。因此，任何人行使自由权利时，不应当损害组织、公众和社会

① 吴忠民：《公正新论》，《中国社会科学》2000 年第 4 期。

的利益。

其三，机会平等。机会是指社会成员或个人发展的可能性空间。机会平等有两个层面的含义：

一是共享机会，即从总体上来说每个社会成员都应有大致相同的基本发展机会；

二是差别机会，即社会成员之间的发展机会不可能是完全相等的，应有着程度不同的差别。

根据平等原则，每个社会成员应当具有相同的发展权利，因而在发展机会面前，也应是人人平等的。从现实的角度来看，就社会成员所面对的最一般的（非复杂的）劳动机会而言，社会成员有着相似的发展潜能，其基本的劳动技能能够大致具备。可见，在属于社会成员共享的发展机会的层面上，应该而且能够实现平等。但是，另一方面，共享机会的平等并不能理解为机会的绝对平等。机会的绝对平均主义，必定会压抑、损伤整个社会的活力。在共享机会方面，做到平等是可能的，但在一切机会方面寻求均等化，则是不可能的。在实际的社会生活中，往往会存在着这样几个问题，使得充分化的、绝对化的机会平等成为不可能之事：

第一，机会作为一种资源而言是有限的，无法充分满足社会成员对于机会的各种需要。

第二，迄今为止，社会机体尚缺乏一种足够周密的机制对于机会进行均等化的处理。

第三，看上去是同样的机会而对于不同的人来说，有着不同的甚至是很不相同的意义。

第四，社会成员在先天性因素如自然禀赋、发展潜力、家庭出身环境、财产继承等方面的差别往往是很大的，这就造成了不同的发展起点和发展潜力。①

由于这些因素是难以消除的，因此，在机会方面绝对均等的设想是不可能实现的。诚如恩格斯所指出的那样，“两个意志的完全平等，只是在这两个意志什么愿望也没有的时候才存在；一旦它们不再是抽象的人的意志而转为现实的个人的意志，转为两个现实的人的意志的时候，平等就完结了”。

其四，分配平等。这是比例平等原则的最主要体现。在社会财富等资源的形成过程中以及与此相关联的事情中，每个社会成员所投入劳动的数量和质量、所投入的生产要素，不可能是相同的，因而各自对于社会的具体贡献是有差别的。根据每个社会成员的具体贡献进行有所差别的分配，一方面体现了平等原则（尤其是平等的劳动权利）；另一方面更体现了自由的平等，充分尊重并承认了个人对于社会各自不同的具体贡献。按照贡献进行分配，是把个人对社会的具体贡献同自身的切身利益紧密地结合在一起。从实际效果来看，这有利于调动每个社会成员的积极性，有利于激发整个社会的活力。

马克思早在《哥达纲领批判》中充分地论证了在“权利永远不能超出社会的经济结构以及由经济结构所制约的社会文化发展”中的分配平等的必要性和必然性。他认为：

第一，“在这里平等的权利按照原则仍然是资产阶级的法权”。

第二，衡量平等的唯一尺度是劳动，“生产者的权利是和他们提供的劳动成正比例的；平等就在于以同一的尺度——劳动——来计量”。给社会提供的劳动量的大小决定了他最后获取的多少。每个人“以一种形式给予社会的劳动量，又以另一种形式全部领回来”，分配上的差距是劳动量预先规定了的。

① 吴忠民：《公正新论》，《中国社会科学》2000年第4期。

第三，“这种平等的权利，对不同等的劳动来说是不平等的权利。它不承认任何阶级差别，因为每个人都像其他人一样只是劳动者；但是它默认不同等的个人天赋，因而也就默认不同等的工作能力是天然特权”①。

其五，互利平等。每个社会成员对于社会整体而言，不仅具有一定的权利，同时也必须负有一定的责任，尽一定的义务。具体到分配方面，社会责任理应包括对分配平等过程中出现的差距进行互利帮助，使社会成员普遍地不断得到由发展所带来的收益，进而使社会的质量和人类的生存质量不断提高，以推动社会的整体化发展。

互利平等主要表现在：

第一，构成一切现实社会关系的对方都应充分尊重对方的权利与利益。

第二，双方的权利和利益是平等的，除非出于自愿，否则双方之间的权利和利益的转让应该是对等的。

第三，对分配平等中的“不幸者”的帮助是互利的特殊形式。

第四，社会管理和组织管理中的政策制定和实施，应当使社会成员和组织成员都受益。

互利平等对于人类生存以及社会发展和组织发展有着重要的意义。一方面，通过互利平等，可以使为数众多的已得到保护肯定的那部分社会成员进一步改善自身的生活环境，增强自身的发展能力，并使社会公共生活领域的范围和质量不断扩大、提高，于是从全社会的范围来看，社会成员的整体生活与发展水平便会因之普遍得以上升，并使整个社会的发展能力与整个社会机体的质量得以提升，进而实现社会的整体化发展。另一方面，通过互利平等，可以使初次分配中出现的差距程度得到缩小，因而群体与群体之间、阶层与

① 《马克思恩格斯选集》(3)，人民出版社1972年版，第11—12页。

阶层之间许多由物质利益而引发的抵触和冲突也可以程度不同地得到缓解，有些潜在的抵触与冲突甚至可以被消除，从而使整个社会最大限度地降低事故率，实现一种相对稳定的正常运转。

（三）人道原则

“人道”一词，来源于拉丁文 hu-manus，原意为人性的、人道的、文明的意思。在历史上作为既是关怀人、尊重人、以人为中心的世界观和历史观，又是一种伦理原则的人道主义，是由欧洲文艺复兴时期人文主义者最早提出然后逐渐发展完善的。我国有学者认为，“人道主义的根本意义，是实现人的本质，使人在社会中按照人的本质生活，成为一个真正的人”①。也有学者把人道原则划分为广义与狭义两种意义：广义的人道原则是指“把人当人看”，它具有两个方面的根本特征，“一方面人道主义是视人本身为最高价值的思想体系，这是人道主义‘事实如何’方面的根本特征；另一方面，人道主义是主张将一切人都当作人来善待的思想体系，这是人道主义‘应该如何’方面的根本特征。

总而言之，人道主义便是视人本身为最高价值从而主张善待一切人、爱一切人、把一切人都当作人来看待的思想体系；简言之，便是视人本身为最高价值从而主张把人当人看的思想体系”②。狭义的人道原则是指“使人成为人”，它是把人本身的发展、完善、自我实现看作是“最高价值从而把人本身的发展、完善、自我实现奉为道德原则的思想体系；便是认为人本身的自我实现是最高价值，从而把人自我实现而成为，或者可能成为的完善的人奉为道德原则的思想体系；简言之，便是视人本身的自我实现是最高价值从而把使人成为人奉为道德原则的思想体系”③。这从本质上揭示了人道原则

① 吕大吉：《人道与神道》，上海人民出版社 1990 年版，第 120 页。
② 王海明：《公正、平等、人道》，北京大学出版社 2000 年版，第 126 页。
③ 王海明：《公正、平等、人道》，北京大学出版社 2000 年版，第 130 页。

的基本内涵。

管理在本质上是对人的管理。管理的这一特性及其对人的道德价值的关注，决定了人道管理在管理活动中的地位。人道管理是当代管理的必然趋势。就发达国家经历的演变过程来看，管理活动经历了非人道向人道的转化过程。资本原始积累时期所表现出来的那种野蛮摧残人、掠夺人的血腥管理方式，随着几百年来人道主义的发展、科学技术的进步和政治生活领域的民主建设，已失去了存在的基础。现代管理学家已将视野转向人，向着人道化管理的方向迈进。人道管理作为管理活动的一种新模式，包括以下几个相互关联的基本规定：

第一，肯定人的价值，将人视为一切管理活动的最高目的。人道管理模式认为，人是宇宙间的最高价值，人是世界的主体，世间的一切活动都是为了人的利益，人仅仅是因为人，就具有自身共同的价值尺度：人自身。人类的一切管理活动，无论是调整人与自然的关系，还是调整人与人的关系，都是为了人自身的生存和发展、人与人类的利益。人首先是、最终也是人的活动的目的。另一方面，人为了实现自己的价值与利益，必须通过自己的努力，在这个意义上讲，人同时又是手段。人是手段的规定仅仅表明人的价值和利益实现只能靠自己去争取，舍此别无他途。作为目的的人与作为手段的人虽然都是现实的人，但人是目的与人是手段却是两个不同层次的问题，人是目的是更为根本的问题，因此，人道管理认为，衡量一个社会、制度、管理、文化的优劣、进步与否的根本尺度，即是人及其利益。人是目的，表明了人类任何组织的管理活动都应以造福人类为宗旨。

第二，坚持“为了人而管理”的管理目标。管理出效益，管理出效率，管理出凝聚力，管理出生产力。然而，人道管理要求人不仅要把管理活动看作一种经济行为，而且还要把它看作一种人文活动。管理作为一种经济活动，必须建立科学的经济制约机制，干多干少、干好干坏不能一样，否则，人们就会力图少干或不干。管理作为一种人文活动，必须使人们感到管理不是“管、卡、压”，而要使人们认同管理，在管理中感到愉悦，把管理不仅看成是组织和社会发展的需要，而且看成是自我发展的需要。从管理理论的发展与实践来看，当代管理理论已经经历了泰罗的科学管理、梅约的行为科学理论、（二战后）管理科学理论三个阶段。现在是管理理论的第四个阶段，即企业文化理论。企业文化作为当代最先进的管理理论，也正在发生重大的嬗变，这就是企业管理与伦理的结合，这一结合被人称为管理史上的一场革命。

管理与伦理的结合，不是要为管理活动提供伦理辩护，其深刻性在于启示人们必须树立一种全新的管理价值理念，即要使管理深深植根于有利于人的全面发展的目标之中。传统管理理论着重于生产过程的分析和组织控制研究，以物为中心，把人仅仅视为能带来利润的“工具人”、“经济人”，片面强调金钱的刺激作用，忽视人的社会需求和自我实现的需要，是一种以制度为中心的刚性管理方法。现代管理理论（企业文化理论）则把管理活动引到“以人为中心”的轨道上来，在经营管理中重视人、相信人，以此原则开展管理活动，是一种以人为中心的柔性管理方法。

人是生产力中最活跃的因素，是管理活动中最富有潜力的资源和最为宝贵的财富。现代管理应立足于人力资源的开发，尊重人的意愿，尊重人的创造，充分释放人的智慧和热情，不断提高人的素质和士气。如果说，从“以物为中心”到“以人为中心”是管理史上的一次重大飞跃，那么，从“以人为中心”到“为了人而管理”则是对现代管理活动提出的新的合理要求。“为了人而管理”或者说“以人为最终目的的管理”思想，是指管理无论是作为一种制度行为，还是作为一种人文活动，都应当是为了人的创造性、积极性的充分发挥，都要有利于人的全面发展，而不是要压抑人、限制人。人道管理在管理中的运用，必将推进管理向更高层次发展。

第三，树立“以人为本”的管理理念。管理目标是管理活动所要追寻的对象和所要达到的境地，是由关于物的目标和关于人的目标所组成的二重结构系统。所谓关于物的目标，是指管理以经济利益为内容目标，就是追求效益的最大化。任何管理都必须追求效益最大化，否则管理便没有存在的必要。因而，管理在进行决策、计划、组织、指挥、控制、激励、协调等活动中，都应为实现效益的最大化目标而努力。所谓关于人的目标，是指管理以人的全面发展为内容目标。具体地说，就是要为人的价值实现尽可能地创造一切条件，通过优质产品和优质服务造福人民、造福社会。管理活动的物质价值即在于通过取得效益的最大化对民众的幸福和社会的发展作出贡献。然而，关于人的目标比关于物的目标更为根本。这种将关于人的目标作为根本目标来追求的管理目标，就是以人为本的管理目标和管理理念。

美国学者帕斯卡尔和阿蒙斯在总结世界卓越企业管理的基础上，指出这种以人为本的管理理念的具体特征是：使职工作为企业整体的一员受到社会的颂扬和称赞；强调本企业的产品或服务对于人类的价值以及保持这个价值的重要性；着重于人的能力和素质以及对顾客的关心程度；这种目标关心职工的需要并将每个职工视为有价值的人；尊重社会的需求并为满足社会的需求而努力。

这种以人为本的管理理念为管理处理各种关系提供了根本原则，从而成为管理建构道德准则、进行理论精神塑造的根本价值导向；这种管理理念在管理活动中既是激励机制的基本方向，也是约束机制的基本依据。

5.
管理的内在道德

传统的管理理论总是将管理看成是纯技术性的。所谓 POSDCRB[①]，就是将管理看成是计划、组织、人事、指挥、协调、报告、预算等职能的总汇，而不包含价值因素和伦理因素的纯技术性活动。实质上，人类的管理活动作为人的主体性物质活动，在本质上是对人的管理，管理目标的选择、管理关系的设置、管理决策的依据，以及管理方式的确定，都离不开人的价值选择与道德选择。管理的外在道德，深刻地揭示了管理的这一性质。另一方面，管理活动根据管理关系自身的结构和活动系统的内在性要求，必然产生一种特殊的内在意义上的管理秩序和规则性要求，自然地成为调整管理行为的规则体系，从而有效地达到管理所要实现的目的。这就是管理的内在道德问题。管理的内在道德，是维持管理系统并使之取得效益最优化所不可或缺的内在要素，对管理活动发生着根本作用。

---

① POSDCRB，即美国管理学家卢瑟·久利克提出的管理七职能论。这些首字母代表以下这些活动：计划（Planning）、组织（Organizing）、人事（Staffing）、指挥（Directing）、协调（Coordination）、报告（Reporting）、预算（Budgeting）。转引自丹尼尔·A. 雷恩：《管理思想的演变》，中国社会科学出版社 2000 年版，第 391—392 页。

管理的内在道德体现管理关系的共同性

人作为活动的主体，作用于客体对象，必然同客观对象发生一定的关系。人的活动是多方面的，因而人的关系也是多方面的。人有实践活动、认识活动，就有实践关系、认识关系；人有评价活动，就有价值关系；人有管理活动，也必然有管理关系。

人的管理关系，主要包括两个方面：

一是表现为人与人的关系，即管理者与被管理者的相互影响和相互作用；

一是表现为管理组织与环境的关系，即一定的管理组织同自然、社会、政府、其他组织等之间的相互影响和相互作用。

管理的本质在于协调各种关系。所谓协调，主要是指管理活动主体对管理关系的协调。管理的内在道德，就是管理活动协调和处理管理关系的内在规则和秩序体系。马克思说：

> “许多人在同一生产过程中，或在不同的但互相联系的生产过程中，有计划地一起协同劳动，这种劳动形式叫做协作。”①

管理的交互主体性，决定了现代管理关系必然是一种“主—主”关系，决定了现代管理必须根据客观上存在的人类管理活动的关系结构、特定的活动方式及其条件等形成一系列规则性要求和秩序要求——这些要求是维持管理系统并使之取得效益最优化必须遵循的一系列可操作的管理规范，表现为具体的管理原则、方法和手段得

① 《马克思恩格斯全集》(23)，人民出版社1972年版，第362页。

到具体切实的运用。相互性关系为相互性认同奠定了基础，它导致了一种普遍的反映关系，即内在共同性——从一切有关管理活动的参与者的相互承认到建立起对对方的共同关系、共同态度和共同识见。管理活动就是结成一定管理关系的主体的共同活动。

管理的内在道德，具有一种紧密型组织道德的性质，它对管理系统和管理运作过程实行有效的道德规范和管理控制，推进管理功能的实现，促成管理效益的合理获得，促进人的发展和完善。

管理者与被管理者之间的伦理准则

众所周知，管理一般包括对人的管理、物的管理和事的管理。其中，对人的管理具有特别重要的意义。人的因素是管理中的决定因素，调动人的一切积极因素，发挥人的能动作用，就能把事、把物管好。

在管理活动中，人被相对地划分为管理者和被管理者。就管理组织的内部关系而言，管理的任务主要包括两个方面：

一是要解决管理者在行使管理职能时，如何正确处理与被管理者的关系；

二是要解决管理集体主体如何运用管理原则，充分体现组织成员的主体性，更好地满足企业员工高层次的精神需要，充分发挥他们的创造性、主动性和积极性，从而形成组织内部的凝聚力，提高管理绩效。

管理整体系统中的被管理者，虽然是被指挥、被支配、被控制的对象，但他们并不总是处于消极的被动地位，相反，有效的管理不仅需要发挥管理者的能动作用，而且需要充分发挥被管理者的能动作用。在某种意义上，两者具有同等重要的意义。因此，当代西方一些管理学家把管理的研究引向关心人、满足人的需要上来，提出应多一些尊重，尽可能地利用各种教育渠道进行正面教育，少一些惩罚，认为“改造世界的最下策是诅咒”，提倡通过各种手段使管理者与被管理者达到通力合作，以实现企业的管理目标。

在管理的运行过程中，管理者一般都拥有一定的权力。管理者拥有权力，是为了实现他的管理职能而必须具有的。但是，管理者如果仅凭权力的指挥棒去指挥被管理者，未必能令对方真正心服口服，充分地调动对方的主动性、积极性和创造性。因而，作为一个管理者，只有运用权力的手段是不够的，还必须有运用非权力的方法。

管理学家贝克·阿利斯指出，管理者必须认真细致地分析个人的特性和各级组织的特性，找出二者达到统一的方法和基础。他认为，组织管理一般有强调权力、重视指挥系统、依赖奖励制度、严守法律规范和纪律的特点，从一定程度上说，这些特点都不利于个人特性的存在和发展，不利于个人主动性、多样性、兴趣广泛、渴求平等的充分发展。这样，就会造成管理者和被管理者关系的冷漠、紧张和不协调，造成工作上的消极情绪。所以，管理者的任务，就是要逐渐改变各级组织中过分重视权力关系的传统，以便使管理者和被管理者之间产生一种平等友好的关系；应开辟多种沟通渠道，增进管理者和被管理者的交流与了解；应建立征求意见的制度，从经常举行座谈会、各种娱乐活动中亲身体验被管理者的环境，对于犯错误的被管理者，提供更多改正错误和发展个人特性的机会。① 另一位管理学家巴纳尔德认为，管理者关心下属，满足下属的需要，不仅是一种职业伦理要求，而且是维持组织机体正常运转的生命线。

情感因素是构成管理者非权力影响力的重要因素，也是影响被管理者主动性和工作效率的重要因素。情感是一种心理现象，它是

① 转引自刘光明：《商业伦理学》，人民出版社 1994 年版，第 216 页。

人们对客观好恶倾向的一种内在反映。人的情感具有两极性，当某一事物符合或满足人的需要时，就会产生积极情感，在这种积极情感的状态下，人们就会青春焕发、朝气蓬勃，有较强的工作能力和劳动效率；相反，人若处在消极的情感状态下，其肌肉紧张程度急剧下降，行动迟缓而萎靡不振，从而工作能力大为降低，同时，由于情感的阻滞，还有可能形成人为的障碍。因此，人的情感直接影响着人的行为活动方式和活动效率，进而影响着管理措施的制定和实施。也就是说，情感因素影响着管理活动的全过程。

随着科学技术的发展，人的情感在现代管理中的重要作用更为明显，正如约翰·奈斯比特所言，“我们周围的高技术越多，就越需要人的情感”。所以，现代管理的主要议题之一，就是要努力激发组织成员的积极情感，克服其消极情感，“使人在其中能认识和领会真正合乎人性的东西”。梅约指出：

> “一个人是否全心全意地为群体服务，在很大程度上取决于他对自己的工作，对自己的同事和上级的感觉如何。”

要充分发挥情感在管理中的效能，充分开发被管理者的潜能，激发其内在动力，管理者在具体的管理活动中应该遵循信任、尊重、关心的原则。

（一）信任原则

心理学研究表明，人类普遍具有获得信任的心理需要，信任是一种最高的奖赏，它会使人感到心情舒畅，也是人与人之间建立情感联系的基础。威廉·大内指出：“Z 理论的第一课就是信任。”善于运用信任这一情感因素的激励作用，能激发被管理者确立进取、有所作为的精神状态，使他们产生高度负责和自我控制的责任心理，在强大的心理驱动力作用下，产生蓬勃向上的工作热情。在《人性的激发与妙用》一书中，松下幸之助把信任之心作为发挥人的潜能和特长的首要一条，认为依赖信任可以使企业成员呈现出理想的精神风貌。

在一个组织中，被管理者的信任感，可以由管理者通过自己积极的行为表现出来。当布置任务给被管理者的时候，要充分信任其能力；当被管理者的言行正确而有意义时，要给予关注和采纳；当被管理者言行不太合适或者犯错的时候，不是对他们进行惩罚，而是给予善意的批评和提供改正错误的机会与发展个人特性的机会。这类行为是形成管理内部信任关系的基石。组织成员置身于信任关系之中，具有思想的自由、发展的自由，通常对组织就会有实质性贡献。这种信任感是一种强大的情感力量，是人性价值的一种重要体现。

（二）尊重原则

尊重被管理者，即对被管理者的价值、才能予以充分肯定。任何人都有自尊心，都希望得到别人的尊重和理解，在组织中，当然会希望自己的才能得到管理者和同事的肯定，工作成绩得到组织的确认。尊重需要的满足，可以使人产生积极的情感和昂奋的力量。心理学研究表明，一个具有很强自尊心的人，就会对工作具有强烈的责任感。所以，管理者若能尊重被管理者的人格和主体地位，尊重被管理者的感情、兴趣、爱好及其劳动成果等，必然能够赢得被管理者的大力支持。

遵循尊重的原则，是管理者与被管理者之间情感相通，建立亲近感，缩短心理距离的关键。成功的管理者都意识到这一点。松下幸之助要求公司职员尊重他人，尊重他人的意见，相互协调，造就一个“团结一致，心心相印”的道德环境，共同搞好工作。他说：

“如果能够进一步做到彼此相互尊重，则会密切人与人之间的关系，从而促进日常工作的顺利开展。”①

在这一方面，他对管理者的要求尤其严格，认为管理者要始终信任和理解部下，要把部下看得伟大些，遇事多和部下商量，以改善管理者与被管理者的关系。他甚至认为一个管理者“在关键时刻，必须要有为部下作出牺牲的精神，如果不能以此精神来从事平时的经营，事业就不可能得到极大的发展”②。

玛丽·凯·阿什在谈到自己的管理经验时说：“每当我看见某个人，我就要想象对方身上带着一个看不见的信号：让我感到自己重要！我立刻回应这个信号，结果每次都有意想不到的效果。”③国际商业机器公司的哲学信条中最重要的一条就是“我们尊重个人”。汤麦斯·瓦生指出：一个公司的成败可能有很多原因，但是应当坚决相信，一套牢固可靠的信念，即有独特个性的价值观，能鼓舞一个组织的最底层的人，是取得管理成功的最重要因素。他说：

> “任何组织为生存和取得成功，必须有一套牢固可靠的信念，作为一切方针和行动的前提。换句话说，一个组织的基本哲学、精神、动力比技术或经济力量、组织结构、革新、时机，对它的相对成功更为重要。”④

（三）关心原则

只有关心，才能激发管理者与被管理者之间的亲近感。关心就是重视和爱护，就是将人或事常放在心上。人总是为实现自己的需求而行动，并在为集体作贡献的过程中满足自己的需求。关心人就

① 松下幸之助：《松下企业经营谈》，重庆出版社1986年版，第151页。
② 松下幸之助：《松下企业经营谈》，重庆出版社1986年版，第35页。
③ 玛丽·凯·阿什：《掌握人性的管理》，中国友谊出版公司1985年版，第38页。
④ 《第五代（海外书摘）》，三联书店1984年版，第23页。

是要了解人的需求，并帮助人们满足自己的需求。管理者如果关心被管理者，热爱被管理者，被管理者就会关心、热爱自己的组织，具有归属感，就会心情舒畅地投入工作，提高工作效率。

美国一些管理学家通过对管理者行为的分类研究，认为管理者行为可以归纳为“抓组织”和“关心人”两大类。“抓组织”包括组织设计、明确职责和关系、确立工作目标等。执著于“组织导向”的管理者只注意实现组织目标，把被管理者当作实现目标的工具。“关心人”包括建立相互信任的气氛和尊重下属、重视人的个性和需要、重视人际关系的伦理倾向、注意下属的情感等问题。管理者倾向于“关心导向”具有特别重要的意义。利克特指出，管理者关心下属，与下属打成一片，注意向下属授权，听取下属意见，并让他们参与决策，该部分的工作效率就高。反之，经常向下属施加压力，采取独裁方式的，工作效率就低。专横独裁的结果还会失去民心，有损管理者的道德形象。

管理集体与管理个体关系的伦理准则

企业组织是由管理者与被管理者组成的统一体，不论对其中哪一方而言，企业组织作为管理集体都是非常重要的。这就如同一艘载有船主和船工的船只，从双方的角度看，船只的沉没都是弊大于利，是会危及双方的。只有齐心协力、同舟共济，才能使双方有各取所需的可能。因此，在处理管理个体与管理集体的关系时，更需要建立一种合理适度的准则。权利平等、公平与民主原则，是处理管理集体与组织个体成员关系的基本准则。

（一）权利原则

在以利益分化和社会分工为前提的市场经济条件下，具有完整的经济自主权的经济组织和管理组织与具有完整活动自主性的个体的关系，在客观上蕴含着权利平等的逻辑前提。因为凡是进入市场的经济主体只有通过市场机制、公平竞争、社会交换才能获得自己的最大效益，市场只承认生产商品所耗费的社会必要劳动时间，而不承认人所属的等级、财产和特权。所以马克思说：商品是天生的平等派，商品流通领域“确实是一个天赋人权的真正乐园，那里占统治地位的只有自由、平等、所有权和边沁”。

可见，管理要能动地反映和坚持市场经济关系的客观的内在本质，就必须以权利平等为基本原则。这一原则的根本意义在于，无论参与管理活动的行为主体或处于管理活动中的人具有怎样的背景条件，都应按照一定的管理规则和程序来开展管理活动，同时不能预设对某些行为主体有利或不利的管理行为规则和规范。权利平等原则，用通俗的话说，就是组织对待成员要一视同仁。处于组织中的人，其权利的具体内涵可以包括以下几个层次：

一是与工人相关的权利，如工作权或不被无故解雇的权利、自由权等；

二是组织成员具有自己的隐私权、保障安全的权利以及享有一个有利于健康的工作环境的权利；

三是机会平等的权利，管理组织要给每个成员提供平等的机会，把管理地位向更称职的人开放。

（二）公平原则

公平原则既是管理活动应该遵循的社会伦理原则，也是管理活动处理内部关系应该遵循的内在道德原则。厉以宁教授从宏观经济学的角度对公平的伦理学含义做了研究，他认为：“按照不同的解释，公平或者是指收入分配的公平，或者是指财产分配的公平，或者是指获取收入积累财产机会的公平”，而“问题归结到机会的公平或机会的均等”[①]。

从广义上讲，公平是人们对政治、经济、受教育状况及社会生活中各种利益关系是否合理的一种价值判断。在管理的内部关系上，公平主要是指组织应当充分尊重组织成员的平等性，给组织成员提供公平的机会。因为公平并不是指收入分配的均等或财产分配的均等，而是指机会均等，因此，机会均等就应当被看成是一种神圣不可侵犯的天赋权利。组织管理应当充分尊重这种天赋权利。

一般情况下，组织成员的收入分配不均或财产分配不均，可能遇到两种情况：

一是机会不均等条件下的收入分配不公；

二是机会均等条件下的收入分配不公等。

前一种情况所引起的组织内部关系的不协调，往往大于后一种情况所引起的内部关系的不协调。机会均等是形成组织内部成员公平感的基础。所以，从减少组织内部的不协调因素着眼，管理在处理组织成员的内部关系时，一定要注意给组织成员提供机会的均等性。人的满意程度与公平程度呈正相关，组织成员长期持续的工作积极性，在相当程度上取决于公平感。在组织内部管理领域内的公平，主要是针对组织成员的天赋权利而言的，因此，其内容与权利平等的内容密切相关。

处理好组织内部成员的公平问题，关键是要选择适当的公平形式。按照价值取向的不同，公平可以分为以下若干类型：

一是形式公平，这是以平均主义为价值取向的公平；

二是强权公平，这是由人的天赋、能力等个体方面的素养差异决定的一种以强凌弱的公平；

三是协议公平，这是组织内个体成员以自己拥有个体条件为筹

---

① 厉以宁：《经济学的伦理问题》，北京：三联书店 1995 年版，第 246 页。

码，寻找与组织集体关系的均衡点，最终达成某种协议的公平，如工资合同制度；

四是绩效公平，这是以共同占有生产资料并承认人的差异为前提，由不同的个体主体的绩效决定机会和收入多少的公平，按劳分配是绩效公平的典型形式；

五是道德公平，这是以利益主体的需要为取向的公平。①

一种公平形式是否可取，在于看它是否有利于调动组织成员的积极性，是否有利于维护组织的稳定，是否有利于组织形成最优化的人员结构。

（三）民主原则

民主化管理是现代管理理念发展的重要趋势，是组织管理创新的重要前提和方法论基础。因此，在具体的管理活动中贯彻民主原则，就成为调节组织内部人际关系的重要原则。只有当人们切切实实地管理起“自己”的事务，才能真正激发起对组织的归属感、命运感、责任感，从而尽心尽力地为组织的生存和发展而工作。因为民主就是让组织成员也有机会参与管理，实际上是对全体组织成员提供一种满足自我实现需要的机会，由此来影响他们朝向组织目标努力的行为动机。

在民主管理的过程中，组织成员一方面会觉得组织给了自己权利和责任，自己可以动手做，对自己的命运有一定的控制权；另一方面，发现处理各种问题也是一种需要的满足，是自己释放能量、发展自己的过程。实行民主管理和参与管理，能够使组织追求的目标与组织成员追求的目标统一起来，促使组织的追求目标转化为每个组织成员的努力方向，从而激发他们的工作热情，使广大员工的积极性、创造性和聪明才智得到充分的发挥。

① 任宗哲：《管理中的公平与效率刍议》，载《西北大学学报（哲社版）》1995年第4期。

现代管理实践表明，实行民主管理或参与管理，一方面可以作为达到合作、改善组织与其成员的关系、提高士气的一种手段和缓解抵触情绪的一种方法；另一方面，它还可以开发组织成员的潜力，成为直接改善个人与组织绩效的一种手段。因此，重视实行民主平等的管理方式，反对官僚作风和硬性的专制管理方式，是管理的内在道德的重要表现。

美国管理学家利克特把管理者的工作作风划分为四类：

一是剥削式的权力集中于一身的独裁管理；

二是慈善式的独裁管理，权力控制在最高一级，但授予中下层部分权力；

三是协商式管理，权力控制在最高一层，授予中下层部分权力，有时在一些次要问题上，下级有决定权；

四是集体参与式管理，让下属参与管理，上下级处于平等的地位，有问题时双方民主商讨，由最高领导作出最后决策。

他认为，只有依靠民主管理，从内心来调动组织成员的积极性，才能发挥人的潜力。管理人员依靠奖惩、个人权力来控制人的形式，最终必将过时。各级管理者只有真心实意地相信下属的智慧和创造力，才能达到预期的目标。

著名社会心理学家勒温以权力定位为基本变量，把管理职业道德分为三种类型：

一是专制作风，把权力定位于自己个人手中；

二是民主作风，把权力定位于群体；

三是放任自流作风，把权力定位于每个下属手中。

他认为，管理者的工作作风，实质上是管理者品德的反映。他指出，专制作风的管理由于实行独断管理，把权力完全集中在管理者个人手中，与下属就没有感情交流，下属容易产生消极不满的情绪，甚至产生怨气和对抗情绪；放任自流式的管理，实质上是无政府管理，把权力完全放手给每个群体成员，管理者既不想评价或管理群体活动，也不关心群体成员的需要，一切放任群众自理，这种工作作风难以完成工作目标，管理者也没有权威性；民主作风的管理，实行参与管理，把管理权交给群众，组织群体成员共同讨论工作计划和目标，鼓励他们积极表达自己的意见，让他们自己选择课题和工作伙伴。贯彻民主作风的管理者，关心和尊重下属，把自己看成是群体的一员，这样能使他的下属感到满意，并能显示出较高的管理权威。

从一定的意义上说，管理要完成组织目标，就必须依靠和充分调动组织成员的积极因素，调动他们的合作精神。而要做到这一点，管理者必须加强民主意识，要关心人，公正地对待人，广泛地吸收组织成员参加管理。

管理组织之间伦理关系的处理准则

在市场经济体制下，每一个管理组织都开始感到一种实实在在的竞争压力。管理组织如何把握伦理尺度，处理好竞争与合作的关系，使组织行为既有很强的市场竞争力，又符合社会的伦理道德标准与法律规范，是管理伦理研究的重要内容。根据现代管理组织之间关系的性质，处理管理组织之间伦理关系应当遵循的准则主要有协作与竞争、合法和守约。

（一）协作和竞争：管理组织间共存的基本关系

共同协作是现代化大生产的必然要求，是管理组织能在激烈的市场竞争中得以生存的必要条件。

列宁指出：

“商品经济的发展使每个独立的工业部门数量增加了，

这种发展的趋势是：不仅把每一种产品的生产，甚至把产品的每一部分的生产都变成专门的工业部门；不仅把产品的生产，甚至把产品制成消费品的各个工序都变成了专门的工业部门。”①

随着社会化大生产和市场经济的发展以及现代科学技术的进步，社会分工越来越细，但组织之间的联系却更为广泛、复杂和密切，协作也就显得越来越重要。它要求组织与组织之间的团结与协作。只有通过与其他组织的联系与协作，组织才能与其他组织广泛地进行物质资源、资金、技术、人才、信息等方面的交流，从而使自己扬长避短，充分发挥组织自身的优势，使自己获得生存和发展的条件。

当然，另一方面，组织竞争也是市场经济发展和社会化大生产发展的结果，它也是推动组织发展和社会进步的重要力量。只要存在商品生产，就必然存在着竞争。因此在市场经济条件下，管理组织作为独立的商品生产经营者，要获得自身的经济利益，必然与其他组织有着一种竞争关系；同时，也只有通过竞争，经济才能得到进一步发展。在宏观上，竞争是调节生产和流通的重要机制；在微观上，竞争既是对组织生命力的严峻考验，也是组织增强生命力的重要机制和手段。在市场经济条件下，竞争具有普遍性和激烈性，通过竞争，优胜劣汰，以促进经济发展，可以说是现代社会发展的根本动力。竞争可以优化产品，优化组织，优化市场，可以不断促进市场文明程度的提高。

总之，协作和竞争，是现代管理组织生存和发展这一事物的两面，两者是统一的。竞争是为了更好地发挥组织及其成员的积极性

---

① 《列宁选集》（1），人民出版社1972年版，第161页。

和创造潜力，提高产品和服务质量，更好地满足社会的需要。同时，竞争双方既是竞争对手，又是合作伙伴，竞争中有协作，协作中有竞争，通过竞争可以求得合作，通过合作可以更好地进行竞争，从而做到互相促进，共同提高。

对一个组织而言，如果它的竞争力优于一定数量的竞争对象，即在激烈的市场竞争中处于优势地位，那么它可能趋向于选择竞争的发展战略。所谓组织的竞争力，是指组织在市场经济环境中相对于自己的竞争对手所表现出来的生存能力和持续发展能力的总和。竞争力强的组织选择竞争策略，将能使自己的竞争力和优势得以充分体现，进而击败对手，巩固自己在市场上的竞争地位。如果组织的竞争力相对于它的竞争对手明显处于不利地位，那么它应该趋向于选择协作的发展策略，以求在竞争中把竞争对手变为协作伙伴。这时与竞争对手协作，将有助于弥补自己的竞争劣势，避免可能失败或两败俱伤的恶性竞争、浪费稀缺的社会资源，共同促进社会经济的发展。因此，组织在市场中并不是孤立的，而是有许多平等的市场主体，其中既有竞争对手，也有协作者，竞争对手和协作者之间也没有绝对的界限，在一定的条件下可以互相转化，即根据是否有利于组织长远发展和资源配置是否缺乏等状况决定自己是采取竞争策略还是协作策略。所以，竞争和协作具有权变性。

竞争和协作，都是组织生存和发展的策略。竞争是希望击败或消灭竞争对手，把其他组织的市场份额转变为自己的市场占有，是一种典型的“替代型”思路；协作实际上也是一种竞争，但是一种“互补型”的竞争，着眼于取人之长补己之短，或以己之长解人之难，从而使双方均获得可持续发展的机会。竞争和协作的目的均在于增加和扩大组织的经济利益，最终在市场上占据竞争优势，为社会创造更多的财富。因此，组织如何正确选择竞争和协作的发展策略，最终使平等的市场主体和社会均获益，必然涉及伦理问题。合法的竞争才能为组织提供更多的机会，守约的协作才能为组织的长远发展打好基础。

（二）合法：组织间竞争的伦理准则

从上面的分析可以得知，所谓竞争，实质上是指组织作为市场主体为获得自身有利的产销条件和生存环境，实现良好的经济效益而进行的抑制或排斥竞争对手的积极性生产经营行为。从局部看，竞争的直接结果，常常是一方失败一方成功，或者是一方失败一方元气大伤，或者是两败俱伤，但从全局和长远看，竞争则能促进社会经济的健康、高效、优质发展。因为竞争迫使产品质次价高、实力差、素质低的组织被淘汰，从而鞭策所有的组织不断地创优，提高素质；它要求组织生产必须以较少的资源取得较大的效益，才能拥有一定的竞争优势；它要求组织必须降低个别劳动量去争取自己优势的最大限度发挥；它将促使组织间降低社会必要劳动，向市场提供优质价廉的产品；它将有利于实现整个社会产业结构的调整，优化组织结构，促进资源或社会资本的合理配置，进而促进全社会的效益。正因为竞争所导致的优胜劣汰是对先进生产力的鼓励和促进，是对落后生产力的摒弃或改造，所以竞争在实质上是一种符合社会发展的伦理行为。

但是，组织之间竞争的目的，并不是为了消灭对手并为此可以不择手段。组织之间的竞争，并不是一种你死我活的关系。市场机会是永远存在的，如果一个组织的行为不遵守竞争的游戏规则，即使一时获利，也将难以在市场上长久立足。只有符合市场经济竞争游戏规则的竞争，才被称为正当竞争。

正当竞争是指建立在公正、平等、合理、合法、善等基础上的良性竞争。正当竞争的标准主要表现在三个方面：

一是事实标准，即正当竞争首先必须是公平竞争和诚实竞争。组织作为自主经营、自负盈亏、自我约束、自我发展的经济实体，都是平等的。组织之间的竞争应主要依据自身的实力、素质等内在条件构成的竞争能力，而不是寻求政策的倾斜和偏袒等非经济性的条件，更不能脱离法律、道德允许的轨道，用贿赂等不正当的竞争手段来达到竞争的目的。所谓公平竞争和诚实竞争，就是要求组织运用正当的竞争手段，即反映实质的手段来竞争，如努力改进技术，改善管理，提高劳动生产率，提高产品质量和服务质量，降低成本，根据市场和消费者需要开发新产品，改造老产品，定价合理，使产品适销对路，从而增强自己的竞争能力。

二是法律标准，即正当竞争必须是合法竞争，必须是符合国家法律法规的竞争行为。竞争的合法性是认定正当竞争的一个可操作的标准，凡是符合竞争法律法规的竞争行为就是正当竞争，反之，就属于不正当竞争。各国竞争法中所禁止的不正当竞争行为主要有以下几点：

（1）虚假标示行为，这种行为又分为商业混同行为和欺骗行为；

（2）经济垄断行为；

（3）行政垄断行为；

（4）商业贿赂行为；

（5）引人误解的虚假宣传行为；

（6）侵犯商业秘密的行为；

（7）不正当亏本销售行为；

（8）搭售和附加不合理条件的交易行为；

（9）不正当有奖销售行为；

（10）商业诽谤行为；

（11）不正当招标投标行为。

这些不正当竞争行为，使公平和诚实经营者付出大量劳动而得不到合理的经济补偿，从根本上扭曲了经营者应在质量、技术、管理、服务等方面诚实经营基础上开展竞争的本质，从而制造市场混乱、酿成腐败商风、破坏市场秩序、损害参与竞争者的利益，因而正当竞争、合法竞争是市场经济向每一个组织提出的基本伦理要求。①

三是互助标准。法律标准是正当竞争最根本的要求。组织间的竞争，只能是在国家政策和法律允许范围内的竞争，法律标准是在事实标准的基础上形成的，同时也最具有可操作性。随着市场经济的发展，法制的逐步完善，合理合法将成为组织之间竞争的普遍要求。但是，竞争还有一种更高境界，就是竞争要与互助相统一。

（三）守约：组织间协作的伦理准则

协作是指组织与组织之间合作互助，形成联盟，互相之间交换互补性资源或物质资源，在资金、技术、人才、信息、管理等方面进行交流，各自达成阶段性产品的目标，从而使双方组织都获得市场竞争的优势。

一般而言，组织及其产品的竞争力，需要有较强的研究能力，先进的生产技术装备、工艺流程和管理，完善的销售网络，以及成本的控制、品质的保证、品牌的创立等诸多因素作保证。一个组织要必备所有这些条件，需要有雄厚的资金实力、充裕的实施时间，以及各种人才的保证。这于一般的中小型管理组织而言，很难具备。同时，造就组织的完整功能，不仅会提高组织的固定及操作成本，还会因规模的扩大而减缓组织对外界的反应能力，使组织难以应付日益激烈的市场竞争，这些因素使得协作成为组织自身的内在要求，备受现代管理经营者的重视。②

组织之间通过协作组成联盟的形式，主要有产品品牌的联盟、供求双方的联盟、投资资本的联盟、共同标准的联盟、开发研究的联盟、谋求技术的联盟、进入市场的联盟、产品行销的联盟等。组

① 叶明、鲁咏梅：《企业伦理论纲》，载《伦理研究》，江苏古籍出版社 1999 年版，第 184 页。
② 孙晓芹：《策略联盟：企业谋求生存与发展的有效手段》，《改革与战略》1998 年第 6 期。

织之间不论采取哪种形式进行协作，协作双方都需要订立契约，契约的作用就是规定双方相互之间的义务和权利。它必须是双方真实意愿的反映。组织协作的目的，是希望联合某一竞争者去对付其他的竞争者，但是由于双方都是独立的利益主体，因此需要订立契约来规定和处理协作双方组织利益与联盟整体利益的关系，使协作双方均能在一定的条件下获得自己所需要的资源，在市场中占据竞争优势，同时又不侵犯协作者的利益。

市场经济的一个重要特点，就是它的契约性。只有双方都遵守契约，讲信用，守诺言，协作才有可能。因此，守约是组织间协作的基本伦理准则。订立契约，一方面要求不能采取欺骗的手段骗取契约的订立，这样订立的契约也难以履行；在契约订立之后，也不能随便毁约，失去信誉。恩格斯早就指出：

> “资本主义生产愈发展，它就愈不能采用作为早期阶段的特征的那些琐细的哄骗和欺诈手段。……的确，这些狡猾手腕在大市场上已经不合算了，那里时间就是金钱，那里商业道德必然发展到一定的水平。其所以如此，纯粹是为了节约时间和劳动。”①

另一方面，契约要求以自愿、平等、互利为前提和基础。协作双方的权利和义务是平等的，地位是平等的，没有高低上下之分，任何一方都不应该凭借自己的优势地位以强凌弱，强迫协作，或者一味地强调自己的利益，以自我为中心，甚至乘人之危，欺骗和强制对方，而是应该在平等、自愿、互利、互信、共享的前提下，双方互相体谅，平等对话，通过充分的协商达成协议。一经订立契约，形成协作关系，

① 《马克思恩格斯全集》（22），人民出版社1965年版，第311—312页。

双方就都应本着互惠互利、互信共享的原则，讲求信用，遵守契约，以求得双方的共同利益和共同发展。

责任：管理组织与社会之间的伦理准则

管理组织不仅存在内部关系，同时也存在各种外部关系。管理的外部关系，主要是指组织在与社会、社会公众、政府[①]、其他组织和自然之间进行物质、能量、信息交流过程中所形成的相互关系。正确处理组织的这种外部关系，使之和谐协调，对于树立良好的组织形象，形成良好的组织生存环境，增强组织凝聚力，具有重要意义。组织的外部影响力，也是形成组织凝聚力的重要方面。组织凝聚力是一个表示组织活力（生命力）的多含义的标志，主要包括组织对成员和社会的吸引力，组织成员和社会对组织的向心力以及组织对社会的贡献力和社会对组织的倾向力，但归纳起来就是组织内部对外部的吸引力和外部对内部的向心力。

用数学模型可以表示为：

$$F=C\times P$$

F 代表组织凝聚力；

C 代表内部吸引力，包括组织成员关心组织的程度（C1）、组织成员安心本职状况（C2）、对社会贡献大小的状况（C3）等；

P 代表外部向心力，包括组织知名度（P1）、组织的经营状况（P2）、社会倾向度（P3）、社会效益状况（P4）、环境保护状况（P5）等。

其中，C1=关心组织的成员人数/组织成员总数，

C2=安心本职工作成员人数/组织成员总数，

① “政府”一词，也属于“组织”的范畴。在这里，“政府”一词是在特定的含义上使用的。

C3＝利税总数/全部投资额，

P1＝本组织产品销售量/同类产品销售总量，

P2＝满意用户数/本组织产品用户总数，

P3＝社会集资额/组织发展投资总额。

组织凝聚力的数学模型表明，组织凝聚力与组织形象、组织的内外部关系密切相关。协调好组织的内外部关系，可以塑造良好的组织形象，增强组织的凝聚力。

组织作为社会的基本单位或组成细胞，它的存在就是一种价值。它具有为社会创造产品、提供服务的功能，承担着一定的社会责任——促进社会经济的发展，提高组织成员素质和促进潜能的发展，满足社会公众的需求。

组织具有的这种能力，是组织的自我价值，当它发挥出这些功能，促进了社会经济的发展，为社会公众提供了大量的财富，满足了组织成员的需要，承担了一定的社会责任，增进了社会公益事业，关心支持社区文化教育、福利事业、慈善事业等，就体现出组织的社会价值。

组织的社会价值与自我价值是对立统一、互为前提的，也是相互转化的。一定的组织只有具有一定的为社会提供服务、满足社会需要的能力和属性，才有可能具有社会价值。组织的社会价值越大，又可以为组织树立良好的形象，扩大组织的知名度，形成组织生存和发展的良好环境，进而成为组织发展的无形的宝贵资源，从而增大组织的自我价值；而组织自我价值的增大，它所具有的创造产品、服务社会的能力就越高，这又为它创造更多的社会价值提供了可能。在这两种价值中，组织的自我价值是前提和基础，社会价值是组织的目的和归属。因此，组织作为社会的细胞，首先应当积极承担起一定的社会责任。责任，是管理组织处理与社会之间关系的基本伦理准则。

“责任”一词具有多种含义。相对而言，把组织的社会责任定义为组织管理采取措施在保证组织自身利益的同时，也保护和改善整个社会发展的义务，具有一定的科学合理性。这个定义指明了组织的社会责任的两个积极方面——保护和改善，保护意味着避免给社会发展造成负效益，改善意味着给社会发展创造着正效益。

现代管理伦理认为，所谓责任，主要包括四个方面的含义：

一是经济责任。组织（这里主要是指经济组织）的行为导向主要就是生产和销售社会需要的产品和服务，组织首先只有创造了经济效益才能生存和发展，才能奉献社会，社会让组织承担生产角色以履行部分社会契约，是对经济制度的赞赏。组织的经济责任要求组织能够以最小的或较少的消耗获取最大的或较多的效益。组织的经济责任是组织的社会责任的基础。

二是法律责任。社会为组织的经营管理活动立下了规矩即法律。法律包含着立法者认同的社会基本公正原则，是社会好坏标准的程序化、条文化。因此，遵守法律是组织对社会的责任，这种法律责任表达了“程序化道德”的观点，是组织按“游戏规则”经营管理的表现。组织的法律责任要求组织遵守法律和规章制度，履行有关的社会契约。如果组织没有遵纪守法，社会则可以通过政治程序或法律程序建立一套机制来对之加以制裁。组织的经济责任和法律责任，是社会对组织的基本要求。

三是道德责任。组织的道德责任是指社会所希冀或禁止而又未写进法律的某些为社会普遍认同的价值和惯例，希望组织能接受和实践，成为社会道德活动和实践主体。道德责任包含一系列的惯例、准则，反映社会较普遍的愿望，体现正义、公正理念和社会普遍认同的价值观。在某种意义上，不断变化的道德和价值观先于成文法律，并且是修订法律或建章立制的驱动力量。组织的道德责任要求组织避免不良行为，坚持道德的指导地位。

四是自愿责任。自愿责任又称慈善事业的责任，主要是指出于组织的自愿选择，而不是出于外在的规定，既不是法律上的规定，也不是道德上或道义上的要求，组织主动承担社会义务，如捐赠、支持教育、自愿行为等。组织的道德责任和自愿责任，是社会对组织的期望要求。

把组织的社会责任划分为经济责任、法律责任、道德责任和自愿责任四个部分，并不是说这四个部分是相互独立的四种责任，它们既相互联系又有一定的区别，共同形成一个层次分明的金字塔结构。经济责任是其他社会责任的基础，同时，又与其他部分的责任一起构成社会责任的总体。当然，组织的社会责任的各因素之间又难免会有冲突，尤其是经济责任同法律责任、道德责任和自愿责任之间的紧张关系最为突出。这些冲突，不能简单地看作组织“关注效益”与组织“关注社会”之间的冲突。

社会责任作为一个整体，表现为组织追求效益与履行其他部分责任的同步性，组织的社会责任要求组织同时履行经济的、法律的、道德的以及自愿的责任。用管理学的语言来说，一个负起社会责任的组织，就应该努力追求最佳效益、遵纪守法、富有道德，成为一个具有良好声誉的组织。

秩序：管理组织与政府之间的伦理原则

管理组织作为社会的组成单位，具有“人格化”的特征，是一种“法律人格”，是变化着的政治、经济、文化、社会环境的行为主体，是一种追求自身利益最大化的社会文化单位。一方面，组织处于自我选择、自我进化的境地，需要独立地参与市场上的生存竞争，必须自动地获取外界信息，自动地汇聚、取舍、加工和决策，并作出相应的行动，以应对环境施加的压力。另一方面，组织要在激烈、复杂的经济文化环境中生存和发展，就必须建立有效的应对机制、果断的决策系统、通畅的意志传达系统，具有一种内在恒定的灵魂和核心，将组织的认知、意愿、动机和行为统一起来。这种灵魂和核心，来自于组织对其自身社会角色的认同，来自于组织对其在社会中处理与代表社会整体利益的政府（或国家）关系的确定。

由于政府是现代社会公共利益的代表和社会公共管理机制，管理组织与社会整体利益或社会公共利益的关系，也就是管理组织与政府的关系。管理组织是社会的细胞，既要扮演其特定的社会角色，又要承担一定的社会责任，因此，在处理与政府的关系上，管理组织应当遵循的伦理准则是秩序原则。

秩序有广义和狭义之分。狭义上的秩序主要指经济秩序，广义上的秩序是指社会分工中的秩序。社会总是按照一定的组织形式建立起来的，由政府对社会进行的组织和管理是需要成本付出的，政府机构的运转使政府行使政府职能从而促使整个社会的运行，是以劳动创造从事社会生产的各个层次、各个环节来共同分担社会成本为前提条件的，所以每个组织都要根据社会分工给它所确定的社会角色承担自己的社会责任，发挥自己的职能，并且不妨碍或阻挠其他组织职能作用的发挥。一个发达的社会，需要各种有特殊分工、特殊目标的组织机构。这些机构所能作出的最大贡献、承担的社会责任，就是遵循社会分工的原则，在由政府规制的社会角色的职能范围内取得成就；而对社会最大的不负责任，就是不遵循社会分工的秩序，不按照政府规制的社会角色，承担超出自身职能范围的职责或滥用权力，以致损害自身机构的成就能力，破坏社会的正常运转。

作为生产经营管理的组织，在遵循社会经济秩序准则的同时，就意味着遵循了社会分工的秩序准则。追求经济利益是社会和政府赋予生产组织这一社会角色的主要目标，当然这并不排斥生产组织同时履行其他的社会责任。

组织和政府具有不同的社会使命，组织利益具有独立性和排他性，政府利益具有公众性和共享性；组织的发展目标在于组织自身利益的最大化，诸如利润、利润率、利税率等，政府的发展目标在于社会成员共同利益的提高，诸如整个社会的生活质量、生活环境及人的发展条件的改善等，组织完成自己特定的使命，是社会和政府的第一需要，是社会利益所在。如果组织完成自身特定任务的能力减弱或损害，承担、充当不好自己的社会角色，社会分工也就遭致破坏，社会也就不再受益，那么，组织在伦理角色上也就不可能有好的表现。因此，组织通过自己良好的经济行为进入经济活动并进入社会，是组织遵循秩序准则的首要表现。

组织对社会经济秩序的影响表现在：

第一，组织的经济行为决定社会经济秩序的形成。组织之间无数次不断的社会交换活动，逐渐形成了一些习惯性规则，社会依据组织经济行为的内在规律性，总结这些习惯、规矩，把它们归纳、提炼、上升为有时间前后次序，又有空间排列格局，反映并保护交换双方主体对等权益的规则体系。

第二，组织的经济行为促进社会经济秩序的发展。组织的经济行为本身是一个不断更新、变化、发展的动态过程。从社会经济秩序规范体系的历史发展看，实际上也存在着一个动态的不断发展、完善的过程：组织经济行为的规律、社会经济秩序的规范内容与形式，以及组织行为规范体系等，都是随着组织经济行为的发展变化而不断更新、扩展、丰富和完善的。

第三，组织的经济行为影响社会经济秩序的状况。当一个组织按照市场经济规律和社会的法律、道德规范行事，与其发生社会交换关系的其他组织或社会公众就会感到一种良好的社会经济秩序，反之，则会感到社会经济秩序的混乱。

由此可见，组织在形成社会的经济秩序中起着重要作用。一个组织力图成为促进和建立良好社会经济秩序的经济细胞，既要遵守经济秩序准则，又要遵守社会分工的准则。在处理与政府的关系时，组织遵循秩序准则，还意味着服从政府的宏观调控。宏观经济调控，是政府为了保证整个国民经济按比例地协调发展，按照客观经济规律，运用各种经济手段，对整个社会经济运行进行计划、组织、指挥、监督和协调的活动。对国民经济的宏观调控，是政府的经济职能，是关系到整个国民经济体系能否健康发展的带有全局性和根本性的问题。作为国民经济细胞和组成部分的各个经济组织，无疑应当尊重和服从政府的宏观调控，这既有利于组织自身的长远利益，也有利于国家和社会的整体利益。

和谐：管理与自然关系的基本准则

人类是自然的一部分，人类与自然环境的关系，犹如鱼与水的关系。人类的生活离不开自然且依靠自然，人类的一切活动都始于自然，终于自然。马克思指出：

> “人本身是自然界的产物，是在他们的环境中并且和这一环境一起发展起来的。”①

因此，人类的决策和行动都要考虑到自然这一因素。然而，人类却常常视这种依靠为理所当然，因而忽视自然，破坏自然。自进入工业化社会以来，人类社会的物质文明取得了极大的发展，但与此同时，也带来了一系列严峻的环境问题，大大降低了人们的生活

---

① 《马克思恩格斯选集》(3)，北京：人民出版社1972年版，第74页。

质量，并威胁到人类今后的生存。

1990 年，联合国环境规划署针对世界环境问题，指出了如下八个关键的全球性自然环境问题：全球性的气候变暖、臭氧层的耗竭与破坏、生物多样性锐减、土地荒漠化加速、淡水资源的枯竭与污染、海洋生态危机、森林面积急剧减少和酸雨污染。除这八大环境问题外，还有许多问题正在威胁着人类的健康和环境的其他方面，如空气污染、能源利用效率不高等。

造成全球性自然环境问题的原因主要有二：

一是自然环境本身的原因，自然本身具有发展演化的规律，毁灭和创造融汇成一体。

二是人为的原因，人类活动，特别是工商业活动是导致环境退化的主要因素。人为因素造成的环境污染和退化，威力大，速度快，具有毁灭性。

作为世界能源和资源的主要“消费者”，作为废弃物的主要“生产者”和造成生态系统退化的“首恶”，生产经营组织（企业）的确影响了自然环境。一些西方发达国家首先意识到生产经营和经济发展与自然之间应该遵循和谐的伦理准则，将环境保护观念纳入自己的经营理念之中，出现了绿色经营管理模式，可持续发展的思想与低熵的生产和生活方式已经被人们普遍认同，人们生存和发展的观念也随着“绿色思潮”运动发生着重大变化，越来越多的人开始崇尚“绿色消费”。

对于如何贯彻和谐的伦理准则，正确处理组织经济行为与自然环境的关系，解决人类出现的自然问题，人们提出了三种不同的模式：

一是乐观的技术论模式。这一模式认为技术的发展可以及时解决自然环境的问题，市场经济将有效地配置资本、劳动力、人文精神、信息及自然资源来促进对这些技术的供给和需求，个人和组织在共同追求福利的过程中，在公平游戏规则的规制下，将足以维持和推动经济的发展。

二是悲观的社会变革论模式。这一模式认为人类所面临的全球性自然环境问题异常艰巨，它需要人类个体和组织前所未有的努力和合作才能解决。在解决这些难题的同时，要么大大降低人口增长率，要么大大降低物质能源需求，或者双管齐下。

三是管理论模式。这一模式认为组织应该设计一套既能促进物质增长又能保护环境的制度，组成环境协会，举行环境会议，支持环保组织，出版环境简报，推出污染防止和环境净化的工程，而且还应在广告中体现环保意识，反对企业的 NIMBY 态度[①]。

管理论模式被认为是企业与环境和谐相处，妥善处理企业与环境之间的关系，解决生态问题的最佳模式。美国首先大规模地对生态环境问题采取政府行为，1970 年签署了《国家环境政策条例》，把环境保护政策作为一项国家政策，鼓励个人和组织与环境和谐相处，努力防止和降低对环境和生物圈的破坏，改进人类的健康状况，提升人类的福利水平，并加深对生态系统和重要自然资源的了解。在确认全球环境问题及寻求解决办法方面属领先地位的一个国际组织是联合国环境规划署，从 1972 年成立起，该机构在八个主要环境领域均有研究，对环境与发展发挥着重要作用。

企业作为自然和社会体中的主要经济部分，已经开始也应该寻求多种方式解决环境问题，贯彻和谐的准则。企业处理与环境之间关系的和谐准则，其主旨在于建立人与自然发展的和谐关系，其途径在于确立个人和企业的“绿色”观念和“绿色”行为模式，其内容大致可以归纳为树立环境“绿色”价值观，强化“绿色”角色意识，实施“绿色”管理，定位“绿色”市场。

---

① NIMBY 是“Not In My Back Yard”的缩略语，即“不要在我的后院”的意思，其义喻指我生活在这里，一家产生大量废弃物的公司却不愿支付废物处理的费用。本质上讲，NIMBY 是一种回避或拒绝负责任的态度或行为方式，表明组织拒绝对使用环境负责。

6. 管理理念与管理伦理

伦理重视价值追求。管理伦理首先通过对管理价值理念的定性和定位来发挥主导作用。管理价值理念，简称管理理念，又称经营理念、管理思想、管理观念、管理精神等，是指导管理活动的灵魂。松下公司创始人松下幸之助这样指出："积我六十年之管理经验，企业经营中最为重要、最为根本的东西是管理理念。"所谓管理理念，是指"管理者指导管理活动的信条、信念、理想"。管理价值观，是管理理念的内核和根本，是管理伦理在价值追求上的集中体现。阿伦·肯尼迪、特伦斯·迪尔指出：

> "价值观是任何公司文化的基石。作为一个公司取得成功的哲理精髓，价值观为全体职工提供了对共同方向的意识和他们日常行为的准则。"①

在现代管理中，管理理念处于首要地位。一个成功的现代化企业，必然有一套现代化的管理理念。随着世界经济形势和现代科学技术的飞速发展，人们越来越认识到，优秀的企业首先需要的

① 阿伦·肯尼迪、特伦斯·迪尔：《公司文化》，三联书店1989年版，第40页。

不是利润指标，不是精密的计算机系统和先进的机器设备，而是不断创新的管理理念。从中可见，管理伦理对于现代管理的重要意义。

管理理念的重要性

管理理念是构成管理者素质的重要组成部分。据美国企业管理协会调查表明，对于一个高层管理者，在管理技能中，管理概念（理念）技能是最为重要的，占47%；人际技能居于次要地位，占35%；技术技能占18%。有关管理专家认为，企业的管理模式不是主要的，关键是要形成一个新的管理理念，有了新理念，可以找模式，创造模式。管理者应该自觉进行管理理念创新，以适应迅速变化的内外环境。

确定管理理念的过程，是一个创新和发展的过程。它没有固定的模式与方法，主要根据组织自身的特色来进行。一个组织的管理理念和观念，首先要在哲学层面上回答“组织为什么存在”这个根本问题。组织不仅是为了实现自己的利益和任务而存在的，还要实现对相关的个人、组织和社会群体的责任及对社会的责任。不仅如此，组织的存在还是为了实现组织的信念、价值观和道德观。

具体地说，确定一个组织的管理理念，需要回答好以下三个问题：

一、组织的性质是什么？

二、组织追求的目标是什么？

三、组织所要展现的精神面貌或社会形象应该是什么？

通过对这些问题的认识和确定，设计出自己的管理理念。凡是成功组织的管理理念，都很有特色。它容易形成人们共同的理想信念和价值共识，引起共鸣，深入人心，从而唤起组织成员的积极性、创造性、凝聚力和战斗力。管理理念通过向组织内部进行渗透和贯彻就形成组织的文化，向外延伸就形成组织的社会形象。也就是说，一个企业的组织文化和组织形象，是一个组织的管理伦理尤其是管理理念具体化的表现形式。

观念是人们对客观事物的理性认识，是一个不断发展变化和创新的过程。观念的发展和创新，是人们为适应客观世界的发展和变化，科学地、准确地把握客观世界发展和变化的规律及其发展变化的未来趋势，以正确的方式构建新的思想、新的理念、新的思维的过程，以形成对变化了的客观世界新的正确认识。

管理理念，也是一个不断发展变化和创新的过程。所谓管理理念的发展变化和创新，是指一个组织为了更好地适应环境变化，形成能够比以前更有效地利用资源的新理念、新观念、新概念或新构想，以前所未有的、能充分反映并满足人们某种物质或精神情感需要的意念、信条、信念或构想，指引组织的发展方向。科学合理的管理理念，一定是一个动态的发展变化过程，这个动态的过程来源于客观世界的发展变化，要不断地用客观世界的发展变化及其规律来检验其正确性。

无论是整个组织的观念，还是具体到每个人的观念，都不是一蹴而就的，其形成和发展要有一个较长时期的培养、积累和塑造过程。同时，一个组织的管理理念一旦形成，就具有一定的稳定性、共识性和继承性。在现实世界中，管理理念与客观世界的发展变化之间，存在着三种基本关系：

一是超前型，管理理念领先于客观世界的发展变化，有一段时间的提前量，做好准备应付环境的发展变化；

二是同步型，管理理念基本与环境的发展变化同步，及时根据环境变化进行管理理念的更新；

三是滞后型，管理理念跟不上或适应不了环境的发展变化，管理理念落后于时代。

作为管理者应该自觉地进行管理理念更新，力求超前，至少同步，绝不滞后。但这并不是说管理理念越超前越好，越新越好；管理理念的确立，也并非是一劳永逸的，并非起步正确就意味着结果也正确。

管理理念与共同价值观

国外有的管理学家在总结管理经验时认为，优秀管理之所以成功，在于正确处理了以下七个因素：结构（structure），制度（system），战略（strategy），风格（style），员工（staff），技巧（skills），共同价值观（shared value），合称“7S”。其中“战略、结构、制度”三项，被认为是“硬件”；“技巧、员工、风格及共同价值观”四项，被认为是“软件”，而“共同价值观”是最核心的因素。

现代国外管理理论都重视价值观，特别是共同的价值观在管理中的作用。共同的价值观，有共同的理想，共同的目标，是强大的动力。否则，再好的管理体制、方法，也无所施其技。因为归根结底，管理体制和方法是要人去掌握的；而人的行动是受思想、受价值观支配的。所以，价值和价值观在现代管理中具有不可忽视的重要作用。

管理理念就像一根线，把组织的任务、使命、利益、社会责任和组织的价值观、道德观连成一体，为组织的发展指明方向。管理理念虽然抽象，却是具体的管理活动必须遵循的指导思想，是统率一切管理活动的灵魂。

例如，茅台酒厂以“以质求存，以人为本，继承创新，永保金牌”作为企业的经营管理理念，这是指导该厂经营管理活动的根本思想，企业通过日常的全面质量管理活动，把“以质求存，以人为本，继承创新，永保金牌”的理念渗透到每个员工的头脑中，使企业的全体员工接受、认同，并内化为企业员工共同的价值观。

国内外的许多现代化企业，都具有这种优秀管理理念的感召力量。如 IBM 的“尊重每一个人；尽善尽美的服务；卓越无比的业绩”；三菱重工集团的“顾客第一，奉献社会；诚为本，和为贵，公私分明；管理创新，技术开发，享誉世界”；海尔集团的“真诚到永远”；小天鹅集团的“全心全意小天鹅”；今日集团的“一切美好从今日开始”；等等。

良好的管理理念一旦形成，就会对组织产生巨大的功效。IBM 的前副总裁巴克·罗杰斯这样指出：

> “沃森（IBM 的创始人）的这些宗旨（即 IBM 的经营管理理念）对公司成功所起的作用，远远大于技术发明、市场营销技能、财务应变能力等方面所起的作用。”①

管理理念对组织的管理活动具有重要作用，具体表现在：

一是对组织的战略决策具有指导作用，然后通过组织战略对计划、组织、领导、控制、协调、营销等管理职能发挥具体的指导作用。

二是对满足组织成员的高层次精神文化需求、激发组织成员的积极性和创造性具有有效和持久的激励作用。认同组织价值观的激励是低成本、高效益的激励，管理价值观决定着什么人在组织中最受尊敬，最有发展前途，同时也向组织成员揭示了工作对于组织的意义和价值。

---

① 巴克·罗杰斯：《IBM 道路》，中国展望出版社 1987 年版，第 2 页。

三是管理理念内含的组织责任感、价值观、道德观，对组织成员的职业道德、工作作风、行为规范、规章制度等的形成具有决定性的作用，具有规范与导向功能，是组织成员产生自我约束能力的重要思想源泉。

四是管理理念内含的共有价值观对组织与成员之间、与组织的各部门之间、与其他组织之间、与社会之间的沟通具有重要的协调作用。

组织共同价值观是管理伦理和组织文化的核心，但一个组织光有核心价值观还不够，还必须建立共同的价值观体系，以作为组织各项活动的行为准则。

劳伦斯·米勒的企业“基本价值观”

《公司文化的管理》的作者戴维斯教授认为，企业价值观主要分为两类，即指导信念和日常信念。他指出，指导信念不仅为日常信念指出方向，而且是企业策略赖以成长的根基；而策略能否取得成功，又取决于策略与在组织、结构、人员中所铭记的日常信念是否匹配。因此，要培育一种符合企业所处环境的企业文化，必须从指导信念和日常信念两个方面入手。

美国企业文化理论的创始人之一劳伦斯·米勒认为，有若干价值观和一种精神可以作为组织和管理公司的基础。但是，这些价值观都是深植于内心的信念，常常无法清晰说出。这些信念是因为文化的制约、公司英雄、神话与恐惧而产生的。他从美国企业出发，认为这些信念是随着美国的发展而逐渐出现的。我们不能靠单纯的管理技术来答复如何改进生产力，以及如何重振企业的活力。只有接受新价值观，根据新的价值观去行动，我们才能找到答案。我们所缺少的是对管理的灵魂和精神（管理阶层有权管理的基础所在）

的分析。

劳伦斯·米勒认为，接受这些新价值观，就能创造新的文化。西方的文化源自基督教文化，而美国文化是言论、宗教以及新闻自由的价值观所创造的。美国商业的文化则基于自由企业、自由贸易，以及“任何人都能凭才智和工作而致富”这一新颖的概念。一种新的价值观，可以成为催化剂，甚至掀起革命的力量，使人类的潜能发挥出来，创造一个新社会和达到新的生活水平。如果我们想要在公司内创造新的文化，就必须决定要依靠哪些价值观来建立这种文化。

劳伦斯·米勒认为，有八种基本价值观能替具有竞争力的新企业文化打下基础。所谓竞争，就是寻求更好的方式、寻求改变。这八种价值观被称作基本价值观（primary values），因为可以应用到所有组织的管理上。事实上有许多成功的公司都遵此而行，因为这八种价值观与创新、忠诚以及生产力密切相关。

（一）目标原则

每个人都有“肯定自我价值”的需求。如果一个人不献身于某个崇高目标，就不会得到自我价值。领导者能使这项需要得到满足，他们把目标传达给追随者。很少管理人员有能力传达有价值的目标。把投资报酬率当作目标，并不能激发出我们灵魂内最尊贵的力量。最成功的公司都从产品、服务，以及对顾客有益的角度来制定目标，而且采用能鼓舞和激励公司员工的方式来制定目标。大多数公司所追求的都是有价值的目标，员工则设法去认同它。具有竞争力的领导者会把“我们的灵魂”与“我们的工作”连在一起，并将因为跟随者矢志努力而受益。

（二）共识原则

管理人员大都被“指挥文化”（the culture of command）迷住了。当他们掌握指挥大权时，会有“不可一世”的兴奋感。不幸的是，只有在战斗的危机气氛中，指挥行为才能成功。老式的领导者会身先士卒，因为他最坚强和最勇敢，他亲自示范对本身组织具有重要性的价值观。未来的公司不会朝战场进军。未来企业的成功与否，要看是否能聚集创意，是否能激励员工和管理人员一起从事创造性思考而定。员工不愿意为上司冒生命危险，不愿放弃自己的思想和感受，不愿意做主要是靠体力而不是脑力的事。为了适应这种工作上的改变，必须从“指挥”变成“共识”。

（三）一体原则

我们的公司维持着阶级社会的传统。我们依然区分“管理阶层/劳工阶层”（management-labor）、“薪资/计时工资”（salary-hourly wage）、“豁免/未豁免”（exempt-non-exempt），以及“脑力劳动者/体力劳动者”（thinker-doer）。我们目前生活在一个一体的时代，在这个时代中，把人划分开，必然有碍生产力。另外还有一些管理阶层必须恢复的传统。以往有一段时间，“所有人身份”（ownership）与“职位身份”（identity with the job）是一种自负的来源。工业时代（“大量生产”的昵称）疏远了“所有人身份”。电子时代由于强调信息、信息技术的弹性、社区的心理需求、身份（identity），以及个人价值的来源，则又偏向“所有人身份”。有竞争力的公司认为，应使员工充分参与工作场所的一切，充分参与制定决策，使他觉得与工作场所合一，并拥有他的工作。

（四）卓越原则

我们的文化重视舒适：物质和心理的舒适。我们觉得应该得到个人的满足感和成就感。我们不仅重视这种舒适，而且认为理当得到。我们不欢迎个人的测试和尝试，我们设法规避，并且认为这种事与个人的满足感背道而驰。“满足”与“卓越”先天就有冲突。“满足”是指对现状之接受。“不满足”是激励之源，它能引出追求改变的行动，“求变”则是不舒适之源。只有当组织鼓吹“创造性不满足”的文化时，才会出现追求卓越的行为。

（五）成效原则

在西方社会，“公司”是个比其他机构更能分配赏罚的机构。目前它分配奖赏的原则主要是依据权力。能组织的人、来源有限的人，以及能控制的人都有权力，并且也按权力比例分配到奖赏。按权力分配奖赏，跟我们文明一样古老。可是，这种制度也包含自毁的种子。当奖赏之给予完全未顾及成效时，生产力会受伤害。当奖赏与成效连在一起时，个人和公司的生产力都会进步。一个公司若要在我们正跨入的时代中经营成功，就必须重新评鉴赖以分配奖赏的价值观。在未来，奖赏必须按成效的价值给予，这种价值目前不管是企业最高主管或工会见习生阶层均未表现出来。

（六）实证原则

我们不是训练有素的思考者。美国的工业近几年成绩不佳，我们从许多解释中发现各阶层的人都有漫不经心的思考习惯。有人认为美国的管理人员靠数字在管理，那是一种神话。他们大都不太了解数字、统计方法，以及如何运用实证分析（empirical analysis）。可是，这只不过反映出整个文化当中的某一面。我们是一个由思考漫不经心的人所组成的国家。在学校、在超级市场，以及在高级主管的办公室中，我们都用极易操纵的直觉反应做决定。当直觉是建立在有事实根据的健全知识上时，最为有用。企业文化里的直觉，常常都是懒得做系统分析的借口。我们若要改善公司的成效，就必须开始教统计的价值，并了解统计如何在各阶层中运用。

（七）亲密原则

军队的管理模式不能顾虑个人的情况。在战场上，指挥官如果亲身参与另一人的内心世界，很容易使自己的情绪受影响。因此，军事指挥官必须冷漠自持，不与作战伙伴产生亲密的关系。这是我们的传统。未来的公司将面对不同的挑战，管理作风也非改变不可。

这项挑战所着眼的不是每一个员工的体力，而是他们情绪和精神的力量。这就必须要有亲密的文化（an intimate culture）。当每一个员工都能彼此坦白而不用担心受到情绪上的惩罚，当管理人员对下属的思想、感受和需要都有亲密的了解时，就能使员工发挥这种力量。然而亲密必须要有力量和安全感，这是大多数美国企业文化并未提供的。

（八）正直原则

在我们的组织中，制定决策时所考虑的主要是法律规定与先例。“正直”（integrity）是一个基础，循此可以建立起所有其他价值观，建立起个人与公司之间的信任与关系。分辨何事“诚实”与何事“不诚实”，是一种技能，这项技能与新企业文化的建立有关。我们生活在一个法律社会中，律师变成公司内仲裁是非的高级神父。“诚实”与“守法”常混淆不清。管理人员与公司一般都坚持守法。可是，法律并未具体规定何事是正确的，也无法用来指导如何做决策，以便在个人和组织之间、在顾客与供应商之间建立信任和一体的关系。这些关系已经大受伤害，不但使公司的生产力受拖累，而且还使其行销能力受影响。当管理人员有能力辨识何事合乎正直精神并能遵循时，就能重新建立彼此信任的企业关系。

企业价值观的确定及其培植并没有统一的模式，需要企业根据自身的特点和所处的文化环境与背景进行选择和确立。一般来说，企业价值观的确立应遵循以下原则：

一是崇高性原则。企业价值观的目标应当是一个具有社会意义的崇高目标，而不是仅仅局限于企业自身的一种狭隘目标。

二是个性化原则。企业价值观应反映出本企业特点，应尽可能结合企业的性质将价值目标定得具体明确。

三是可行性原则。企业价值观通过员工的努力能够达到和实现，而不是深不可测。

培养职工形成对工作、对企业、对自己的正确、坚定、积极向上的信念，存在一个服从—认同—内化的过程。对企业管理者来说，就要对员工进行教育、引导、宣传和灌输，从而使这种信念成为员工思想和行为的目标，从心理上接受企业所提倡的价值观，促进适应本企业、具有本企业特色的价值观的形成。成功企业经验表明，塑造企业价值观的关键不在于价值观的提出，而在于被全体员工所接受并使之真正成为企业成员共同的价值观。

革新性公司的八种价值品质

出色的管理本身究竟是怎么一回事呢？托马斯·J. 彼得斯、小罗伯特·H. 沃特曼赋予了“革新”这个词双重含义。他们认为，革新除了人们一般都会想到的那层含义，即由富有创造性的人去研制可供市场的新产品和提供新服务项目，还有一层更为重要和十分关键的含义，就是一个具有革新性的企业不仅要在生产那些在商业上有利可图的新产品方面不同凡响，而且在应对环境的各种变化方面，反应也应特别突出。它不像那种惰性组织，在环境发生变化时会随之发生变化。顾客的需求改变了，竞争对手的技术提高了，公众的情绪起波动了，国际贸易中各方面的力量重新组合了，政府的法规变动了，革新性公司即会紧紧跟上、转向、修缀、调整、改造并适应这些变化。总之，一个组织或企业是否具有革新性，是就其整个文化而言的。

这种关于革新的概念，勾画出了杰出公司管理的任务。在托马斯·J. 彼得斯、小罗伯特·H. 沃特曼看来，只有在革新方面确实取得了成效的公司，才能冠之以杰出公司的称号。他们曾经对所定义的革新性公司组织过专门研究。他们挑出七十五家颇受公众重视的企业，在 1979 至 1980 年间，对这些公司中的约半数进行了深入、详尽而系统的调查采访研究，对剩下的那些公司则主要通过间接渠道，即报刊书籍以及最近二十五年来的年度报告来进行研究。后来，他们又对其中二十多家进行了详细采访（为了进行对照比较，他们还研究了一些干得不怎么样的公司）。

他们的研究结果表明，杰出公司在各个基本方面都表现出色。各种手段的完备并没有代替思考，讲学识并不是说不要才智，强调分析也不是说不能有行动。相反，这些革新性公司总是在复杂的现实中极力求简单，并且持之以恒。革新性公司所坚持的是最佳质量，并努力赢得客户的欢心；听取职工们的意见和呼声，把他们当做主人看待；给自己的革新性产品和服务方面的“闯将”以充分的施展空间。而且，只要能有迅速的行动和正规的试验，即使出现某些混乱，公司也在所不惜。

杰出的革新性公司都表现出八种品质，这些品质成为革新性公司的特征。革新性公司最首要的标志，就是对这八种品质强烈的关切程度都源于强烈的信念。这八种品质是①：

（1）贵在行动。我们常说，思想为行为之先导。但在价值理念确立之后，要想把事办成，就得干字当头。革新性公司在决策方法上尽管可能仍然采用分析的方法，但却不会因此而寸步难行。

（2）紧靠用户。革新性公司向顾客们提供无人可与之匹敌的质量、服务和可靠性，提供功效显著而又经久耐用的物品。即使在最通用的日用产品方面，它们也能独树一帜，标新立异。

（3）行自主倡创业。革新性公司在整个组织内培养大量的领导人才和革新家，成为“闯将”们的荟萃之所，鼓励人们讲求实际的冒险，并且对值得进行的尝试予以支持。它所遵循的原则是弗里彻·拜罗姆的第九条戒律：“你一定得要犯一些合理数量的错误。”

---

① 托马斯·J. 彼得斯、小罗伯特·H. 沃特曼：《成功之路—美国最佳管理企业的经验》，中国对外翻译出版公司 1985 年版，第 27—31 页。

（4）以人促产。革新性公司总是把普通职工看作提高质量和生产率的根本源泉。国际商用公司的小托马斯·沃森这样说：

> “国际商用公司的哲学，大体上可以概括为三条简明的信条。我想首先要提到的，也是我认为最重要的，就是我们对个人的尊重。”

德克萨斯仪器公司董事长马克·谢波德在谈到这一信念时这样说：“每一个工人都被看成是有头脑、能出主意的而不是只凭一双手干活的。”该公司建立的九千个以上“职工参与运动”小组（即它的质量管理小组），每个都对创造该公司辉煌的生产记录作出过贡献。

（5）深入现场，价值观为动力。沃森以及惠普公司的休列特等，据说都常常去厂区车间走动。麦克唐纳快餐公司的雷·克洛克定期巡视各店，并从质量、服务、清洁和价值四方面对各店进行考评。小托马斯·沃森说：

> “一个企业的基本哲学对成就所起的作用，是远远超过其技术或经济资源、组织结构、发明创新和时机选择等因素所能起的作用的。”

（6）不离本行。约翰逊—约翰逊公司（J&J）前任董事长罗伯特·约翰逊这样说：“决不要搞一家你不知道怎样去经营的企业。”普罗克特—甘波尔公司前总经理爱德华·哈涅斯说：“本公司从来不脱离它的根据地。搞什么样的企业都可以，可就是不搞跨行业的联合大公司。”虽然说例外不是没有，但那些与自己所熟知的行业保持着相当密切联系的公司业绩最出色。

（7）精兵简政。杰出公司的基本结构形式和体制都异常简单。最高层班子很精干，公司一级的职能人员不足一百人，却管理着营业额达数十亿美元的企业。

（8）紧中有松，松中有紧。杰出公司总是既集权又分权。革新性公司把自主权下放到车间或产品开发组。另一方面，对它们所珍视的核心价值观又是狂热的集权主义者。例如，明尼苏达采矿创造公司几乎没有什么组织，一片混乱，但这种混乱是围绕着它的革新“闯将”们展开的。数字设备公司的混乱几乎难于驾驭，“连自己的顶头上司都不知道是谁”的职员实在是太多了，但公司锲而不舍地坚持产品可靠性却达到了任何局外人无法想象的程度。

改变管理的十大思想

在现代社会，企业作为地球上决定资源如何利用、决定这个世界上多少人口可以就业、决定人的生命如何才更有意义的实体，正在进行天翻地覆的变比。而引起这些变化的背后，则是那些塑造管理或被管理塑造的力量，是它们创造了影响深远的变化。变革的时代需要变革的管理，变革的管理首先是在价值观或思想变革的导引下进行的。《世界经理人文摘》杂志曾经评选出十项管理事件和思想[①]，认为正是这些事件和思想在改变着管理，也改变着世界。

（1）质量。质量改变了竞争的性质，而且很可能比任何因素都更强有力地决定企业的生产、服务方式。质量还是一股绝妙的“平权”力量，它赋予小企业与那些对质量要求拖沓迟缓的大公司决一雌雄的机会。

（2）企业变革。所有企业都必须竭力适应顾客，做到反应灵敏，

① 孙黎：《变革家—当代管理大师新思维》，中国经济出版社1998年版，第280—289页。

还要创造出能够吸引人才、留住人才的环境。“工作”、“职责”等概念的内涵也正在经历转变。

(3) 全球化。全球化的条件业已成熟。通信、交通和旅游日渐便利；贸易壁垒不断拆除；收入的增加开创了新的、广泛的消费市场；爆炸性的信息不断告诉顾客有什么花样可买。哈佛的 Theodore Levitt 说：

> “新的技术手段挑起了人们的欲望，所以几乎每一个地方的每一个人，都想拥有他们听说过、看到过或体验过的任何东西。”

日本管理作家大前研一把这种现象称为“需求的加州化”：凡是加州有的，人人都想买，几乎必都能买。全球化的精髓是：在你所从事的行业，要是做不到全世界最好，那就干脆别干了。詹姆斯·布莱恩·奎恩 (James Brian Quin) 认为，任何活动，只要公司做不到“世界最好”，就必须认真考虑从公司外采购这些活动，即用购买代替自己干。他在《智能企业》(*Intelligent Enterprise*) 一书中说：

> “假如在某项关键活动上做不到‘世界最好’，而公司在内部继续从事这项活动，或死抱现有技术不放，就将丧失竞争优势。”
>
> “只要有人在某方面做得比你好，那么你就正在放弃优势，放弃当最佳者本来可以拥有的优势。”

(4) 计算机个人化。苹果公司创始人史蒂夫·乔布斯在公司 (Inc.) 杂志中谈到微机时说：“我认为人类从根本上说是工具制造者，而微机是我们所创造的最了不起的工具。”他接着指出：“人类观念上的一大突破就是认识到把这种工具放到每个人手中的重要性，比方说，现有一笔钱可以造 1 台全世界最先进的计算机，就不如用这笔钱制造 1000 台运算能力只有千分之一的小计算机，再把它们交给 1000 个有创造力的人用。这比只有一个人使用 1 台最先进的计算机能产生更大的效果。”今天，我们不仅利用计算机搞自动化，而且利用计算机搞信息化，全球互联网络还开辟了新的商业经营模式。美国组合国际电脑股份有限公司创建人王嘉廉说：

> “放弃那种信息技术支持经营的观点。经营就是信息，信息就是经营。”

（5）权力结构重组。电脑与通信的联姻，导致信息在全球瞬间传播。花旗集团前主席沃尔特·里斯顿（Walter Wriston）说，这对全世界的权力结构有深刻的威胁。他在《至权的没落》中写道：

> “主权国家的性质和权力正在发生根本改变，甚至从根本上受到了侵蚀。”

事实验证了里斯顿的观点，一个经纪人便能颠覆一家声威显赫的银行，表明政府对证券市场没有真正的权威。而汇率能如此剧烈波动，证明汇价取决于信息高度流通的交易市场，而不是政府。企业发展的全局不再是高级经理的特权，只负责上情下达、下情上达的管理阶层丧失了存在的理由；取代进出口的，是一件产品的生产和营销过程现在能跨越几个国家的边界，迫使企业走向国际化，对机会快速作出反应，随时把业务迁移到环境最适宜的国度。

（6）顾客第一。彼得·德鲁克（Peter Drucker）说：“做生意就是要创造顾客，留住顾客。”日本人称顾客为“上帝”，给顾客贴上了至高无上的标签。顾客决定设计、制造以及营销方式，改变公司间相互竞争的方式；顾客开辟了数以千计的新市场，供更多的公司驰骋厮杀。《企业重建工程》一书的作者迈克尔·哈默（Michael Hammer）和詹姆斯·钱皮（James Champy）说得直截了当："说一不二的不是卖家，而是买家。顾客决定要什么，什么时候要，怎么样要，出多少价。"在《内部服务》（*Service Whthin*）一书中，Karl Albrecht 提出了内部顾客——服务链观点，它构成内部服务的概念基础。他说，真正强调服务的公司，人人都有服务对象，"企业组织的总目标，实际上也是唯一目标，就是支持第一线的员工做好服务工作"。美国汽车经销商卡尔·斯韦尔是终生顾客的主要支持者。他的道理平凡而朴素，他说：

> "假如你对顾客好，他们就会对你好，会再来光顾。如果他们喜欢你，就会多花钱。这样，你就会对他们更好，他们也会对你更好。来来往往，形成良性循环。"

披沙拣金，掩映在朴素外表背后的，是一条令人信服的服务理论：不要计较顾客一次花多少钱，你应该做的就是努力提供服务，确保有一个又一个终身顾客。顾客价值分析家 Bradley Gale 则这样说："假如在经营各方都进行顾客价值评价，你的质量就会获得顾客的彻底肯定。"

（7）战略复兴。管理不只是要把事情办对，更重要的是要办对该办的事。坚实的战略会让员工对所选择的路线充满信心，并沿着这一路线努力前进。战略规划使一大批经理及其公司高瞻远瞩，全神贯注于领导、使命和远景，带领着公司驶向未来。当然，如果把制订计划的过程看得重于战略策划，那就等于自我毁灭。明茨伯格在他写的《战略规划的兴衰》（*The Rise and Fall of Strategic Planning*）一书中

这样说:

> “正规的计划程序无法预知未来的变化，无法为那些承担计划责任、却脱离实际经营管理过程的经理提供创造全新战略所需的信息。”

(8) 大工业的衰退。规模大已经过时，小而快正在成为潮流。当今世界，时不我待，顾客亦不我待，因此官僚作风、反应迟缓等弊端，远远超过财大气粗和规模经济带来的优势。许多人拥有可以更有效发挥作用的技能，拥有宝贵的“资本”——信息，它已成为财富的新来源。大工业已经过时，代之而来的是知识社会。最有价值的生产要素不再是土地、原材料、资本，而是信息、知识、才智。

(9) 知识升值。随着知识成为重要资源，拥有知识的人是最重要的资产。现代企业唯一持久的竞争优势，是拥有那些能把同样的战略运用得不同寻常的人。管理好知识资产，管理好拥有知识的人，是现代企业最为重要的课程，培育有效的企业文化、确立一套价值体系、建立最能发挥人的价值的组织结构和管理体系、建立恰当的激励机制、大力鼓励学习进取，应成为现代企业管理的例行内容。如今，像“信任”和“爱”这些字眼，已广泛浸入工作场所，使用这些词语并不是为了支持“软”管理方式，而是承认一个现实——知识这种宝贵资源通常跟很多东西联系在一起，其中包括感情。正如 Swatch 公司董事长 Nicolas G. Hayek 所说:

> “我们坚信只要每个人都倾注想象和文化，创造出富有情感的产品，就一定能够做到天下无敌，因为情感是无法复制的。”

（10）个体时代。在今天的市场化时代，顾客至上还不够，还要把每位顾客都当作单独的市场对待，针对个体开展营销将是企业未来的发展趋势。约翰·奈斯比特（John Naisbitt）和帕特里夏·阿伯迪恩（Patricia Aburdene）在《2000年大趋势》（*Megatrends* 2000）一书的结尾强调：

> “总结20世纪，贯穿着一个伟大的主题，那就是个体的胜利。”

作业流程重建专家迈克尔·哈默和詹姆斯·钱皮说：“在20世纪多数时候，大规模市场的观念曾为制造商提供了一种有用的幻想，即顾客都差不多。”然而现在，顾客有了选择余地，他们在表现各自的品位。市场于是解体、分裂、瓦解。《营销大转折》（*The Great Marketing Turnaround*）一书作者Stan Rapp和Tom Collins说，顾客在呼唤：“注意我！请承认并且欣赏我的个性、我的需要和我的自我表现欲望。我会作出反应的，那就是购买你的产品，更加详细向你讲述我自己，以便你更好地为我服务。”直接营销、“虚拟公司”、数据库营销，将成为一种新模式。20世纪80年代，托马斯·沃特森（Thomas Watson，Jr.）在接手领导IBM时就认定他父亲的管理哲学中的关键训令不能改。第一条就是：充分考虑作为个体的员工。他说：

> “经理要学习的最重要的事情并不是其工作的职业领域，而是学会用适当的方式对待向他们汇报的人。”

培植企业管理理念的基本框架

管理理念的形成和确立，是构建管理组织、管理方式、管理手段的先导和前提。只有首先形成与客观世界发展变化相适应的管理理念，才能形成适应客观世界发展变化的价值观念与价值取向；只有确立了组织特定的价值取向，才可能努力去争取，去奋斗。由于管理是一个涉及计划、生产、质量、技术、人才、财务、营销、人事等活动组成的庞大体系，因此，也就决定了管理理念是由一系列相应的观念组成的。管理理念通过管理观念的组成体系和系统框架得到具体的体现。一般认为，现代企业的管理观念主要由企业战略观、企业效益观、企业质量观、企业竞争观、企业营销观和企业用人观等一系列观念和观点组成，管理理念渗透于其中。

（一）企业战略观

企业战略观是企业经营者为使企业在复杂多变的市场环境中求得生存和持续发展的指导思想，是对企业的产品方向、经营范围、经营目标和经营谋略等战略问题提出的总体设想和规划。战略观以变革、创业、社会市场、质量、效益等观念引导企业排除一切困难和障碍，不断推进企业向前迈进，开创企业生产经营的新局面。现代企业的战略观，主要体现在企业不断变革观念、敢于创业和敢于创新的观念、确立社会市场观念、追求全面的综合效益观念等方面。在这些观念指导下，确立战略目标、战略方针、战略步骤和战略措施，并通过战略决策和战略规划来表现和实现。由于企业战略观是从全局或长远的观点来研究企业的生存和发展，是现代企业管理的最高层次与首要任务。因此，在企业经营管理中起着指南针的重要作用。

在市场环境多变的情况下，公司经营成败在很大程度上取决于公司有无正确的、符合社会与市场需要的企业发展战略。没有思路就没有出路。没有明确的战略，企业发展就会迷失方向。一个企业必须树立自己的战略性经营思想，关注自身应该做什么事，擅长做什么事，能做什么事，不该做什么事。战略性经营思路是建立在长期、系统、全局的基础之上的，是企业面对市场经营环境变化而采取的主动出击与积极响应的策略，是在环境动态的变化中从整体上把握企业，确定企业发展的未来走向，而不是简单地、被动地应付企业环境的变化。战略经营与战术经营的最大区别在于：战略经营是长期的、全局的、动态的和系统的，战术经营是短期的、局部的、静态的与零碎的。

企业成功不一定是战略性经营的结果，但战略性经营可以使成功概率成倍增加；战略性经营依赖的是企业实力，而不仅仅是机遇；实施战略性经营必须把企业战略转化为可操作性的规划目标，并持久地实施下去，而不能为一时的得失所动。从战略角度看，许多企业失败一是没有战略，二是有了战略，不能稳定、持久地实施。

从20世纪六七十年代美国首创并发展了战略管理的理论与实践到现在，企业战略观的模式主要有二：一是两个以上企业的各种类型的战略联盟，即企业出于对整个世界市场的预期目标和企业自身总体经营目标的意愿，通过某种契约而结成的优势相长、风险共担、要素双向或多向流动、组织松散结合的一种经营管理方式。二是企业竞标，即瞄准最强的竞争对手全力赶超。这种竞标不同于模仿，而是在学习中创造，形成一种良好的战略改进机制。我国宝钢、海尔、春兰等企业的快速发展，正是这一战略的结果。

（二）企业效益观

效益是一个比利润更宽泛的概念。追求利润，是企业天经地义的责任。但是在社会文明发展的进程中，仅仅追求利润已不是现代企业的唯一目的。利润仅仅是衡量一个企业效益的一个重要量化指标。在现实中，企业的利润高，并不一定效益好，这是因为利润只是一个短期指标、一个弹性指标，一时的高利润可能恰恰反映了生产的不均衡性，还可能由于外部环境因素的变化使企业获利于一时却掩盖了深层矛盾。

效益是一个综合性的评价指标，它至少包含四个方面量化指标的综合：

一是利润指标；

二是市场占有率；

三是企业市场价值；

四是企业人力资源价值。

随着知识经济时代的到来，市场价值和人力资源价值指标愈来愈受到重视。企业市场价值与人力资源价值的大小，实质上反映了人们对企业未来利润的预期。因此，对于企业而言，效益可以认为是利润与预期利润的综合。相比较而言，预期利润指标更为重要。

（三）企业质量观

质量专家这样说：20 世纪是生产率的世纪，21 世纪将是质量的世纪。质量是现代企业的生命。在现代化社会，它不仅体现一个企业生命的价值，而且体现一个民族科技和经济发展的程度、现代化的发展水平和更深层次的文化追求。现代企业要想在 21 世纪的世界级质量竞争中获取胜利，必须彻底抛弃一味追求数量的观念，树立具有现代化意识的“大质量”观，树立以“质量第一求生存，以质量第一求发展”的新型质量观念，走质量效益型和集约发展型的道路。

现代化的质量观，已经从仅仅符合标准的质量观念扩大到产品的性能、品质、包装、服务、可靠性、安全性、经济性等方面，扩大到全面满足用户要求的质量观念。随着短缺经济的结束和买方市场的形成，现代社会质量的主宰者已从生产者转向消费者，质量也从简单的数字表示，走向丰富复杂的人为情感。企业采用新技术的目的，是使产品让消费者更满意，企业推出新产品要以消费者的真正需求为依据，取得用户的认同，才是质量。日本日立公司的员工手册上写着：“如果无法让顾客满意的话，质量就没有意义，提供给顾客的产品如果只停留在企业自己满意，那是错误的。”

今天，那种仅仅符合各种质量标准、仅仅停留在政府的评比检查上而不管市场欢不欢迎的质量观念必须改变。国际标准化组织给质量下的定义是：产品或服务满足规定或潜在需求的特征和特性的总和。日本企业界将质量分为“理所当然的质量”和“有魅力的质量”。理所当然的质量就是产品的性能、寿命、可靠性、安全性、属实性；有魅力的质量就是产品的外观包装、服务、品牌有特色等，使顾客购买后能获得物质上和精神上的双重满足。

现代化的质量观，已经从对产品质量形成过程的关注扩大到对产品开发、流通领域、售后服务等方面的全面关注。过去许多企业常常将质量管理的重点放到生产线的控制，采取“防堵性”的质量控制措施，耗费大量的人财物以防止不良产品流出生产线。这对提高产品质量，防止不合格产品的生产起到重要作用，但如果产品在设计中存在隐患，质量问题已经形成，或者产品在流通领域出现质量事故，也会影响企业声誉。

日本管理专家田口玄一认为：要控制产品的质量，与其按照传统方法把注意力放在生产程序和设备上，不如在产品开发设计一开始就考虑如何使该项产品足以经受生产过程变异的考验。目前海外流行的 1：10：100 的成本法则，就是要求把质量设计到产品中去。这项法则的大意是：如果在生产前发现缺陷改正需花 1 元钱，那么在生产线上发现并加以改正则需花 10 元钱；如果产品流通到市场上被消费后发现该缺陷而需要改正的话，企业就要付出 100 元的代价。目前世界上许多先进企业都树立了“零缺陷”的质量管理观念。他们认为，对企业来说，千分之一的废品率或万分之一的废品率，对消费者来说就是100%的废品，所以企业要实行“零缺陷”、“无废品”的质量标准。做到产品一次合格，可以省去返工和保修的费用，减少废品、次品的浪费，使售后服务开支降到最低。

现代化的质量观，既体现有形的物质形态，也体现无形的精神形态。IBM管理学院有句名言：“质量是90%的态度，知识只是10%。”IBM曾不断地公开申明自己“不是制造商，而是提供全面解决方案的服务业”。也就是说，在质量问题中，人的责任心、认真的工作态度更为重要。美国有家制造对讲机的公司到客户中做现场推销表演，不料机器发生故障，推销员尴尬之际打电话请公司派人前来修理，10分钟后技术人员赶到，数分钟后故障排除。推销员正打算继续表演，但客户却说：“不用了，我们订货。”因为刚才那幕迅速的服务，已赢得了客户的信任。管理学家明确提出：“产品质量不是制造出来的，而是一种习惯。”由此可知，质量问题已不仅仅是产品制造的问题，更重要的是全体员工的素质问题；不仅仅是质量管理部门的问题，还是整个企业管理水平的问题。松下幸之助说：“我们公司是先制造人，再制造产品。”他认为，人的质量不仅包括学历、学问等有形质量，还包括工作能力、进取心、向心力等无形质量。所以，企业要提高产品质量，首先要提高员工对质量的关心度。

随着我国社会主义市场经济的深入发展和加入WTO，我国企业越来越走向世界，参与国际市场竞争。现代化的质量观，必须符合国际质量认证标准。我国企业必须从注重获省优部优的质量观念转向积极获取国际质量认证的观念。产品质量符合国际质量认证标准，是企业通向国际市场、参与国际竞争的有力“通行证”，它表明企业能够向其用户提供所要求的质量保证。为适应日益激烈的国际市场竞争，各个国家和企业正在快速推进质量认证的进程。目前企业质量认证所依据的主要标准是ISO9000系列标准，这是国际通用的质量管理和质量保证标准，是国际贸易中需方要求供方提供质量保证的依据。企业一旦获得 ISO9000 认证，就等于取得了进入国际市场的通行证。

在我国，质量认证已日益显示出自身价值，许多企业由于获得了质量认证，产品顺利打入国际市场；而有些企业由于没有获得质量认证，导致产品进入国际市场受阻，人们因此把获得质量认证证书叫做“一纸抵万金”。质量认证不仅体现在经济效益上，更可使企业的管理得到升华，它同企业形象一样，是一种巨大的无形资产。因此，现代企业要积极贯彻标准，执行标准，按系列标准的要求，调整、充实、完善质量体系，采取相应的质量保证模式，并积极创造条件争取获得国内和国际认证机构的认证。同时，ISO9000 系列标准是不断完善和发展的，企业获得认证后，仍要继续完善质量体系，适时符合新版质量标准的要求。

（四）企业竞争观

市场经济是竞争经济。在市场经济条件下，无论你情愿不情愿、自觉不自觉、主动还是被动、适应还是不适应，企业都会被卷入市场这个大战场，在市场机制这只“看不见的手”指挥下，进行激烈的市场竞争。竞争是商品生产者和经营者在市场上为了各自的经济利益、为了企业的生存和发展而进行的较量和竞赛。竞争不仅决出优劣，而且优胜劣汰，优者进一步发展壮大，劣者逐步被淘汰。这是竞争的基本准则。

一般地说，旧的竞争格局被打破，新的竞争格局又形成，而且是在更高一层次的生产力和经营管理水平上展开更大规模、更加激烈的竞争。竞争是企业创新的动力，经营的活力，发展的源泉。竞争使社会资源得到最优化、最合理的配置，使人们进一步更新思想观念，推动人们大胆开拓，勇于创新，推动社会经济和生产力向前发展。实践证明，竞争和效率、竞争和活力、竞争和企业生命力呈正相关关系。竞争观念越强、竞争策略越新颖、竞争力越旺盛，企业的效率就越高，企业的生命力就越强；反之，没有竞争头脑，企业就没有进步，企业的生命力就处于萎缩状态。因此，在市场经济条件下，企业要牢固树立竞争观念，通过竞争来实现组织的追求。敢于竞争、勇于竞争、善于竞争，是现代企业生存、发展和壮大的必由之路。

企业参与竞争、开展竞争所采取的竞争策略，是在企业具有的竞争观念指导下进行的。因此，企业竞争观念的确立和创新，是企业竞争获胜的前提和先导。那么，在今天的条件下，什么是合理的与科学的竞争观呢?

一是要建立全方位的竞争观念。现代市场竞争贯穿于企业生产经营管理的全过程，这表现在企业从产品设计、物资供应、质量管理、技术进步、设备改进、新产品开发、价格定位、人才策略、商品售后服务、企业信誉等各个环节，都要有竞争意识。这些环节相互联系，相互促进，一个环节竞争力的提高，会促进其他环节的改善和进步；一个环节竞争力的落后，也会制约其他环节的改善和进步。因此，企业要全面系统地考察组织各个方面的竞争实力，树立全方位的竞争观，积极主动地从各个方面参与竞争，通过各个环节的协调共进，确立企业竞争的整体优势。

二是多种手段并存的竞争观念。在市场经济条件下，竞争者的多少、竞争力的大小、竞争的范围、竞争的强度等，都在不断地变化，企业只有在全方位的竞争观念指导下，采取灵活多样、机动多变的竞争策略和竞争手段，才能抓住机遇，取得竞争的胜利。企业要树立多种手段并存的竞争观念，努力研究竞争对手和与竞争对手竞争的方式，巧妙地利用时间、准确地选择空间、灵活地运用经营手段，去取得竞争的胜利。

三是要树立双赢或协作的竞争观念。各个企业在市场中并不是孤立的，而是平等的市场主体，既存在着竞争，也存在着协作。竞争和协作之间没有绝对的界限，在一定的条件下可以相互转化，即根据是否有利于组织的长远发展和资源是否缺乏等状况，决定自己是采取竞争策略还是协作策略。所以，竞争和协作具有权变性。那种市场如战场，你死我活，赢了别人，也伤了自己的竞争观念，已经是落伍的竞争观。而且，同类产品的竞争对手还承担着一种共同责任，那就是共同培育市场。在规范的市场竞争下，自己利益一定是在满足对方的利益之后获得的，而不是以对方的牺牲为条件。因此，现代的竞争观念是一种双赢或协作的竞争观念——对手赢，你也赢。双赢意识是现代竞争意识，战略联盟已成为现代竞争的主要手段，它不是以打击竞争对手为目标，而是着眼于如何利用竞争对手的优势，取长补短、共同发展。如 IBM 与苹果公司联合开发新型计算机，日本马自达公司与美国福特公司联合开发新型汽车等。

现代市场竞争，并非一定要在产品竞争上分个高低。现代市场竞争有三大领域：产品市场竞争、要素市场竞争、产权市场竞争。产品市场竞争是产品成果的竞争，所形成的优势是暂时优势。企业只有利用产品竞争形成的优势及时转移到要素市场，在要素市场上培育技术、设备、人才、管理等多方面优势，才能形成持久的竞争优势。而产权市场的竞争为竞争对手之间的双赢选择提供了机会，使得社会资源可以达到最佳配置。

（五）企业营销观

市场经济是一种竞争经济，更是一种优势经济。这种市场竞争和由市场竞争所产生的优势，迫使并激励每个市场竞争主体——企业千方百计地优化自身行为。企业优化自身的行为，主要通过市场营销来实现，从产品的求新求异、价格的求适求宜、营销渠道的求通求畅、营销方式的求新求活，到营销思维的求新求奇和营销策划的求准求好，其目的都在于使企业在市场中具有竞争优势，实现企业的整体战略。营销是连接企业内部行为和市场行为的纽带和通道，企业市场营销成功的与否，是企业整体战略成功的主要标志。

所谓企业营销观，是指企业对市场营销的总观点和总看法。不同的人和不同的企业具有不同的营销观。营销观念的正确与否，直接关系到企业营销活动的成败。从营销观念的发展过程看，营销观念经历了生产观念、产品观念、推销观念、营销观念和社会营销观念的发展过程，其主要原因是营销环境发生了很大的变化，从卖方市场到买方市场，从低层次需求的满足到对高层次需求的追求。由于不同的市场环境要求企业具有不同的营销导向，在由厂商主导市场的环境中，企业可以采用以生产导向为主；而在供求大体平衡或供大于求的市场环境中，仅仅使产品适合于客户已不够，企业应接受市场需求导向，让客户认可自己的产品，并积极引导市场、创造需求，同时还应树立市场竞争导向的策略。这是现代企业市场营销发展的方向。

现代企业的市场营销，并不是简单地使企业的产品进入市场，其内涵已扩展到企业为了满足个人与组织的需要所进行的思想、物品与服务的等价交换过程。交换是市场营销的核心，其实质是一个价值创造的过程，交换通常使双方变得比交换前更好。企业之间的竞争，是创造价值的竞争，营销成功的关键是企业能否比竞争对手为客户提供更大价值。营销双方通过商品交换、需求信息交换、观念交换、情感交换等进行资源的全方位整合，从而实现营销效果的最大化。

现代营销与传统推销的区别如下①：

推销重在产品，营销重在服务与需求；

推销重在卖方自己，营销重在买方需要；

推销是先开工厂后做市场，营销是先做市场后开工厂；

① 转引自邢以群、张大亮：《存亡之道——管理创新论》，湖南大学出版社2000年版，第209页。

推销通过销售获得利润，营销通过顾客的满意获得利润；

推销想的是今天，营销想的是明天；

推销想的是战术，营销考虑的是战略；

推销追求的是利润率，营销讲的是客户的满意度。

（六）企业用人观

人员的使用是管理的重要职能之一。是否善于发现人才、合理使用人才、培养选拔人才、充分发挥人才的作用，是一切社会组织事业成败的关键。以人为本、唯人兴业的观念，是现代组织一种新型的并已广为接受的现代管理理念，是组织的现代用人观。如何用人，用什么样的人，是组织用人观的集中反映。如“人人都是人才”的用人观，与“能人治厂”的用人观，就是两种截然不同的用人观。

人才是相比较而言的。从纵向比，我们通常把拥有超出一般人平均水平能力的人称为“能人”；从横向比，我们通常把拥有一般人所没有的能力的人称为“异人”。“能人”与“异人”毕竟是少数，如果我们认为人才就是这些“能人”或“异人”，那么世界上确实“人才难得”。但是，从“人才就是有用之才”的观念出发，那么世上人人都是人才，关键在于如何使用。只有无能的管理者，没有无用的人才。

在用人方面，越来越显示的两大变化趋势是：一是从计划分配用人到因才施用，二是由相马到赛马。知人才能善任，但知人有相当的难度，尽管知人手段的开发与使用有了较大发展，各种人员测评的手段开始应用于管理实践。知人首先要管理者对人感兴趣，通过与人为善、学习心理学、细心观察、经常性沟通，才能实现对人的全面认知。也只有这样，才能使每个人在适当的岗位上各尽其才，才尽其长，才尽其用。从赛马中识别好马，是现代人才的发现和培养方法。认识人才和培养人才的最好方法，就是让他去做事。海尔的用人观就是赛马不相马。海尔是员工比赛的赛场，每个人都在场上参与比赛，随时随地都有公开竞争。赛马机制可以给每个人以公平机会，并且可以大批量地发现人才。

以人为本、唯人兴业的用人观，就是现代企业从基本理念到具体管理的原则和方法，都要从人出发，以人为核心和以人为目的，充分调动人的积极性、主动性和创造性，使人的价值在工作中得到充分体现和发展。以人为本、唯人兴业的用人观，表现在尊重人的价值；把满足人的精神需要和物质需要作为发挥企业员工潜能与推动企业发展的重要动力；把提高人的素质作为企业生存和发展的基础，把满足人的需要、促进人的自由全面发展作为企业基本的激励机制。

案例：华为用人的“基本法”①

我国深圳华为公司通过建立客观公正、科学合理的价值评价体系与价值分配体系，为公司系统内尊重知识与个性的员工提供良好的大环境和正确的价值导向。“华为基本法”贯穿着一条“价值链”的主线，它明确回答了华为公司的价值是如何创造的，哪些要素参与了价值创造（劳动、知识、企业家和资本），华为公司为谁创造价值，谁是华为公司价值的受益者，在公司内部如何进行价值评价，即确定每个人、每个部门对公司的价值贡献度，在公司内部，创造的价值应如何进行分配，即价值分配的依据和标准是什么，等等。这些问题可归结为价值创造观、价值评价理念和价值分配理念。

华为价值评价体系的核心是人事考核，内容包括工作态度、工作能力、工作业绩、个人适应性和潜能、管理能力等五大块。考核的依据和标准主要有三项：共同的价值观（评价工作的依据）、现有的能力和工作潜力（评价工作能力的依据）。华为对人事考核有明确

① 转引自邢以群、张大亮：《存亡之道——管理创新论》，湖南大学出版社2000年版，第205—207页。

的认识：考核评价永远不是目的，它只能是一种工具或手段，只能起一种牵引、导向作用。通过考核，在公司内部建立人才竞争和淘汰机制。如果说价值创造解决的是做“馅饼”的原料和如何做大的问题，价值评价解决的是“馅饼”的切法问题，那么价值分配要解决的就是切好的“馅饼”如何合理分配出去的问题。

华为建立价值分配体系的核心，是其倡导的与考核评价体系相对应的基于能力主义的“职能工资制度”。华为以同行业最佳的工资报酬水平的80%吸纳一流人才，并过滤单纯追求利益的人，使各类有事业心、有抱负的优秀员工加盟。在内部则依据个人承担的责任、所具有的能力和作出的贡献，充分拉开工资收入差距。职能工资的实行，使各类人员的工资待遇与其责任、能力和贡献挂钩，避免了将所有员工都朝“官位”一条道上驱动的倾向，员工可以在不同领域根据自己的特点去选择其适合的发展方向。职能工资制还为公司内部人才流动提供了条件。

实行以自由雇佣为基础的人力资源管理体制，以及与此相适应的一系列人事政策与措施，则为个人充分发挥才能提供了机会与平台。在自由雇佣基础上确定企业与员工之间的长期信任和主动合作关系，是华为公司人力资源管理体制与内在激励机制的基本特征。

第一，建了内部劳动力市场，引入多种形式的竞争与淘汰机制，通过内部劳动力市场和外部劳动力市场的置换，在企业内部的制度性规范基础上，实现人才的有序流动。在自由雇佣制下，企业可以随时解雇不适应公司发展要求的员工，这是制度本身的内在属性。华为一方面通过外部劳动力市场调节人员流动量；另一方面又凭借内部建立的劳动力市场，运用内部公开竞聘方式，岗位调动、外派、下岗培训、辞退等灵活的竞争与淘汰机制，推动干部能上能下，促进优秀人才脱颖而出，实现人力资源的合理配置，铲除沉淀层，激活现有人力资源。

第二，实行有差别的动态福利保险制度，解决好长期报酬政策与短期报酬政策之间的矛盾，防止企业所需要的优秀人才的流失以及人员沉淀。在华为，安全退休金等福利的分配依据是工作态度的考评结果，医疗保险按贡献大小而定。对高级管理人员和资深专业人员与一般员工实行差别待遇，高级管理人员和资深专业人员除享受医疗保险外，还享受医疗保健等健康待遇。

第三，通过持续不断的人力资源教育培育培训系统，挖掘每个人的潜力，使每个人在工作实践中增长才干，优化知识结构，增强职业适应能力，通过个人职业生涯的设计，伴随公司的成长与发展，实现个人职业生涯的辉煌。

案例：海尔的企业价值观是怎样形成的[①]

海尔集团的管理理念体系具体包括：

1. 质量工作

理念：高质量的产品是高质量的人干出来的

模式：高标准、精细化、零缺陷、下道工序是用户

2. 售后服务

理念：用户永远是对的

模式：一条龙服务

3. 用人机制

理念：人人是人才

模式：赛马不相马

工人：三工并存，动态转换

干部：在位要受控，届满要轮流，升迁靠竞争

4. 资本运营

① 高贤峰、吴金希：《海尔集团管理顾问披露海尔成功之谜》，载《中外管理》2001年第1期。

理念：以无形资产盘活有形资产

模式：东方亮了再亮西方，专吃“休克鱼”

5. 技术改造

理念：不在低水平上重复投资

模式：先有市场，后有工厂

6. 技术创新

理念：创造新市场，创造新生活

模式：三角结构

7. 内部管理

理念：人人都有事，事事有人管

模式：OEC 模式

8. 市场营销

理念：先卖信誉再卖产品

模式：市场调查—新产品投放—产品定价与定位—渠道及促销宣传—服务及回访。

那么，海尔集团的管理理念是怎样形成并广泛成为海尔员工的共有价值观的？海尔成功的秘密就是管理制度与企业文化紧密结合，把管理理念构成管理价值体系。海尔管理运行的过程是“提出理念与价值观，推出典型人物与事件，在理念与价值观指导下，制定保证人物与事件不断涌现的制度与机制”。正是这“制度与机制”和员工“理念与价值观”的互动，对海尔的成功起到了至关重要的作用，使海尔获得了稳定发展。

例如，海尔对质量的管理。第一步，提出质量理念：有缺陷的产品就是废品。于是，就有了产品质量的“零缺陷、精细化”管理办法，达到用户使用的零抱怨、零起诉的要求……第二步，推出“砸冰箱”事件。为了将管理理念渗进到每一位员工的心里，再将理念外化为制度，构造成机制，通过“砸冰箱”事件使员工对“有缺陷的产品就是废品”的质量理念有了刻骨铭心的理解与记忆，对“品牌”与“饭碗”之间的关系有了更切身的感受。于是，“产品质量零缺陷”的理念得到了广泛认同。第三步，构造“零缺陷”管理机制。在海尔每一条流水线的最终端，都有一个“特殊工人”，流水线上下来的产品，在经过各个工序时，工人检查出上一工序留下的缺陷后就及时地记录在一张缺陷条上。这位特殊工人的任务，就是负责把这些缺陷维修好。他把维修的每一个缺陷所用的时间记录下来，作为向“缺陷”的责任人索赔的依据。他的工资就是索赔所得。那么，当产品合格率超过规定标准时，他还有一份奖金，合格率越高，奖金越高。这就是著名的“零缺陷”机制，这个特殊工人的存在，使零缺陷有了机制与制度上的保证。目前，这一机制有了更加系统、更加科学的形式，这就是海尔称为市场链机制的“SST”，即索赔、索酬、跳闸。这一制度的推出，使海尔的产品、服务、内部各项工作都有了更高的质量平台。

有人说，在企业规模较小时，用能人管理就可以了；随着规模的扩大，必须上升到制度化的管理；当企业发展到超大规模的时候，则必须使管理上升到文化与哲学层次，用理念、价值观来统帅员工。海尔的成功正得益于它将先进的管理理念与中国人的传统观念、价值观、行为方式很好地结合起来，妙在把管理理念、企业文化与管理制度相结合。

员工的行为是由员工的理念系统、价值系统与员工所处的环境决定的。当员工理念、价值系统与企业的环境相适应时，员工就能作出符合企业需要的行为。而员工价值系统并不是一成不变的，它在一定程度上又受所处环境的影响。因此，有目的地影响或者培养员工的价值观就成为管理的重要切入点。

企业为达到自己的根本目标，实现根本宗旨，要有明确的核心价值观和核心理念，这称为该企业的经营哲学。但是，由于其过于抽象和笼统，对职工的指导性往往不够，因此应该在其指导下，提出每一个分系统的理念或价值观。这就是海尔管理“三部曲”的第一步。

当企业提出自己的某一理念或价值观时，能够直接认同并接受下来的人是少数，能用这种理念指导具体行动的人更是少数中的少数。但是，恰恰这少数中的少数人就是企业的骨干，把这部分骨干的行为典型化，充分利用其示范效应，使理念形象化，就能使更多的人理解并认同理念。这就是海尔管理“三部曲”的第二步。

但是，即便有了典型人物与事件，也还会有部分人不接受理念与价值观，这时就需要制度的强制。以企业理念与价值观为导向，制定管理制度。在制度的强制下，使员工发生符合企业理念与价值观的行为。在执行制度的过程中，企业理念与价值观不断得到内化，最终变成员工自己的理念与价值观。这就是海尔管理“三部曲”的第三步。

通过管理“三部曲”的实施，企业形成了“管理理念、管理制度与企业文化紧密结合”的管理环境。这种管理环境有两大作用：对个人价值观与企业价值观认同的员工，有巨大的激励作用；对个人价值观与企业价值观不相同的员工，有巨大的同化作用。正是这两种作用，使得管理“三部曲”成为一种非常有效的管理模式。

7. 管理组织的伦理内涵

在管理学中，组织的含义可以从静态与动态两个方面来理解。从静态方面看，管理组织指管理的组织机构或组织结构，即反映人、职位、任务以及它们之间的特定关系的网络。这一网络，可以把分工的范围、程度、相互之间的协调配合关系、各自的任务和职责等用部门和层次的方式确定下来，成为组织的框架体系。管理结构意义上的组织，是指企业管理的各个层次和部门单位，按照企业任务和管理目标，各个层次和部门单位具有不同的职责范围。它犹如企业大厦的架构，企业是在这种架构下建立起来和运行的，架构不牢或陈旧必将危及企业大厦。从动态方面看，管理组织指管理的组织职能，指维持与变革管理组织结构，以完成管理目标的过程。通过管理组织机构的建立与变革，将生产经营活动的各个要素、各个环节，从时间上、空间上科学地组织起来，进行合理配置或优化配置，使每个成员都能接受领导、协调行动，从而形成组织的整体职能。管理职能意义上的组织，属于管理的计划、组织、协调、控制、指挥、决策等职能之一，同时又贯穿于管理活动的每一种职能之中，是任何管理活动所不可缺少的。我们所说的管理组织，主要是指管理结构意义上的组织。

管理组织的基本类型

管理组织是企业各资源要素有效结合或优化配置的运行载体。企业为了实现自身的任务和管理目标，必须运用组织手段协调生产经营活动，就需要有一定的组织。企业组织包括企业的组织形式和企业的内部组织结构。

我们知道，企业发展至今已出现三种主要的组织形式，或称法律形式，即业主制、合伙制及公司制。公司制是现代企业的基本组织形式。企业的内部组织结构指由若干个行政层次组成的层级组织，其模式很多，有直线职能制、事业部制、超事业部制、矩阵制等，其基本类型不外U型、M型及H型结构三种。此外，适应现代企业形势发展的需要，又出现了网络型结构，即N型结构。①

（一）U型结构

这是一种依职能而构建的组织结构，强调信息的纵向联系，是公司制企业形成以来最早的组织结构模式。由于该结构起源于法约尔在一家法国煤矿担任总经理时所建立的结构形式，故又称“法约尔模型”。U型结构的基本特点，是按照职能的不同把企业组织划分为若干部门，如生产部、销售部等，而每一部门均由企业最高领导直接管理，属于一种高度集权的组织结构。该模式主要适应于中小型企业及单一产品生产经营的要求，具有反应灵活、控制有效、管理成本低的优点。另一方面，U型结构组织的弊端是很难保证决策的准确性，除了企业最高决策者的决断可能出现偏差，还可能由于高层经理们各自负责一个部门工作，从而带来为平衡各部门关系而牺牲公司整体利益甚至放弃长期目标的不良倾向。

---

① 参阅王建、徐永德等：《企业创新的理论与实务》，北京：新华出版社2000年版，第259—261页。

随着企业产品和职能部门的多样化，U型企业组织结构变得越来越不适应企业的发展需要。首先，由于企业产品的创新涉及多个部门，U型企业组织结构难以使部门之间密切配合；其次，由于企业各部门间缺乏有效的横向联系，从而不能使企业对市场竞争产生快速反应。

（二）M型结构

M型结构产生于20世纪初。由于当时面临规模庞大、体制僵化和难以适应市场变化的局面，时任通用汽车公司副总经理的斯隆率先抛弃U型结构，进行了内部分权的组织制度创新而采用M型结构，故此结构又称“斯隆模型”。由于M型结构与现代市场竞争相适应，从而成为现代企业组织结构模式的主要类型。M型结构是一种分权式的组织结构，即在总公司之下按产品类型或地域等标准划分多个事业部或分公司。这些事业部和分公司具有相对独立的自主权，是独立的利润中心。M型结构主要适用于品种多样化以及市场变化较快的大型企业。

事业部制组织又分为：

传统型事业部制。它建立在直线职能制基础之上，其各事业部内部结构仍按职能制原则设置，属于一种由多个直线职能制结构重叠形成的组织结构。该结构存在本位主义严重等弱点。

现代型事业部制。它建立在项目小组之上。该结构对于部分行业，尤其是具有产品开发功能的企业，在进行并行工程时较为有效。一般而言，项目小组由一个项目经理、一个市场经理、一个财务经理、一个设计师、一个工艺工程师和若干不同工种的工人组成，根据需要还可吸收公司外部专家参加。项目小组不同于矩阵型流动小组，是一个稳定的组织结构，不随某项任务完成而解散。项目小组具有团结合作、发挥协同优势、缩短产品研制与生产出货时间等优点。项目小组的工作方式可促进公司快速应变，避免传统的官僚作风，对企业的成本结构做重大调整等。

（三）H 型结构

这是一种较事业部制更为彻底的分权制结构的组织模式。这种结构的组织模式特点为：母公司与子公司不是行政上的隶属关系，而是资产上的联结关系；子公司具有法人资格，能自主经营、独立核算、自负盈亏、独立承担民事责任。与事业部制组织比，这种结构具有降低母公司经营风险，同时使子公司具有较强的责任感与积极性等优点。这种结构的不足之处是母公司对其不能直接进行行政控制及母、子公司双重纳税等。因此，这种结构的组织模式适用于跨行业多种经营的大型集团公司。

U 型与 H 型组织结构形式，在 20 世纪 20 年代前较为盛行，M 型结构自 20 世纪 20 年代后才逐渐发展，目前已成为各国大公司的基本组织形式。

（四）N 型结构

即网络型结构。进入 20 世纪 90 年代，企业的生存能力将取决于它的应变能力。随着信息化社会的到来以及人们需求层次的提高，以往那种 U 型及 M 型组织结构带来的按职能分工、条块分割、金字塔形的层次组织结构，无法对外在信息作出快速反应，同时，缺乏人情味式的官僚制式组织也已趋过时，西方企业纷纷掀起从金字塔型组织结构向网络型组织结构的转变，即将纵向管理转变为横向管理，形成一种由众多独立的小规模生产经营单位组成的彼此紧密纵横联系的网络型组织结构。纵向管理即高层管理（承担战略策划功能）、中层管理（承担企业正常运行功能）、基层管理（承担作业功能），横向管理即战略管理、组织管理、人力资源管理、科技管理、生产管理、销售管理等。由金字塔型组织结构向网络型组织结构转变的一个明显特征，是减少管理层次和管理职能部门，使组织结构尽可能变“偏”、变“瘦”。N 型组织结构显示了强大的生命力，代表着未来组织结构的发展方向。

企业组织发展的“两极化”趋势

从组织的产生、变化和发展而言，企业的管理组织最终是由企业的各要素，尤其是技术要素所决定的。一旦这些要素发生变化，就会推动管理组织发生变化。企业发展的历史表明，在技术进步发生后必须有相应的组织以及管理创新，才能提高企业整体的竞争实力，即企业在进行技术、产品和市场等创新的同时，必然要求企业组织作出相应的调整变革与创新发展，才能适应企业发展的需要。

管理组织的发展，涉及企业组织的结构、制度以及组织观念等方面的内容，意味着打破原有的组织结构，并根据环境和条件的变化对组织的目标加以变革，对管理的各个层次和部门单位及其成员的责、权、利关系加以重新构置，形成新的结构和人际关系，从而使组织的功能得到充分有效的发挥。伴随着制约与影响企业规模的各种因素的突发性变化，企业规模也相应地发生了变化。20 世纪 60 年代，企业经营流行大型化；20 世纪 70 年代又转向小型化；20 世纪 80 年代以来则是又大又小，大即实现跨国化，小即在企业内部尽量划小核算单位，大中有小，小连成大。所谓企业组织发展的“两极化”趋势，一极是指企业的集团化趋势，二是指企业的微型化趋势。

(一) 企业的集团化趋势

自 20 世纪 90 年代以来，世界进入了强强联合的时代。企业的集团化趋势表现在：

一是国际间大型企业的强强联合。如日本三井物产与美国道格拉斯飞机制造公司、贝尔直升机制造公司进行合作，并与美国第三大电子计算机生产企业龙尼西生产公司进行合作；日本三菱商事与本企业集团的三菱重工、三菱电机、三菱汽车一起和德国最大的企业集团戴姆勒—奔驰公司联合。这种国际间大型企业联合的方向是强调“集团经营”、“分权网络型经营”和“全球化、统一化经营”。

二是国内的大型企业间的强强联合。如日本三井银行与太阳神户银行、三菱化成与三菱油化、王子造纸与神崎造纸、日立制作所与日立家电的合并；美国半导体产业在国内已形成实力强大的半导体技术集团，有11家公司参加，并获得了政府支持。企业合并后的战略目标扩大，便于集中力量，合理调配人力与物力，减少重复研究，促进技术革新，从而极大地增强了企业的实力。

所谓企业的集团化趋势，即指通过企业之间的联合、合并、协作等方式，对企业进行重新组合，从而形成一个企业有机的联合体并形成新的生产经营能力。其主要特点表现在：

一是规模巨大。现代集团型企业，是由若干个本来就是大型的企业通过联合、合并或入股等形式组合起来的。集团型企业中，有的企业本来就是大型康采恩式企业，再联合其他企业，规模之大可以堪称“经济王国”。1998年奔驰收购克莱斯勒，使得奔驰在1997年由世界500强的第17位跃升为第2位，保险业巨子旅行者与万国宝通合并后，由1997年的第58位跃升为第16位。

二是形式多样。大致类型有托拉斯式集团企业、辛迪加式集团企业、康采恩式集团企业、跨国公司式集团企业、联合制式集团企业。

三是经营多角化和全球化。

四是伸向经济生活的各个领域。现在集团型企业不仅在工业、金融业中继续发展，而且在商业、服务业、运输业、农业和各种知识技术产业中蓬勃发展，形成各种经营型、销售型、科研生产型等企业集团。

随着我国社会主义市场经济的建立和发展，我国近几年来也出现了企业的集团化趋势。由我国的具体国情所决定，我国的集团型企业有着自身的特点：

一是形式上的多样性。我国的集团型企业发展，称得上是全方位、多主体、多层次发展。就企业的所有制性质而言，企业集团成员既有全民企业，又有集体企业；既有中外合资企业，又有私营企业。就企业的地域而言，既有城市企业，又有乡镇企业；既有本地企业，也有外地企业。就经济关系的密切程度或联合的松紧程度而言，集团型企业可划分为紧密型、半紧密型和松散型三类。从功能上可划分为生产型、销售型、生产经营型、生产科研型或科研生产型及多功能型等几类；按产品经济技术联系可划分为产品辐射型、项目配套型、技术开发型等几类。

二是体制上的灵活性。我国许多集团型企业在形成之初，就明确指出了“统分结合，宜统则统，宜分则分”的原则。在集团型企业的紧密层则强调“统”，最好是实现资产、经营一体化；对半紧密层则只能是部分地“统”，主要是统一主导产品的生产经营计划、技术质量标准、主要原辅材料供应、产品销售、技术改造、新主导产品开发等；对松散层则不强调“统”。在紧密层，实现分级管理，分级核算，赋予生产企业应有的自主权；对半紧密层和松散层，则实行各自独立核算，自负盈亏。

从发展的趋势来看，我国集团型企业目前正在向规模扩大化、资产股份化、科研与生产一体化、经营多角化、结构规范化方向发展。根据目前的情况，今后应该将工作重点放到现有企业集团的完善提高、发育成型的方面来。对此需要做好以下三个方面的工作：

一是要壮大集团核心，使集团型企业能够真正发挥主导作用，使之足以支撑整个企业集团成为国民经济建设的“主力军”，以及与世界强手竞争的“国家队”。

二是要发展紧密层，建立生产要素重组和结构调整的基础。

三是要强化联结纽带，加强企业集团的凝聚力，做到既“集”又“团”，由此提高企业的生存能力。

（二）企业的微型化趋势

企业的微型化趋势，是指大型企业在扩大规模的同时，又想方设法缩小核算单位，进行企业重组，使得大企业内部出现了众多“小公司”。所谓“小公司”，并不是真的分成独立小公司，而是实行新的工作制——小组协作制。一个个小组就像一个个独立的“小公司”，这些“小公司”的生存关系到所有组织成员的前途，所以谁都会主动为这个“小公司”的发展尽职尽力。工作不再枯燥乏味，组织成员之间的配合更加紧密协调，新的工作方式正在创造着一种新的企业文化环境。IBM、通用电气公司、通用汽车公司等纷纷解体为小公司联盟，成为自我管理的独立公司。如 IBM 为了应付小型电脑公司的竞争，将公司分散成若干小公司，其战略思想是“以小对小”，调动各个“小巨人”的主观能动性，公司总部对这些“小巨人”的考核仅限于与公司总部利益直接相关的指标，如市场占有率、新产品开发方向，以及考核总公司对各“小巨人”投资的经济效益指标等。

企业的微型化，有利于企业贴近市场，接近用户，具有更灵敏的应变能力。并且由于有了更多的自主权，使得决策迅速，更易发挥创新和企业家精神，从而有助于提高小企业的实力。有人这样预言，中小企业将成为 21 世纪企业竞争的优胜者。具体而言，企业的微型化具有以下优点：

一是能够适应外部环境与市场的急剧变化。目前，国外许多大型企业都实行了事业部制，把企业按不同产品或地区分成若干事业部，使事业部在公司决策部门指导下成为独立的有健全结构的自主主体，并在企业内与其他事业部以及企业外与其他企业展开竞争。

二是有利于技术创新。小企业结构简单，机动灵活，制度宽松，人际关系融洽，利于吸收及创造新技术。据西方发达国家估计，小企业新产品设计频率通常较大企业高出数倍。美国 IBM 公司近 25 年来所采用的新产品和先进设计全部来自公司之外的小企业。

三是企业小使得权责明确，便于调动员工的积极性与创造性等。企业的微型化，同那种“小而全”的小企业有着本质区别，它是指在现代科学技术条件下知识和技术高度集聚、专业化和社会化程度高、企业规模相对较小、经营方式灵活、自生能力强的企业。

从世界各国企业微型化的发展趋势看，企业的微型化大体上可分为两大类：一是物质产业部门的微型企业，二是知识产业部门的微型企业。知识产业部门的微型企业，尽管在整个现代微型企业中所占的比重相对较小，但发展速度很快，比重迅速提高。

现代企业组织的发展模式

在信息化时代，企业管理必须有“运筹帷幄，决胜千里”之气魄。企业管理要有谋略，更重要的是要善于运用在市场变化中把握战机、掌握方向的策略。今天，许多常规的经营管理模式已经失去其应有的意义。伴随着企业发展的“两极化”趋势，适应增强组织活力的要求，现代企业组织已出现了多种多样和各具特色的发展模式，表现为扁平化、柔性化、信息化、虚拟化、网络化等趋势。

（一）扁平化

管理学家通过对组织结构的模式进行研究并加以归类，把组织结构模式归结为矩阵型和扁平型两大类型。矩阵型组织的特点和功能表现为管理层次多，能提供较多的管理职位，容易产生官僚主义；管理人员多，管理的费用相对较高；管理幅度小，组织机构严密，容易协调，管理各部门和下属的自由度相对较小；在信息沟通上指令性信息多，垂直关系多，平等关系少；信息权威性强，但信息沟通与传达的环节多，所需的时间和周期较长。扁平型组织的特点与功能表现为管理层次少，管理职位设置少，机构精简；由于管理人员少，因而管理费用也相对较低；管理幅度大，管理各部门和被管理者拥有较大的自由度，协调较困难；在信息沟通上平行信息多，垂直信息少，信息的权威性相对较弱；信息沟通和传达的环节较少，所需的时间和周期较短。

目前，在国外，扁平型组织不仅在一些需要调动员工创造性的研究机构、文艺团体、学术组织普遍采用，一些著名的大企业也纷纷开始在管理、研究机构内大力推行扁平型组织，向扁平型组织靠拢。扁平型组织之所以会成为现代企业组织结构发展的重要趋势，关键在于扁平型组织管理层次少，管理费用低，尤其有利于充分发挥组织员工的创造性和积极性，从而激发企业活力，使企业更好地迎接市场竞争。

（二）柔性化

柔性是一个多维的概念。从用于企业管理的意义而言，有时意味着“敏捷”——指企业组织能根据时机的变化迅速调整思路，避开威胁；有时则意味着企业组织在争取资源、引进新产品、依法诉讼等动态商战中迅速重新定位和聚焦的能力；有时又意味着具有全能的味道，指企业组织具有适应不同情况的能力。简单地说，所谓“柔性”，就是指企业组织并行工作的能力和适应意外变化的能力。因此，柔性化组织要求做到灵活性与多样性的统一，它能给企业提供应对内外环境变化的应变能力。

柔性化组织，又被称为“双形式”组织，因为它能应付许多成对出现的压力，并具有调和的功能。这些成对的压力表现为诸如集权与分权、稳定与变化、统一与多样等。ABB 公司总裁彼西·巴勒克将公司遇到的三个具有内在矛盾性的组织挑战概括为：我们既想做到全球化，又要地区化、本土化；既要庞大，又要精干；既要集权，又要分权。英国壳牌石油公司将企业面对的矛盾描述为：如何既加强公司的力量，又让组织各部分有较大的柔性并反应迅速，公司还必须同时兼顾对规模效应、本土化和不断学习更新的需求。

在当代信息化、网络化、全球化以及一体化的背景下，企业面临的市场竞争的复杂性远远大于我们的预期，正如有的经济学家使用“千变万化”一词来描述当今知识经济大环境中的变化那样，一个小的不起眼的变化可能深刻地改变组织的所有环节，眼前的成功并不是长期生存的保障。技术的不断突破，意外的公司股权重组，或是市场条件的突发性变化，都会瞬间使表面上的领先优势荡然无存，因而未来组织更需要能对出乎意料的市场环境变化具有快速反应的能力。人们需要柔性化的组织系统对组织中存在的两种对立的效果加以平衡，既有利于组织的创造、革新、加快反应速度，又能使组织在不断磨合中加强控制的向心力，具有适时根据可预期的变化的意外结果迅速调整的能力，以保持组织力量来避免组织遭受灾难。

（三）信息化

传统的组织模式是在拥有一个全权核心机构的基础上建立多个分支机构，中心机构负责制定战略方向，确定和统一分支机构的计划，统一配置资源，执行监督。这种组织模式，由于核心机构与分支机构之间的相互分离，使得组织的反应速度不快；由于高级管理者与具体的执行部门相隔离，最终可能会导致组织信息的被曲解；在以知识为基础的传统型组织中，管理者和企业员工所拥有的专业技能和知识背景不能形成使组织全员共享的资源平台。这种组织模式在面对知识经济的多角度、多形式、全方位的挑战时，就会使组织的核心机构压力过大，组织员工的积极性又得不到发挥。因此，专家预言，由于技术的发展和劳动队伍专业化、知识化，企业组织势必由传统的组织模式向信息化的组织模式转变，由传统的控制型向信息型转变。

新型的信息化组织系统，像是由各个工作单元组成的联盟，地位与核心机构平等，彼此互相依赖，在关键技术和如何解决难题上相互配合。

信息化组织同以往的命令控制型组织相比，要有特别多的专家，并且这些专家都在生产第一线而不是在指挥总部。在信息化组织中，知识将基本上在组织底层。信息化组织的基本特征表现为：

一是有清楚而简单的目标，并使之转化为每一成员的具体行动，因为该类组织中每一成员都是专家。

二是每一成员都负有信息交流的责任，这是现代形势发展的需要。

由于信息化组织结构较为简单，并且处于不断地变化之中，不像传统的组织那样有明确的上下级负责关系，有明确的技术部门，有简明的责任和权利任务等，而是力图保持一种稳定性和柔性化的整体动态平衡。未来信息化组织中懂得经营业务的人将主要是基层工作人员，面向一线员工，每一个员工都是多面手，而不像现在的大公司中只有最高层领导才懂得经营业务，其余的人仅为助手或劳力。因而这样的组织具有较强的反应能力与作战能力。我国一些经营较成功的企业已开始采用这种组织模式，如海尔集团的组织结构即按“扁平化”、“信息化”原则建立，用他们的话说就是——“海尔不是一列火车，而是一个联合舰队”，若为火车则随着车厢的增多就会影响车速，而作为一个舰队，每一艘舰艇则都有作战能力。

（四）虚拟化

“虚拟”这一概念虽然有不真实的意义，但虚拟的资源确是非常真实的。虚拟技术作为计算机术语中的一个常用名词，指通过借用外部共同的信息网络及通道，提高信息数据存储量和存取效率的一种方法。借用到企业管理中则指借用外部力量整合外部资源的一种策略。在传统的组织模式中，任务是与固定的责任范围相联系的，职能是预先设定的，人员被安排在恰当的位置上，通过官僚、政策、程序和部门特权来涵盖组织的所有可能性，解决组织面临的所有问题。这种组织模式和结构，缺少反应的灵活性、适应性和敏捷性。而在虚拟化组织中，组织员工被看成是具有能力的资源，可以被用来支持他人，而不是仅仅被定义在固定的职位上。虚拟化组织更多地依靠人员的知识和才干，而不是他们的职能。

虚拟化组织与传统企业组织形式相比，具有以下特点：

松散性。它由一些独立的公司自愿结成，没有总部办公机构及众多的组织层次。

灵活性。能随时结合，便于及时抓住市场机会。

生命力强。能充分发挥各方优势，产生最理想的整体效果。

虚拟化组织管理的基本形式有①：

一是虚拟生产。如外包加工，即企业专攻附加值最高的设计与行销，生产则委托具有成本低等优势的企业进行，如皮尔·卡丹公司几乎没有属于自己的制衣厂，而是将自己设计的方案和新样衣承包给考察合格的企业制作，打上皮尔·卡丹公司的商标，使皮尔·卡丹公司每年从中获得了不少于30亿美元的收入；如我国新世纪饮水科技公司没有自己的工厂，完全凭借科技开发和销售网络取胜。

二是共生。即出于成本或保密等因素，几个同行企业共同组成一个作业中心共同负责成本。如银行并不擅长资讯管理，不想外包又不愿意独自负担培养专业人员的成本，为此可由几家银行成立专门处理电脑资讯业务的部门，合并后的资讯业务足以达到规模经济，并达到节省成本的目的。

三是策略联盟。即几家公司拥有不同的关键资源，而彼此的市

---

① 王建、徐永德等：《企业创新的理论与实务》，北京：新华出版社2000年版，第274—275页。

场具有某一程度的区隔，为了彼此的利益进行策略联盟，交换彼此的资源以创造竞争优势。如康柏电脑公司为迅速进入不熟悉的个人电脑市场，获得竞争优势，一开始便与十数家知名的软硬件公司如微软等进行技术策略联盟，加上康柏的大部分零件均采用外包加工的方式生产，本身仅掌握快速的研发能力及行销网络，如此轻巧的高弹性组织，配合着低价策略，使康柏公司迅速地占领个人电脑市场而成为全球个人电脑的第一品牌。

四是虚拟销售网络。即公司总部对下属销售网络解放“产权”关系，使其成为拥有法人资格的销售公司，这既节约了公司的精力与费用，又激活了下属公司的行为。

总之，虚拟化组织的精髓是将有限的资源集中在附加值高的功能上，而将附加值低的功能虚拟化，以最小的代价获得最大的资源支持，从而使整个组织以最有效的方式运转，以高弹性化来适应市场的快速变化。虚拟化组织的辉煌前景是除了组织团队的组合外，还使顾客和消费者能够积极地参与团队的服务，打破买方与卖方、生产者与消费者之间的壁垒，从而为组织运行过程中的所有参与者提供了无限广阔的空间。

（五）网络化

在当代信息化、网络化、全球化以及一体化的背景下，企业管理还在发生另一种深刻的革命，信息传播技术正在成为全球现代企业注目的焦点，这就是 Internet（国际互联网）/Intranet（企业内部网）。作为信息时代的核心技术 Internet/Intranet 所展现的神奇力量，使企业经营者们真正领悟到“网络正在改变整个世界的工作方式”这一现实。Internet 技术的发展，引发了企业经营者信息交流方式和企业管理模式、企业文化乃至组织结构的一系列变革。

伴随 Internet 规模的扩大和技术的成熟，用 Internet 技术构造的企业内部网 Intranet 也悄然走入了现代企业。所谓 Intranet，就是运用Internet技术手段，集局域网、广域网和高速数据服务为一体，用于企业内部信息传递和数据资源管理的网络。这使得传统的企业经营管理方法和观念已经难以完全适应信息时代发展的需要，企业必须开拓自己的新视野，制定符合时代步伐的企业发展战略，不断探索新的经营管理原则，使自己在市场竞争中立于不败之地。

个人价值观是组织价值观的基础

P. E. 雅各布等人指出，价值观是个人和组织“应该希望什么（即合意的东西）的规范性见解，它们受到内在化的约束力和职责的支持”，从而能够作为判断社会、世界和组织“该如何结构和运转的规则”，并成为“评价和衡量个人和社会选择是否恰当的标准”，价值观就是影响人类、组织和个人选择其行为的规范。[①] 它涉及如何处理人与人的关系，人与组织的关系，人与社会的关系，人与自然的关系，组织活动与效益的关系，涉及个人、组织的行为规范。

价值观既具有个人特征又具有组织特征。两种价值观在管理中相互作用，相互制衡。尼布尔指出：

> “必须明确地区分个人的道德行为和社会行为与社会团体（民族的、种族的、经济的）道德行为和社会行为。这种区分使政治政策成为合理的和必要的，无疑这些政治政策总是使纯粹个人化的伦理观感到困窘。”[②]

个人价值观，是人在一生的经验中形成和改变的，是个人态度

① 转引自高兆明：《管理伦理导论》，复旦大学出版社1989年版，第60页。

② Remhold Niebuhr. Moral Man and Immoral Society（New York：Charles Scribner，1932.

的基础，“价值观是一种观念，在这种观念的基础上人们按照偏好行事”①。价值观的个人特征包括个人价值观、道德发展阶段和道德获准三个方面。用图式表示即为图 7-1。

个　人

1. 价值观

A. 类型

（1）工具性价值观

（2）最终价值观

B. 监督者

（1）自我力量

（2）环境依赖

（3）控制点

2. 道德发展阶段

3. 道德获准

图 7-1　价值观的个人特征

首先，从个人价值观来看。有的管理学家把个人价值观分为两类：最终价值观和工具性价值观。最终价值观是指“关于最终目标或所希望的最终生活状态的观念和概念”。例如舒适的生活，富裕的生活。工具性价值观是指“关于所希望的行为模式的观念或概念，这一行为模式有助于获得所希望的最终生存状态”②，例如有抱负——工作勤奋、充满热情。无论是最终价值观还是工具性价值观，不是所有的人都将某个特定价值看做是同等重要的。不同的价值结构会产生不同的价值观念。价值观影响行为，有一套预先确定的价值观，是最能影响行为的个人因素。

最终价值观和工具价值观

最终价值	工具性价值
生活舒适（生活富裕）	有抱负（工作努力，充满热情）
令人兴奋的生活（刺激的、积极的生活）	思想开阔（思想开放）
成就感（持续的贡献）	有能力（能干，有成效）
和平的世界（无战争和对抗）	快乐（高兴，愉快）

① Gordon W . Allport, Pattern and Growth in Personality. (New York: Holt, Rinchart & Winston, 1981.

② Milton Rokeah. From Individual to Instititutional Values: With Special Reference to the Values of Science. Understanding Human Values: Individual and Societal, M. R. Keach, editor (New York: The Free Press, 1979).

续表

最终价值	工具性价值
美好的世界（大自然和艺术的美）	清洁（干净，整洁）
平等（手足情谊）	有勇气（维护自己的信仰）
家庭安全（照顾所爱的人）	宽容（愿意原谅他人）
自由（独立，自由的选择）	乐于助人（为他人利益而工作）
幸福（满足感）	诚实（诚挚，真诚）
内心和谐（无内心斗争）	有想象力（大胆，有创造力）
成熟的爱（灵与肉的亲密关系）	独立（自立，自足）
国家安全（防御外来进攻）	智慧（聪明，思想有深度）
快乐（愉快，休闲的生活）	逻辑性强（思维有一致性，理智）
获得拯救（被拯救的，无尽的生命）	友爱（亲切，温柔）
自尊（自我尊重）	顺从（有义务感，彬彬有礼）
社会认可（尊重，赞赏）	有礼貌（谦恭，文雅）
真正的友谊（亲密的伙伴关系）	负责（可靠，可信赖）
智慧（对生命的成熟理解）	自我控制（自我克制，自律）

其次，从道德发展阶段来看。美国道德哲学家劳伦斯·科尔伯格（Lawrence Kohlberg）通过20多年的研究，提出了道德发展的六阶段模型。他将人的伦理发展阶段分为三个层次——前传统的、传统的和后传统的——每个层次包括两个阶段（如图7-2所示）。

科尔伯格认为，个人的道德是按照道德发展的六阶段模型的顺序发展的，六个阶段为人的正确的道德行为提供了理论基础，这一理论基础从以自我为中心转变为以团体为中心，进而变为原则性的。它标志着处于较高道德发展阶段的人比处于较低道德发展阶段的人更易于作出符合伦理的行为。

图7-2　科尔伯格的道德发展阶段学说

层次一：前传统的

第一阶段——有形后果决定行为正确与否。做正确的行为是为了避免惩罚。

第二阶段——满足个人需要的就是正确的。做正确的行为是为了满足自己的需要。

层次二：传统的

第三阶段——得到他人同意的就是正确的。做正确的行为是为了让他人认为自己是个好人。

续表

第四阶段——合法的就是正确的。做正确的行为是为了遵守法律和权威。
层次三：后传统的
第五阶段——尊重个人权利和社会契约的就是正确的。做正确的行为是为了遵守社会契约。
第六阶段——普遍原则决定什么是正确的。正确的行为符合公正原则，公平原则和普遍人权原则。

资料来源：1981 年纽约 Harper & Row 公司出版的《道德发展哲学》（The Philosophy of Moral Development），作者劳伦斯·科尔伯格（Lawrence Kohlberg）。

从图 7-2 中可以发现，每一阶段决定正确伦理行为的标准都是不同的，它们是沿着从外部决定到内部控制的顺序发展的：

阶段一——避免惩罚的行为。

阶段二——服务于自己需求的行为。

阶段三——得到他人赞同的行为。

阶段四——遵守法律和权威的行为。

阶段五——为社会契约进行的行为。

阶段六——普遍原则支持的行为。

再次，从道德获准来看。所谓道德获准，是指人们“避免受到道德反对的愿望”①。人类有遵守道德的需要，这种需求可以是生物的需要、社会的需要、发展的需要和信仰的需要，它促使人们去获得他人、社会和自己的道德许可，或最少地遭到道德的反对。

弗里切认为，道德获准理论的基础是行为的四个组成部分：后果大小、罪恶确信、合谋程度和受强迫程度。②

行为的后果大小可以被看成是与行为有关的所有危害和利益的总和，与行为有关的危害越大，行为人的道德责任就越大，反之，与行为有关的危害越小，行为人的道德责任也越小。

① 转引自戴维·J. 弗里切：《商业伦理学》，机械工业出版社 1999 年版，第 91 页。
② 戴维·J. 弗里切：《商业伦理学》，机械工业出版社 1999 年版，第 91 页。

行为的罪恶确信是指人们对道德行为的明确状态，当某一行为明显是不道德的时候，人们的道德责任较大；当某一行为从道德的角度讲是非不明确时，人们的道德责任就较小，而在某些情况下道德行为上的模棱两可则为“恶的渊薮”。

行为的合谋程度是描述一个人对导致或没有阻止不道德行为的个人参与程度，一个人的道德责任与其对不道德行为的参与程度直接相关。

行为的受强迫程度是指一个人参与不道德行为的自由程度，自由程度越大，道德责任就越大。强迫进行不道德行为的外部压力形式有经济上的、人身上的或心理上的，它可减轻行为人的道德责任。

根据道德获准理论，由于人具有获得道德许可的内在需要，较大的道德责任往往会导致符合伦理的行为：当道德责任较小时，不道德行为发生的可能性越大；当不道德的风险性越多，行为的不道德性确定，需要密切参与管理活动，并且没有强迫进行不道德行为的压力时，人们的行为就会比较符合伦理要求。

价值观的组织文化特征

价值观的组织特征，是指一些假设、观念和价值观在组织中的普遍集合，通常表现为一种组织文化。这些假设、观念和价值观，是为了应付内部环境和外部环境而在组织内部发展起来的，并且它们被传给新成员以指导他们在这些环境中的行为。价值观的组织特征，主要表现在组织风气和组织目标两个方面。如图 7–3 所示。

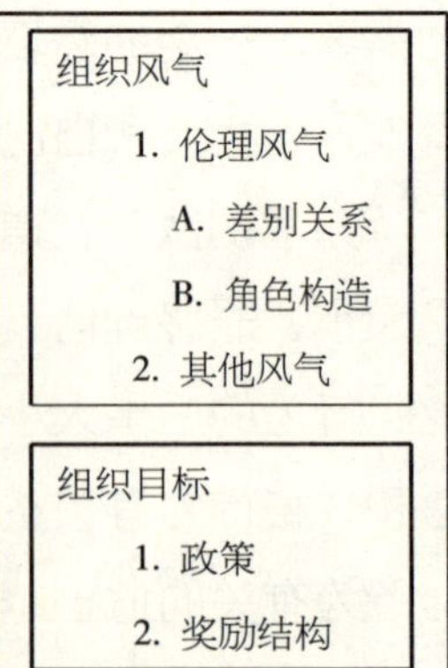

图 7–3 价值观的组织特征

组织价值观和组织文化的作用，就像胶

水使组织黏合在一起。一方面，它作为决定人们行为的指导方针和人们评价行为的标准，一定的组织和个人总是依据组织的价值观选择特定的组织目标、组织结构模式和行为规范，个人和组织的职责和使命，完全融化在价值观之中；另一方面，它作为管理的一种组织氛围，具体体现在组织内的规范、仪式、传说和例行习惯中，属于内在的、深层的自觉化了的东西。

在这个意义上，组织价值观和组织文化不仅具有外在的管理属性，而且也具有内在的管理属性。组织价值观有以下几个重要功能：

（一）它使组织成员产生一种同一感；

（二）它促使组织成员效忠于大于自我的事物（组织）；

（三）它有助于组织交际体系的稳定性；

（四）它为行为提供理论基础和行为方向。①

对个人和组织而言，组织价值观对于树立个人和组织的社会秩序意识、社会角色意识、社会规范意识、目的手段意识，具有极其重要的作用。

价值观的组织文化特征，主要表现在组织风气和组织目标两个方面。

组织风气，又称组织氛围，可被看作是“对工作环境中影响心理的重要方面持久的认识”。在实际生活中，组织风气有许多种，伦理风气是其中的主要部分。伦理风气主要包括专制与控制、结构等级、奖励性质、关怀、温暖和支持。② 维克托（Bart Victor）和卡伦（John Cullen）认为，组织的伦理风气“影响着组织考虑何为伦理分歧，如何解决这些分歧以及这些解决方式的性质”。他们把组织中的伦理风气归纳为九种，即自我利益、公司利益、效率、友谊、团队

---

① Linda Smircich. Concepts of Culture and Organizational Analysis. Administrative Science Quarterly, 28, 3 (September 1983), 339—358.

② Bart Victor, John B. Cullen. The Organizational Bases of Ethical Work Climates. Administrative Science Quarterly, 33, 1 (March 1988), 101—125.

利益、社会责任、个人道义、规则和经营程序，以及法律和专业规范，并且确认有五种风气是确实存在的。他们给这五种风气拟定的新名称是：

工具主义（所有层次上的自我主义）；

关心（所有层次上的慈善性标准）；

独立（个人道德）；

规则（规则和经营程序）；

法律和规范（法律和专业规范）。

他们还列表说明了解决道德问题的三种不同伦理准则和三个不同层次（见下表）。

组织伦理风气的标准与层次

伦理准则	参考的层次		
	个人	公司	社会
个人主义标准	自我利益	公司利益	效率
慈善性标准	友谊	团队利益	社会责任
原则性标准	个人道义	规则和经营程序	法律和专业规范

说明：表中的“列”表示组织成员了解道德问题的三种不同伦理准则——原则性标准（义务论的方式）是根据规则和法律的，慈善性标准（功利主义的方式）是依据他人利益的，个人主义标准是依据个人利益的。表中的“行”表示管理者在分析中参考的三个不同层次：个人层次只考虑自己；公司层次以局部利益为目标，关心的是公司的利益；社会层次以整体为目标，考虑整个社会的利益。（资料来源：1988年3月《管理科学季刊》（第33期，第101~125页）刊登的维克托和卡伦的《道德工作风气的组织基础》。）

影响组织伦理风气的因素，主要是差别关系和角色构造。

差别关系表明一个人倾向于采纳与他交往的人的行为或观念，因此组织成员之间的交往程度是管理者与组织成员之间关系的一个方面，管理者和组织成员的行为和观念往往更接近于与其交往和关系密切的人的行为和观念。

角色构造表明一个人与其组织之间的距离（即这个人与其存在

的组织内部和组织之间的明显界限）同其采纳的行为和观念的关系，因此，组织成员与组织之间的距离程度是管理者与组织成员之间关系的另一方面。角色构造包括两个因素：

一是组织距离。一个人与组织距离越大，所受组织伦理风气的影响越小，与组织距离越近，越容易采纳组织伦理风气所要求的行为和观念。

二是相对权威。管理层次越高的人，其行为和观念的影响越大，最高管理层和同级道德的行为能鼓励组织成员作出道德的行为，阻碍他们作出不道德的行为。反之亦然（见下表）。

影响管理者的组织风气因素

组织风气的参考	同级最高管理层
差别关系理论 （道德方向）	决策者易于采纳与其有关系的人的道德行为和道德观念。 采纳的多少取决于接触的多少。
角色构造	
A. 组织距离	指决策者和其参照的人之间存在的组织内或组织间的明显界限的数量，距离越大，被参照人对决策者的影响越小
B. 相对权威	作为被参照人最高管理层，对决策者的行为的影响比同级的影响大
伦理风气	工作风气的一个层面，影响所考虑的伦理问题的性质和解决这些问题的方法

组织目标，是组织管理活动所要达到的目的和境地，也是影响管理的重要方面。国外有研究表明，组织目标与组织最终价值观是相似的，“……组织的价值观是被社会所共同认可的对组织目标和需求的体现”①。这些目标，对制定组织的规范和政策产生很大的影响，并进而影响管理行为。

① Milton Rokeach. From Indivdual to Institutional Values: With Special Reference to the Values of Science. Understanding Human Values: Individual and Societal, M. R. Keach, editor (New York: The Free Press, 1979) .

组织的目标可以表现在多个方面，例如组织的效能、组织名誉、高涨的士气、团队精神、组织领导作风、组织效率、高生产率、效率最大化等。有些目标不会影响管理的伦理选择，但有些目标却能够明显地影响组织内管理的道德行为，如政策和奖励结构。政策的形式，可以是行为规则或最高管理层制定的经营政策，无论采取何种形式，这些政策都充当着组织法律的角色，为管理控制提供了指导原则和方法。一套构思良好、确实得到执行的伦理行为政策，会对管理者的伦理行为产生重大影响，甚至改进管理道德行为参照系的结构。奖励结构也是影响管理的伦理方面。组织的行为规范和政策所赞赏和支持的道德行为，会促进其在管理行为中的表现，所惩罚和阻止的不道德行为表现的概率则相对较小。

价值观的组织文化特征，作为解释组织内一些妥善处理内部环境和外部环境的假设、信仰和价值观的集合，是深层的、组织成员共有的。这些共有的价值观，既包括组织的核心任务、目标和策略，还包括用于实施、评估和改良策略的方法。这些观念和价值在组织内根深蒂固，在长时间内比较稳定，是组织活动的基础。组织的行为规范通常由组织的这种共有价值观发展而来，它指导组织去认识什么是组织生存和成功的合适行为，同时也为组织统一内部环境提供了指导。它提供了组织内部沟通所必需的一般术语和概念，使组织对其成员产生共识，决定谁包括在内，谁应被排除在外；它提供着使组织成员获得权利、保有权利和失去权利的规则和奖惩标准；它描述了适宜的同伴关系，最终形成组织的意识形态，这种意识形态包括组织的共有假设、未来希望和理想、目前的实施状况，甚至还包括某些对那种无法解释的行为的合理文饰。

无论如何，组织内部环境，都是为了使它能成功地发挥作用并妥善应对组织的外部环境。组织对外部环境相关特征的共有观念，指导着组织内部环境中结构的形成和运作关系的形成，它通过影响组织的内部行为和外部行为来促进组织的生存，促使组织成员按其认为能够成功的方式一致行动。因此，决定组织存在的一个关键因素是组织成员认为重要的一组价值观。

管理价值观是管理伦理的灵魂，是一个组织文化的核心和基石，是组织发展的精神动力，对组织的发展具有决定性意义。

美国管理学家托马斯·彼得斯说：

> “一个伟大的组织，能够长久生存下来，最主要的条件是我们称之为信念的那种精神力量以及这种信念对于组织的全体成员具有的感召力。”

一个组织的文化的所有内容，都是在管理价值观的基础上产生的。《成功之路》的作者曾这样论及价值观对一个成功企业的重要性：

> “要是有人要我们从对出色企业的研究中提炼出一条真理来作为我们奉劝企业的管理者们的一条忠告的话，我们会乐于这样来回答：‘先确定你们的价值体系吧’。”

松下幸之助也认为：一个企业建塑自己的价值观，形成员工的一种信仰，是比获利更为重要的。所以，松下公司对员工除了进行技能培训外，另一种更为基本的是关于价值观的培训。

培育组织“创新人”

创新是现时代的重要伦理品质。注重培养人的创新素质，培养组织“创新人”，是一个现代化组织的重要标志，也是一个现代化组织的重要任务，是一个现代化组织引领时代潮流的关键。管理活动是由人来进行的。人是管理活动的发动者、组织者和实施者，一个组织是否致力于注重培养人的创新素质，培养组织“创新人”，取决于这个组织中是否具有创新意识、创新动机和创新意志的人，取决于这个组织中是否具有激励和引导人们为实现某一目标而进行不断创新的内在组织力量。美国著名学者阿历克斯·英格尔斯认为：

> 无论一个国家引入多少现代化的经济制度和管理方法，无论这个国家如何仿效最现代的政治和行政管理，倘若贯彻实施这个制度的群体没有从心理、思想和行动方式上实现由传统人到现代人的转变，真正能够顺应和推动现代经济和政治管理的健全发展，那么这个国家的现代化只能流于形式，徒有虚名。

知识经济时代，人力资源成为所有资源中最活跃、最具有创造力、最有价值，因而也是最重要的资源，它在现在及未来经济和社会的管理活动中将处于核心地位，并起主导作用。从这一角度而言，培育组织“创新人”就是管理组织的一项根本任务。

（一）创新是人的内在本质

人是管理活动的主体。人与动物的最本质区别，是人具有创造性或创新能力。人的活动与动物的活动不同，人在开始活动之前，首先要对活动的目的、步骤、过程、手段、结果等进行认识或者观念符号的建构，并据此指导、开展活动。马克思关于蜘蛛的活动与织工的活动的论述，深刻地揭示了人与动物活动的本质区别。他说：

> “蜘蛛的活动与织工的活动相似，蜜蜂建造蜂房的本领使人间的许多建筑师感到惭愧。但是，最蹩脚的建筑师从

一开始就比最灵巧的蜜蜂高明的地方，是他在用蜂蜡建造蜂房前，已经在自己的头脑中把它建成了。”①

毛泽东也直截了当地指明了人的这种创造性。他说：

“做就必须先有人根据客观事实，引出思想、道理、意见，提出计划、方针、政策、策略、战术，方能做得好。思想等等是主观的东西，做或行动是主观见之于客观的东西，都是人类特殊的能动性，这种能动性，我们名之曰‘自觉的能动性’，是人之所以区别于动物的特点。”②

当然，人对自我活动的自我意识，也是一种活动，是一种精神性活动，但这种对人自身活动的认识活动，恰恰是人类活动的自觉能动性的集中体现。人的自觉能动性的最重要表现，就是人类活动的创新性。

现代脑科学理论研究表明，只有人的大脑的特殊结构和思维能力，才能构成创造和创新才能的物质基础和生理基础。人的大脑具有“超剩余性”和“思想加工厂”的作用，这种“超剩余性”和“思想加工厂”的作用，为人类认识世界和改造世界提供了无穷无尽的可能性，从而为人类的创新提供了不尽的源泉。而进行不断地创新，则是人的大脑系统稳定和发展的必然要求。

脑科学发现，人的大脑是一个由感受区、储存区、判断区和想象区，以及大约2亿个神经纤维、140亿~160亿个脑细胞（神经元），每个脑细胞上还有8000根神经腱组成的系统。根据熵增理论，系统如果不和外界进行能量和信息的交换，不断引进和输出能量与

---

① 《马克思恩格斯全集》(23)，人民出版社1972年版，第202页。

② 《毛泽东选集》(2)，人民出版社1972年版，第445页。

信息，就会走向无序，导致混乱。因此，引进和输出信息是大脑系统稳定和发展的需要。而各种信息通过大脑的“辐散性”思维和“辐集性”思维，在人脑中进行交流、碰撞、结合、循环、深化和重组，从而导致新思想、新意识、新思路的产生。脑科学的研究表明，每个人都有创新的潜力，而勤于思考、勤于学习、勤于工作才真正是挖掘创新潜力的关键。人的大脑输入和输出的信息越多、越快，就越有利于信息在大脑系统中交流、碰撞、结合、循环、深化和重组，产生的新思想就越丰富，创新能力就越强。

人的创新能力和创新本质，为人的生存和发展提供了有效保障和可能。同时，也为人类追求自身的人生意义提供了无限广阔的空间，从而使每个人都希望寻找人生的意义，追问人生的价值，都想在有限的生命中追求永恒的人生价值。人的创新能力为人实现自身的意义和价值提供了可能性。创新使人的新思想、新意识、新思路在人类的实践活动中得以运用，以新型的物质产品或精神产品显现出来，从而表明对前人超越和对自身的超越，表明自身的人生价值和意义。

(二)“创新人”对于管理组织的重要意义

“创新人”的存在及其创新潜能的充分发挥，是组织不断发展壮大的前提。由具有创新精神和创新能力的人组成的组织，才是真正具有创新活力的组织。只有“创新人”，才能够实现组织和个人的有机统一。

在现时代，创新是组织发展的内在要求。众所周知，任何组织系统都是由众多要素构成的，是一个与外部环境不断发生物质、信息、能量交换的动态的开放的系统。外部环境的不断变化，必然会对系统的活动内容、活动形式和活动要素产生不同程度的影响；同时，组织系统内部的各种要素也在不断发生变化，而且组织系统内部某个或某些要素在特定时期的变化，也会引起系统内其他要素的连锁反应，从而对组织系统原有的要素及其相互关系发生影响。如果组织系统不及时根据内外变化的要求，适时地进行局部或全局的调整，则可能被变化了的环境所淘汰，或为改变了的内部要素所冲击。因此，组织只有处在不断创新的动态过程中，组织目标、组织机构、组织制度和组织技术等，只有及时创新，才能适应组织内外部环境的这些变化，才有可能在竞争中取得优势地位。只有具有创新精神和创新能力的组织，才具有这种创新活力。

从个人的存在和发展来看，创新是人的根本品格。马克思说："人本身是人的最高本质"，"人类的特性恰恰就是自由的自觉的活动"。应该把人本身当作目的，而不是手段。自由是人的一个本质属性。人类的"活动"包括物质活动和精神活动，而人的活动最主要的是实践活动和思维活动。创新是人的实践活动和思维活动的内在需要和价值追求，是人的最高层次需要。创新一方面是人对外在必然性的摆脱、驾驭和利用；另一方面也造就着人本身的能力和本性的发展，它从双重的意义上实现人的理想与愿望，从而使人获得内心的幸福、喜悦和最大程度的满足。当人的高级需要得到满足，人的价值得以全面实现的时候，人也就最终全面地占有了自己的本性。因此，人的最本质的需要，是从事创新活动的需要；最本质的能力，是从事创新活动的能力。通过创新，人的本质不仅在创新自身中存在，而且在创新世界和环境中存在。一句话，人的本质就是创新。

从组织的存在和发展来看，人们之所以结合起来形成组织，是为了有利于实现共同的目标和价值追求。但是，人们在组成组织后，个人虽然在组织中存在着，而组织却常常独立于个人而存在，组织的目标除了反映个人目标的共性方面，个人的兴趣爱好和追求却常常在组织中得不到体现，所以组织目标与个人目标常常发生冲突。组织目标与个人目标的冲突，源于组织价值观与个人价值观的冲突。组织价值观是组织对所预期的未来状况所持的标准观念，它决定着组织目标的确立。个人目标是由个人价值观决定的。组织价值观和个人价值观，常常有相互冲突甚至对立的矛盾，在组织中确立“创新人”的目标追求，十分有利于找到组织价值观和个人价值观的最佳结合点。对组织和个人来说，创新都是最为有利的，因为创新既是组织成员的内在需要，也是组织发展的持久动力。从长期结果上看，组织成员创新能力的提高，将使组织的其他目标得到实现，创新将导致组织和个人的双赢局面。无论组织还是个人，都把提高创新能力当作最主要的目标，这就从根本上消除了组织目标与个人目标的矛盾。

培育组织“创新人”，还有利于消除个人、组织与社会之间的矛盾，促进社会的协调发展。任何个人和组织，都处在社会的大系统内，要从社会外界输入物质、能量、信息。个人和组织在对这些物质、能量和信息吸收、重组后，又要向社会输出产品、能量、信息。组织如果不能接受足够的投入，它将不能正常地运转；而组织如果不能向环境输出足够的产出，环境对组织的投入将不可能继续循环进行。以往的人性假设从组织利益出发，片面追求生产率和利润，其投入与产出往往不顾社会效益，容易造成对社会环境的破坏，影响社会的发展，从而造成了组织利益与社会利益的对立。组织培养“创新人”的目标追求，把培养组织成员的创新能力当作主要目标，则使个人、组织和社会的价值目标追求在根本目的上达到了统一。组织的产出——创新成果和创新人才将产生良好的社会效益，同时也使个人获得最高层次上的满足，而社会的协调发展，又为组织和个人的发展提供丰富的社会资源。

（三）培育“创新人”的组织途径

组织的创新和长期发展，需要“创新人”。因此，培育组织的“创新人”就成为现代组织管理的核心任务。另一方面，“创新人”的存在和发展也需要有良好的组织环境。一个人创新潜力的大小，虽然由个体的思维特征、心理特征和行为特征所决定，但其创新潜力能否发挥出来，还受到社会文化环境的限制。其中，组织文化环境对创新能力的影响最为直接。美国著名心理学家阿瑞提把文化手段看作是最重要、唯一不可缺少的创造基因。这里的文化手段，既包括文化设施、文化团体等物质条件，也包括文化思想等精神条件。不同的组织文化手段，必然影响到组织成员创新潜力的培养和发挥。

现代管理心理学认为，外在的控制和激励可能使员工在一定时期内有较高的工作积极性，但外在的控制和激励会造成人的依赖性，使人养成依靠外在环境的刺激而不是依靠内心信念的支持来行动的习惯，而任何外在因素都是不稳定的。这种外部环境的多变性，必然影响员工工作绩效的稳定。如果把创新内化为每个员工的内在需要，组织成员将由依赖变为主动，内在的创新需要将成为组织成员持久、有效的动力。

其一，组织要为组织员工创新创造条件。最先进的管理理论认为，现代管理的主要职能已经不再是组织生产、提高生产率、创造利润，而是创造条件使全体员工（包括管理者）的创新能力都发挥出来。管理者的主要角色，不再是一位控制者、领导者和激励者，而是参与者和创造者。他们不仅为被管理者创新能力的发挥创造条件，努力减少和消除他们在创新过程中遇到的障碍，而且自身也在追求创新。一方面，管理者要通过组织文化、组织气氛的改造，激发创新思想，树立创新观念，塑造一个人人谈创新、个个想创新、处处在创新的组织氛围，把组织内部一切创新都纳入自觉的、有意识的轨道，使创新成为全体员工的自觉活动。另一方面，管理者自身也要创新。管理者本身要有强烈的创新意识，掌握创新思维规律。一个管理人员如果没有自己的创新，就不可能为组织成员创造最好的创新环境。在管理活动中，有许多新问题需要管理者创造性地处理，管理者只有主动探求新的管理方式和方法，才能适应内外环境的变化，为组织发展注入创新的活力。

其二，建立科学的创新管理体制。企业“创新人”的培育，涉及企业的教育、培训、激励方式和管理体制等各个方面。建立科学的创新管理体制，是培育“创新人”的关键环节。从组织系统看，组织是人的组织，而人又是具有多种多样特殊性的个体。这种具有多样性的个体的自主性和创造性的充分发挥，是组织生机和活力的不竭源泉。若组织内的管理体制与机制僵化，则难以激活个体的创造活力，从而扼杀了构成组织系统的个人的主动性与创造力。一个充满活力的组织，应当创造一种浓厚的氛围，让成员充分发挥创造想象力。有效的组织制度和结构，能大大释放人的潜能，激发人的创造力，能够有助于实现企业的任务。

管理层次的创新、管理决策方式的创新和管理方法的创新，是建立适应“创新人”培育需要的创新管理体制的三个主要方面。

管理层次的创新，是指要由昔日的“方阵式”管理转变为“合作网络式”或“扁平式”管理。在今天的信息化时代，组织管理已不再适合采用由上而下的纵向指示方式，因特网已将众多的部门、员工联系起来，构成相互合作的网络。信息资源的共享，使组织员工很容易获得所需信息，并直接与最高管理层沟通，减少管理层次，扩大管理幅度，实现组织扁平化；大量向员工授权，组建各类工作团队，以大大增加员工参与决策的机会。这种管理层次的设置，十分有利于组织成员创新思维的产生。它以组织内外各种资源为要素，以创新机制为动力，通过对信息、知识、经验、思想等各种软资源的综合集成，把集成后的思想和观念创造性地运用于管理实践，从而容易达到产生创新思想的目的。

管理决策方式也是影响“创新人”培育的重要机制。为了创造组织的创新活力和使组织成员人人都能够参与创新，一种新型的管理决策方式——漏斗型决策方式，已经在现代企业组织中产生。这种决策方式表现为：第一，利用最新的计算机网络技术让每个成员都有机会表达自己的想法，并使之进入组织信息库，以调动组织每个成员的创新积极性；第二，以问题为中心，收集那些对解决问题有用的信息、想法和方案；第三，组成一个由具有不同地位、文化背景和不同类型知识的代表参与的决策小组进行讨论，鼓励每个人都发表自己的创新性想法，始终以高能量来追求更多更完善的解决问题的方案。

管理方法的创新，是指要由昔日的刚性管理转变为刚柔相济的管理。刚性管理是工业经济时代的特有产物，强调以工作为中心，通过建立复杂的组织机构、周密的工作计划、严格的规章制度、明确的职责分工，以及采取金钱、物资刺激和纪律强制等手段，达到管理的目的。柔性管理是在研究人们心理和行为规律的基础上采用的非强制方式，它在人们的心目中产生一种潜在的说服力，从而把组织的意志变为人们自觉的行动。在知识经济时代，人们在接受信息和学习知识等方面，有着同等的机会，组织员工普遍具有主动参与管理的能力和愿望，刚性管理模式已不再符合时代气息，不利于组织员工的创新。管理方式的多元化、人性化、柔性化，有助于组织建立一个让每一个成员都有机会施展创新才能的组织。

其三，组织的人力资源管理要更加重视人的创新能力、创造力、智慧潜力的发挥，重视人力资本的开发利用。知识经济需要丰富多彩的创新思想及其实施，需要各抒己见的民主气氛。因此，人力资源管理不仅要从社会经济发展的外部环境和工作出发，更要从人力资源的自身要求、价值取向和心理意愿去把握，立足于人才、智力资本的开发利用，通过影响企业员工的工作态度和行为，建立起开放和信任的组织内部环境，从而激发员工自愿合作并共享和开发知识资源，广泛开展创新性活动，去完成更艰难的任务，以达到更高的目标和产生更好的效益。现代企业的管理者，应该抛弃传统刻板的管理方法，运用创新思维，采用灵活的管理技巧，达到人尽其才的境界。美国在这方面的做法是，为员工调换工作岗位，通过使员工感到工作的新鲜感而产生积极性、创造性；日本本田技研公司则特别重视“怪才”，本田宗一郎认为“没有个性鲜明的人才，就不会产生独具特色的产品”。

其四，通过管理决策评估系统选出最佳方案和替补方案。现代决策涉及社会、经济、科技、环境、文化等多个方面，需要有一个科学、健全的评估系统进行评价和总结，这样一方面有利于选择出最佳方案和替补方案，另一方面有利于促进组织成员进行新一轮更高层次的创新。正确的评估，对组织成员的创新活动会产生巨大激励作用。

其五，要建立崭新的创新激励机制。组织创新行为的形成取决于四个方面：行为主体的动机，行为主体的能力，环境的激励，环境的制约。其中，行为主体的创新动机是组织创新行为产生的前提，行为主体的创新能力是产生组织创新行为的必要条件，行为主体的动机和能力一起决定了主体从事组织创新的目的和追求目标。外在的刺激可激发和诱导行为主体的创新动机，并为行为主体实现其创新目标创造条件，而环境的制约则会抑制行为主体的创新动机，并影响行为主体实现其创新目标的程度。四大因素相互作用，决定着组织创新行为的形成。今天，人们所从事的劳动是创造性劳动，这就要求组织要为之创造一种充分信任的宽松的工作环境，使每个人都能有一种归属感、成就感，激励人们去创新、去超越、去竞争。

因此，现代组织不能只采用传统的短期激励机制，而应始终坚持“以人为本”的信念，不断注重新的激励机制的创造。外在的物质激励对激发员工的创新热情是必不可少的，但是，内在的精神激励所起的作用更强烈更持久。因此，应把两种激励方式结合起来，通过大力宣传来塑造有利于创新的组织气氛，利用各种媒介，帮助组织员工树立创新观念和竞争意识，激发每个人的创新热情。对组织成员的创新思想和创新成果给予奖励，会给他们的创新动机起强化作用。奖励应该注重物质与精神相结合。物质奖励包括奖金、晋升、实物奖励、提供生活条件等，精神奖励包括对创新成果的认可、记功命名、表彰、授予称号等等。奖励方式多种多样，可依据人们取得的成绩和不同需求选择采用不同的奖励方式。当然，最有效最持久的激励方式还是提高员工的创新能力。创新是人的最高需求，当员工看到自己的创新成果时，会产生极大的满足感，从而产生继续创新的动力。所以管理者最佳的激励方法是为员工创新提供条件，发挥他们的创新能力。

案例：3M 公司的创新激励制度①

美国 3M 公司是全球最富有创新精神的企业之一，其长期坚持的创新价值观是：无论过去、现在还是将来，3M 公司的做法与众不同的地方就在于，公司相信无拘无束而富有创新的设想，终究会得到报偿的。其富有特色的鼓励创新的制度很值得我们借鉴：

(1) 3M 公司不轻易扼杀一个创新设想。公司规定，一个新设想在公司内部找不到归宿，那么设想的提出者可以利用 15% 的工作时间来证明自己的设想是成立的。如项目需要资金支持，则公司可以提供不超过 5 万美元的创新基金。

(2) 公司能够容忍创新失败。公司制度明确规定对创新失败，创新者不承担责任。“允许失败，不允许不创新”，“只有容忍错误，才能够进行创新”都是 3M 公司的座右铭。

(3) 设立不同凡响的新事业开拓组。新事业开拓组有高度自主权。整个小组从初创开始，直到最后产品展出为止他们始终在一起。

① 转引自邢以群、张大亮：《存亡之道——管理创新论》，湖南大学出版社 2000 年版，第 179—180 页。

其具体做法是：把小组成员当做一个集体来委派任务。产品投放市场，小组成员也随之跟进，只要小组达到公司的绩效目标就可得到奖励。而没有达到目标，公司也保证小组成员原有职位与待遇。

(4) 独特的创新奖励制度。个人参加一项新事业的开发，他的职务和报酬，将会随着他发明的产品销售额的增长而提升。如一名工程师，当他发明的产品销售额达到500万美元时，该创新小组就成为独立的产品部门，他就可担任部门经理；当年销售额达到7 500万美元时，就可成立新事业部，他就担任事业部的总经理。当然对于不想当经理的科学家则另有重奖。

正因为3M公司有一个行之有效的创新激励制度，也正是这种创新激励制度的创新，保证了公司在长达几十年的时间里创新不断，硕果累累。

资料：西方企业重视职工智慧的几种具体做法

目前许多国家实行企业全员参与管理的模式，这既充分调动了员工的积极性与创造性，同时也缓和了劳资关系。工人参与企业管理是一种包括员工在内的集体决策、集体责任、集思广益，是一种重视人的创造力开发的管理方式。在西方国家，企业全员参与企业管理的做法有[①]：

(1)“劳资协议会”。该模式由日本企业独创，主要做法是：在公司级和事业部（工厂）级设置两级“劳资协议会”，通常每6个月开一次会，由劳资双方共商有关问题，遇到特殊情况时，只要其中一方提议就可以召集会议协商。它主要通过“协商”与“谈判”来解决问题。目前，“劳资协议会”已在日本企业广泛实行，据统计，已有92.6%的大企业（职工人数在5 000人以上）实施了这一

① 王建等：《企业创新的理论与实务》，新华出版社2000年版，第395—399页。

管理制度，而在中型企业（职工人数为1 000~5 000人）中实行率也高达85.7%，在300人以下的小企业中，实行率则达到了54.7%。

（2）“企业委员会制”。这是企业全员参与管理制中一种主要的、流行最广的形式，由第一次世界大战后德国的魏玛共和国首创。在1972年的《企业委员会参与管理法》中规定，凡有100名职工以上的企业必须成立企业委员会，其人数根据企业职工人数的多少而定，其成员3年改选一次，由职工以无记名投票方式选举产生。近年来，这一制度被许多国家（如法国、比利时等）所采用，通常其职能包括：一、在职工的劳动纪律、劳动组织、职工的使用和解雇、企业规章制度、工资、休假、培训职工安排等问题上享有与资方同样的决策权；二、有权听取企业的财政、投资、销售、股份变更多方面的情况报告；三、定期召开各种会议以审议企业的各种提案，实现与资方的相互沟通，协调双方的争议；四、当资方制订企业的重大发展计划时，企业委员会有咨询权和建议权。目前，企业委员会作为除工会外的另一种职工群众组织，正向着广泛化、法制化、权力化的方向发展。

（3）激发创新的“职工建议制”。这是由美国伊斯曼·柯达公司在1898年创立的。该制度旨在通过职工积极性的调动，促使企业的全体职工为提高企业经营水平、开发新产品、提高产品质量、改进生产工艺、降低产品成本及不断开拓新市场等贡献力量。据统计，企业在奖励方面的费用与其收益之比高达1∶50。这种较有收效的管理方法在日本及西欧被广泛采用。柯达公司自1898年至今，公司职工已提出200多万项建议，约有一半的建议被公司采纳。为维持职工的热情，日本的不少企业也已明确规定，公司对职工的建议无论采纳与否均给予奖励。丰田公司的经济实力在日本数第一，它得以成功的两大法宝即创造力和销售艺术。1951年总经理丰田英二在丰田公司创办了“动脑筋创新委员会”，并在各车间成立“动脑筋创新小组”，车间到处设有建议箱和密谈室，并给予合理项目相应的奖励。经过4.5万名员工的群策群力，公司获得了效益、利益、敬业、改革创新的四丰收。

（4）协商咨询的“初级董事会制”。该模式由美国麦考密克香料公司于1932年首创，目前已被美国和西欧的上千家企业采用。该公司已有11个初级董事会，各董事会分工明确，可自行选举自己的董事长，且有权了解企业的经营和管理状况。通常董事会每半年改选一次，每次只改选1/5的董事，以保证董事会工作的连续性。美国与西欧各国的初级董事会都只是一个协商和咨询性的机构。企业的最终决策权依然属于“企业董事会”。但初级董事会由于具有便于沟通的特点，从而为职工参与企业管理提供了契机。

（5）充分授权的“自我管理制”。这是以授权方式出现的职工参与管理方式，由美国通用食品公司下属的一家专门生产狗食品的工厂于20世纪70年代初创造。它将全体工人分为三班，每班当班工人承担全部产品制造，包装运输及行政事务等工作。该制度取消了传统监督员的设置，每班只设一个组长负责协调工作，工人们则轮流承担各种业务，并共同制定各种管理方法。“自我管理制”的特点是将上级管理部门的权、责、利全部授予工人，由工人自主管理。该厂经验证明，该管理制能最有效地激发广大员工的积极性和创造性，为企业带来活力。

8.
管理模式与管理伦理

随着社会经济的变革和发展，现代组织所面临的内外环境发生了一系列变化。为适应这种变化，当今国内外的许多现代组织探索出一系列引人注目的管理新模式。相比之下，管理模式与管理方式或管理方法有着一定的区别，管理模式具有综合性，着重于内容的落实与贯彻，是管理组织围绕一定的管理内容而建立的一系列规则、制度、范式和操作规程；管理方式相对地具有单一性，它是组织资源整合过程中所使用的工具与具体方法、手段和途径等。在管理伦理意义上，现代化的管理模式，主要包括效益与效率管理、全面质量管理、以顾客为中心的管理、绿色管理和制定符合伦理的决策等。

效益与效率管理

人类的管理，根源于“自然资源普遍稀少和敌对的自然环境”与人类需求的矛盾。由于资源是稀缺的，不可能无限制地满足人的需求，人类从而形成管理组织，行使管理职能，以便有效地获得、分配和利用人类的努力和自然资源来实现某个目标。因此，追求效益必然成为管理最基本的内在规定，成为管理的中心问题。效益的创造和获得，使管理的存在获得意义和价值。否则，就没有存在的必要。

（一）管理效益与价值工程

效益问题是管理的中心问题。所谓管理，包括管理组织和体制的组建，管理过程的预测、决策、指挥、调节、控制、监督等活动，归根到底都是为了用最少的人力、物力、财力和时间取得最好的效果，即用最小的成本消耗取得最大的功能和效益。效益问题，在本质上是一个价值问题。恩格斯指出：

> "价值是生产费用对效用的关系。"
>
> "价值首先是用来解决某种物品是否应该生产的问题，即这种物品的效用是否能抵偿生产费用的问题。"①

所以，在管理中，价值问题就是生产费用与效用的关系问题，就是效益问题，整个管理活动的直接目的就是一个以价值（效益）活动为中心的社会有机体的组织、指挥、监督、控制和调节的活动。

在管理学科中，专门有一个学科研究效益问题，这就是价值工程（VE）或价值分析（VA）。价值工程主要研究效用、功能与成本、费用的关系问题。在价值工程中，效用称为功能，指功用，实际上指的是使用价值。成本指取得一定功能所付出的消耗、费用，包括活劳动、物化劳动和时间等。价值与功能成正比，与成本成反比，其关系是：

V(价值)=F(功能)/C(成本)

上面公式中的价值，不是政治经济学中商品的价值或使用价值，而是衡量功能与成本之间关系的尺度，标志着产品的功能与成本的比例关系，是效益的另一种表达。它表示所得和所费、产出与投入

① 《马克思恩格斯全集》(1)，人民出版社1956年版，第605页。

之比。不仅如此，价值（V）还要看产出的功能是否有用、是否社会所需要、是否为社会所承认，产品的功能是否发挥作用。所以，价值工程中的价值（V）就表示以较小的投入，产出质量高的、较多的、为社会所需要、为用户所欢迎的、适销对路的产品。这里的价值，实质上是指效益。它是比经济学中一般所谓使用价值、商品价值更为深刻的概念。

按照价值工程的公式，要取得大的价值，必须采用高功能和低成本，即“大、高、低”结合的目标管理。要取得大的价值，有四种办法：

一是成本不变，功能提高；

二是成本降低，功能不变；

三是成本略提高，功能大提高；

四是成本降低，功能提高。

总之，要取得大的价值，必须提高功能，降低成本，不能离开功能孤立地谈降低成本，也不能离开成本孤立地谈提高功能，否则都不可能取得大的价值。在这种意义上，管理所要做的工作就是提高功能，降低成本。价值工程（VE）或价值分析（VA）的特点在于，它不是以产品为中心，而是以功能为中心，以人的需要为中心，一切着眼于提高功能，即着眼于以最低的费用提供社会消费者所需要的功能。价值工程认为，人所需要的某种产品，不是需要它的物质实体，而是它的功能；物质实体只是载体，只有它具有人所需要的功能才有价值，否则，就不具备价值。

价值工程中把价值理解为主体需要与客体（产品）功能之间的关系，这种理解与价值哲学中的价值的一般概念是接近的。但是价值工程中的价值，仍然是经济价值，是哲学价值范畴的特殊形式，所以，二者又有着区别。每一种产品都有多方面的功能。按其重要性来说，产品的功能可分为基本功能与辅助功能。基本功能是产品及其零部件所要实现的不可缺少的必要功能，也是产品及其零部件得以存在的条件；辅助功能是为了实现基本功能而产生的附加功能。按满足人的不同需要来划分，可分为使用功能和美学功能，必要功能和非必要功能。必要功能是人所需要的功能，非必要功能是设计人员在结构设计上附加的功能，这种功能不是人一定需要的。价值分析要求确保必要功能，清除不必要功能，以降低成本，提高价值。据国外资料介绍，在通常认为是必要功能的产品中，往往包含有30%的不必要功能，而产生这些功能也需要一定成本，清除不必要功能，就可以大大降低成本，从而提高价值，增加效益。

价值工程在管理学上具有重要的方法论意义。

首先，价值工程或价值分析使管理过程摆脱了以产品的分析研究为中心，而以产品的功能研究为中心，把功能作为全部活动的出发点和着眼点，实质就是以实践效果为中心。这不仅对经济管理，而且对一切管理都具有普遍意义。

其次，价值工程或价值分析使管理确立了满足人的需求为第一的思想，着眼于满足人的需要。价值工程把功能区分为必要功能与非必要功能，着眼于实现必要功能，清除不必要功能。如果一种功能是人不需要的，那么这种功能再好也是没有价值的，没有意义的。所以，在分析产品功能时，要努力掌握人对产品功能的要求，了解社会需要，从社会需要出发来指导管理，决定取舍。这是经济管理的基本要求。谁闭门造车，盲目生产，不顾社会对产品功能的需要，谁就会失败。

再次，价值工程有利于产品功能的最优化。功能的优劣以能否满足人的需要和满足的程度为标准。功能的好坏以人的选择为依据。人们总是选择物美价廉的商品。为了使产品被人们选用，必须从产品的设计开始，努力生产出符合人们需要的、高功能、低成本、物美价廉的产品。这就要求在整个管理过程中以经济效益为中心，一切为了提高经济效益。实质上，就是在一切管理活动中，都要以人为中心，努力满足主体需要，把是否满足主体需要作为价值有无与大小的标准。

（二）效率管理

效率既是一个经济学概念，也是一个重要的伦理学概念，其主要含义是指资源的有效使用与有效配置。资源始终有限，有限的资源发挥更大作用的高效率既是经济学的标准，也是伦理学的标准。由于效率对人类的生存、进步与发展具有基础性意义，因此也就决定了效率管理对管理活动的极端重要性。

效率是事物运动的属性，"所谓效率（efficiency）乃是其特定的结果与导致结果的特定过程之间的关系，是其所实现的与所消耗的二者之间的比率"①。各种物质运动形式的效率可以划分为四种形式：

（1）无生命的自然物的运动效率；

（2）自然界的生物的运动效率；

（3）具有自然和社会两重性的人的运动效率；

（4）人造物特别是机器的运动效率。②

人的运动效率与其他物质运动形式的效率所不同的是，人可以运用自己的"人造物"（工具）为中介与物质世界发生关系，并在所结成的人与人之间的关系基础上达到自身活动效率的目的。人的现实的效率是由三个基本要素组成的："一是单位时间内所产生的物品或劳务（动）的质量和数量；二是这种物品或劳务（动）所具有的效用；三是生产者在交易中获得的效益。"③ 因此，效率的另一种说法，就是在时间、效用、效益三个要素都具备的条件下，物与物、人与物以及人与人的关系组合与配置状况，它直接表现为效益与成

---

① 郭湛：《人的活动效率》，人民出版社1990年版，第48页。

② 郭湛：《人的活动效率》，人民出版社1990年版，第50页。

③ 史瑞杰：《效率与公平：社会哲学的分析》，山西教育出版社1999年版，第30页。

本的比率。马克思关于“社会化的人，联合起来的生产者”的论述，深刻地揭示出人的活动效率具有下列十分鲜明的特征：

第一，人的活动效率首先是在人与人之间的社会关系中实现的。这不仅表现为人的活动要通过结成一定的共同体来完成，同时还表现在人的活动成果要借助于普遍意义上的交换活动来实现。管理（控制）就是对社会关系的协调，如此才能促进人的活动效率的提高。

第二，人的活动效率应该是在“最无愧于和最适合于他们的人类本性的条件下”实现的，亦即需要遵守人类活动的一般管理原则。

第三，人的活动效率是在认识和掌握客观对象和自身活动规律的基础上实现的，是将物与物、人与物、人与人之间的运动在“置于它们的共同控制下，而不让它作为盲目的力量来统治自己”的情况下来实现的。

第四，人的活动效率具有明确的目的性，这种目的性表现为活动效率的最大实现，即“靠消耗最小的力量”获得最大的成果。

第五，人的活动效率具有利益属性。“人的活动效率既体现在过程中，也蕴含着结果，然而，无论是过程还是结果，都是人的活动所创造的价值物。这意味着，在人的活动效率中即内含着对价值物的享有和分配问题，内含着参与活动的人们之间的利益关系。”①

（三）效率优先兼顾公平

人类管理活动的根本目的，是为了人。管理自身就产生于人类自身的生存和发展，产生于人类在与自然、与社会的斗争中不至于被毁灭的集体活动和社会活动。因此，管理自其产生就包含效率因素，或包含对效率目标的渴望与追求。管理的根本目的，决定了效

① 史瑞杰：《效率与公平：社会哲学的分析》，山西教育出发出版社1999年版，第24页。

率管理对管理活动的重要意义。尤其发展到现代，效率构成了当代管理不同于以往管理的显著特征。建立在现代化大工业基础上的管理活动，就其文化内容而言，总是将与经济发展相联系的效率作为重要指针，尤其是在自动化、信息化、全球化的今天，效率更是成了管理活动至关重要的因素，与以手工业为基础的社会管理活动的局限性、随意性、拖拉性形成明显对比。人类能进入今天的现代化社会，与人的活动追求效率是分不开的。

人类的管理活动，总是在追求高效率，避免低效率、无效率，防止无效率的过程中开展的。现代社会发展的基本模式，首先是经济增长。这一目标模式，决定了通常情况下社会发展的基本策略一般都是“效率优先，兼顾公平”。从管理活动的基础意义来说，管理效率的增长最终必将促使社会成员生活状态的改善，是人类提高生存质量的基础。基于这一判断，人类自步入文明社会，尤其是近代文明以来，始终把发展经济、追求最大化效率或价值当作管理活动和社会发展的根本目标。在这一意义上，毫无疑问，效率的确在管理活动和社会生活中占据着优先地位。

我国著名经济学家厉以宁教授通过比较“效率优先”和“公平优先”两种基本主张及其理由，认为“效率优先，兼顾公平”是现代社会企业组织发展的目标模式选择，当然也就是管理活动的目标模式选择。

主张“公平优先”的基本理由是：

“第一，既然公平并不是指收入分配或财产分配的均等，而是指机会的均等，那么机会的均等就应被看成是一种神圣不可侵犯的天赋权利。只有把它放在优先地位，才能体现社会对这种天赋权利的尊重。否则，为了效率牺牲公平，实际上等于牺牲了一部分人的天赋权利。

第二，尽管公平并不是指收入分配的均等或财产分配的均等，而是指机会的均等，……据此从减少社会的不协调方面着眼，机会均等显然是必须放在优先地位的。把机会均等放在优先地位，也就是把公平放在优先地位。

第三，……把公平放在优先地位，就是把反对机会不均等，反对收入分配的过分差距，财产分配的过分差距放在优先地位。”①

主张“效率优先”的基本理由也有三点：

第一，如果从天赋权利的角度来分析，把效率放在优先地位同样是有充足理由的。这是因为，效率是指资源配置的效率，而资源配置效率的发挥以市场竞争为前提。……把效率放在优先地位，就是把自由参与权放在优先地位。自由参与应当说是一种天赋给生产要素供给者的权利……

第二，在市场竞争中，各生产要素供给者即使站在同一起跑线上，但彼此的努力程度往往是不相同的。……（个人努力的程度不同，收益也就不同）把效率放在优先地位，意味着把个人努力程度放在优先地位。

第三，效率是靠生产要素供给者自己的投入或贡献而取得的，效率的源泉来自生产要素供给者个别的主动性、积极性的发挥。……应当放在优先地位的，是自发性质的生产要素个人的努力与主动性、积极性，而不是外来于干预性质的社会权威机构或政府的参与。也就是说，效率无疑被置于优先的位置上。②

厉以宁教授认为，个人的自由参与权利、个人的努力与获益相对应，自发性质的个人的努力和主动性，恰恰是“公平优先”所忽略的“重要方面”，而这些理由正是确立“效率优先”原则的价值立场的基本依据。

---

① 厉以宁：《经济学的伦理问题》，三联书店 1995 年版，第 13—14 页。
② 厉以宁：《经济学的伦理问题》，三联书店 1995 年版，第 15—17 页。

全面质量管理

在管理中，要取得好的效益，必须正确处理质量与数量的关系，坚持质量第一，加强全面质量管理。

质量问题是产品生产管理中的核心问题。产品质量是衡量一个组织、一个地区、一个国家科学技术和生产发展水平的重要标志之一。从组织来说，产品质量高，可以提高声誉，在竞争中立于不败之地；从国家来说，产品的质量关系到一个国家的声誉和产品在国际市场的竞争能力；从生产的目的来说，只有高质量的产品，才能满足广大人民群众的物质文化生活需要，体现社会主义制度的优越性。高质量的机器设备、仪表、能源、交通设施及原材料，是生产高质量产品、加速生产力发展的必要条件。

为了提高质量，加强质量管理，在发达国家早已形成了一套全面质量管理的制度。

全面质量管理，即 TQM（英文 Total Quality Management 的首字母简写），是 20 世纪 50 年代由美国的费根保、朱兰等人提出来的。所谓全面质量管理，就是采用现代科学技术，包括数理统计的方法，由组织全体人员参加，对生产流通全过程进行系统的质量管理。它要求充分发挥管理人员和技术人员的作用，建立起一套完整、严密的质量保证制度，严格控制生产过程中影响产品质量的各个因素，以确保产品质量。

全面质量管理首先是针对生产企业而言的，其内容包括五个方面：

（1）全过程质量管理：从市场调查、产品论证、设计、试制、生产、使用到服务，都进行质量管理；

（2）全企业质量管理：企业的每一个部门，每一个车间、班组，每一个环节，每一个方面，都进行质量管理；

(3) 企业全体人员的质量管理：从经理、厂长、部门领导到车间、班组工人，从生产人员、技术人员到行政人员，从第一线生产人员到生活服务人员，人人参加质量管理；

(4) 全面综合质量管理：不仅对质量，而且对产量、品种、花色、成本、交货期、使用服务、维修等都全面负责，努力提高产品和服务质量；

(5) 科学的质量管理：运用现代科学技术，如概率论和数理统计方法，找出质量变异的规律，对质量进行定性、定量分析，控制生产过程中影响质量的各种因素，确保产品质量。

全面质量管理的指导思想，是生产与消费、生产与需要的辩证统一原理。生产决定消费，生产是消费的基础，它决定消费的内容和水平；生产又依赖于消费，生产为了消费，没有消费，就不可能生产。消费是产品价值的实现，是生产的目的和动力，消费越多，社会需求越大，生产发展越快。但是，消费最终要受生产制约，不能离开生产讲消费。生产过程是一个从“生产—销售—消费—再生产—再销售—再消费”的螺旋发展过程，消费是从生产过渡到再生产的中介。从生产到消费，又是以销售为中介的，销售是实现再生产的必要环节和条件。产品不销售，产品就不能满足消费者的需要；而产品不能进入消费过程，就无法进行再生产。要进行再生产，发展生产，必须提高产品的质量，增强竞争力，打开销路。为此，必须倾听消费者的意见，尊重顾客的需要，为用户服务，一切以满足顾客需要为宗旨，以满足用户需要作为产品质量的唯一标准。

顾客第一，用户第一，质量第一，面向市场和社会需要，这是全面质量管理的基本思想，也是一切经济管理以至各项管理应该贯彻的基本思想。这一思想，是在市场经济的激烈竞争中产生的。它是价值哲学关于客体价值在于能够满足主体需要的原理在管理领域中的体现。

斯蒂芬·P. 罗宾斯指出：

> “无论工商企业还是公共组织都发生一场管理革命，描述这场革命的通用术语是全面质量管理。”①

斯蒂芬·P. 罗宾斯把“全面质量管理”概括为“强烈地关注顾客”、“坚持不断地改善”、“改进组织中每项工作的质量”、“精确地度量”、“向员工授权”。

R. 爱德华·弗里曼和小丹尼尔·R. 吉尔伯特从伦理的角度解释了“全面质量管理”，他们说：

> “这场卓越革命的基本伦理是对人的尊重。这是企业关心顾客、关心质量背后的根本原因。”②

在《管理学》一书中，管理学家斯蒂芬·P. 罗宾斯说：

> 这场质量革命最初主要是由一位名叫 W. 爱得华兹·戴明（W. Edwards Deming）的美国管理学家掀起的。按照戴明的观点，一个管理得好的组织，应当用统计方法分析生产过程的变异性，用统计控制减少变异性，从而产生均匀的和可预见的产出质量。”③

戴明发展出一套 14 点计划来实现组织的这种转变：

(1) 为长远的将来作计划，不是对下个月或下一年；

---

① Stephen P. Robbins, Mary Coultar, Mangement, 5th ed. (Prentice Hall Interna-tional, 1977), P. 58.

② R. Edward Freeman, Daniel R. Gilbert, Jr. Corporate Strategy and the Search for Ethics. P. 69.

③ 斯蒂芬·P. 罗宾斯：《管理学》，中国人民大学出版社 1997 年版，第 38—39 页。

（2）绝对不要对自己的产品的质量自鸣得意；

（3）对你的生产过程建立统计控制，并且要求你的供应商也这么做；

（4）只与极少数人的供应商做生意，当然是他们中间最好的；

（5）查明你的问题究竟是局限于生产过程的某一部分，还是来源于整个过程本身；

（6）对于你要工人做的工作，得对他们进行训练；

（7）提高你下属管理者的水平；

（8）不要害怕；

（9）鼓励各部门紧密的配合工作，而不是专注于部门或小组的界限；

（10）不要陷入接受严格的数量目标，包括广为流行的“零缺陷”中；

（11）要求你的工人高质量地完成工作，不是从上午 9 点到下午 5 点待在工作台前；

（12）训练你的雇员了解统计方法；

（13）当有新的需要时，训练你的雇员掌握新方法；

（14）使高层管理者负责实施这些原则。

今天，戴明最初的质量管理计划已经扩展为全面质量管理，即一种由顾客的需要和期望驱动的管理哲学。

斯蒂芬·P. 罗宾斯认为，全面质量管理包括以下含义：

（1）强烈地关注顾客。顾客的含义不仅包括外部购买组织产品和服务的人，还包括内部顾客（诸如发运和回收应收账款的人员），他们向组织中的其他人提供服务并与之发生相互作用。

（2）坚持不断地改进。TQM 是一种永远满足的承诺，“非常好”还不够，质量总能得到改进。

（3）改进组织中每项工作的质量。TQM 采用广义的质量定义。

它不仅与最终产品有关，并且与组织如何交货、如何迅速地响应顾客的投诉、如何有礼貌地回答电话等都有关系。

（4）精确地度量。TQM 采用统计技术度量组织作业中的每一个关键变量，然后与标准和基准进行比较以发现问题，追踪问题的根源，消除问题的原因。

（5）向雇员授权。TQM 吸收生产线上的工人加入改进过程，广泛地采用团队形式作为授权的载体，依靠团队发现和解决问题。

特别重要的是，TQM 中“顾客”这个词的含义，已经超出了传统的定义。

斯蒂芬·P. 罗宾斯认为，全面质量管理中的“顾客”一词，包括每一个与组织的产品和服务打交道的人，无论是内部的还是外部的，其目标是建立组织对持续改进的承诺。TQM 代表了一种与早期管理理论家相反的观点。传统的观点认为，低成本是提高生产率的唯一途径，其实美国汽车工业就是一个典型的例子，它说明当注意力仅仅集中在降低成本上会出什么问题。像通用汽车公司、福特汽车公司，还有克莱斯勒汽车公司生产的汽车，被很大一部分买车的大众所拒绝。并且，如果计入不合格品成本、修理成本、退货成本，以及质量控制的昂贵费用，则美国制造商的生产率和效益低于许多外国竞争者。日本企业的实践说明，最高质量的制造商，完全可能是最低成本的生产者。直到最近，美国汽车制造商才认识到 TQM 的重要性，开始实施许多 TQM 的基本要素，如质量控制小组、过程改进、组织工作队、改善与供应商的关系，以及倾听顾客的愿望和需要。

TQM 是很重要的，它能够作为企业的一种战略武器进行基准竞争。

以顾客为中心的管理

效益与效率管理和全面质量管理，是经济管理中两种具体的内在性管理要求。个别中有一般，特殊中有普遍。效益与效率管理和全面质量管理各有自己的特点，但它们也包含了一些共性，这就是管理中必须重视效益，重视质量，把满足消费者需求放在第一位，树立顾客第一、用户至上的思想。可见价值问题，关于主客体之间需要与满足关系的问题，不仅是一个抽象的哲学问题，而且是一个实际的管理问题。

优质管理的所谓质量高，不仅是指产品质量，还包括优质服务，包括对顾客的热情态度、维修、保养，满足顾客需要。只要我们真正掌握价值在于能够满足主体需要的思想，就能很好地理解效益与效率管理和全面质量管理中的“顾客第一”、“用户至上”的思想，就能够进一步提高产品质量和服务质量，提高经济效益。有些组织的管理者，为了组织本位利益，不惜以次充好、变相涨价，坑害消费者，坑害顾客。这种做法，不啻是自堵销路，自取衰败，是一种目光短浅的庸俗之见，其产品不会有竞争力。从长远来看，这种“高招”不利于企业生产的发展，是一种失败的管理方法。要改善管理，提高管理效益，必须端正管理思想，树立产品以满足主体需要为有价值的思想，一切为了满足广大人民群众的物质和文化需要。这是管理追求效益，进行价值工程分析和全面质量管理的必然推论。

企业所从事的是社会化的生产经营管理活动，其社会需要就体现在产品的销路上。企业的“个别”劳动能否转化为社会劳动，只有到市场上才能见分晓，其产品、劳动若是没有人来消费，不能进行社会交换，组织自身的利益就根本无法实现，生产经营活动也根本无法进行。

在生产力水平低下、产品供不应求的情况下，也许组织只要把生产搞好就能够赚钱，因此，组织不太需要特别关注顾客即社会公众的需要及满意度，因为人们需要生存，就需要产品，不一定有更高的要求，组织只要能生产出产品，就能获得利益。但随着生产的发展和社会的全面进步，人们对产品、服务有了更多的选择机会和可能，生产组织之间的竞争也越来越激烈。现代经营实践表明：社会公众就是上帝，谁赢得了更多的社会公众，谁就有生存力。社会公众在这里意指顾客和消费者，生产组织对社会公众的依赖关系或生产者对消费者的依赖关系决定了组织管理的一切活动都要以满足社会为中心、为出发点，视顾客、消费者为自己的太阳、“上帝”。因此，以社会公众为导向的经营管理是现代企业发展的内在要求。

在论及生产组织的目的这一基本问题时，管理大师彼得·德鲁克十分强调顾客的中心地位，他说：

> “如果要给组织目的下定义的话，有效的定义只有一个，即创造顾客。顾客是组织赖以生存的基础，没有顾客，组织就无法生存下去。”

服务社会公众，让顾客满意，即以顾客为导向成为组织的中心目标，经历了一个发展过程：

第一个时期是制造的时代，以产品为导向，只要能生产出产品，就能获得利益；

第二个时期是销售导向时代，其焦点是拥有一流的销售来处理可能制造出来的产品；

第三个时期是营销导向时代，其焦点是根据消费者的需要制造和销售产品；

第四个时期则是以顾客为导向的时代，强调“市场营销就是一切”，“消费者就是一切”，“顾客就是上帝”，人们称之为CS。

CS是英语 Customer Satisfaction 的缩写，意为“顾客满意”或“顾客满意度”。CS的基本指导思想是：组织的整个经营活动都要以顾客满意度为指针，要从顾客的角度、用顾客的观点而非组织自身的利益和观点来分析、考虑消费者的需求。①

CS把顾客满意所引发的对组织的信任和忠诚视作组织最重要的资产，为了获得和保护这种资产，组织就要把顾客的需要和满意放在一切考虑因素之首。这种为社会公众服务的组织也因此确立了自己在竞争中的优势。在市场竞争中，只有真正把服务作为处理组织与社会公众关系的伦理准则，才能得到社会公众的认可，在竞争中立于不败之地。

“消费者的基本宪法”，或曰“消费者的四项基本权利”即安全权、知情权、选择权和被听取权，是许多组织在回答为社会公众服务时的基本内容。这是美国前总统肯尼迪在1962年所作的有关保护消费者利益的特别演说中提出的。

安全权（Right to safety）所关注的是这样一个事实，许多产品（如杀虫剂、食品、汽品、家电等）是有危险的产品，组织应该维护顾客的安全；

知情权（Right to be Informed）是同市场营销和广告功能紧密联系在一起的，顾客的知情权就是顾客具有知道这种产品到底是什么，如何使用及使用时应注意的事项。这项权利也包括广告、担保、标签及包装等市场营销的各个方面；

所谓选择权（Right to Choose），是指要确保有效竞争；

被听取权（Right to be Heard）是指组织生产产品应当听取社会

---

① 曹松岫、许宏伟：《未来企业的通行证：CS经营成略》，《企业信息报》1996年7月26日。

公众的意愿。

尽管这四项权利并不代表组织对社会公众所应负起的所有责任，但对于社会公众而言，的确抓住了组织对顾客所应承担的社会责任的基本要义。

有人列举了组织应负的责任，认为社会公众有权享有：

（1）站在消费者的立场而不是站在厂商的立场去研究和设计产品；

（2）不断完善产品服务系统，最大限度地使消费者感到安全、安心和便利；

（3）重视消费者的意见，让用户参与决策；

（4）千方百计留住老顾客，因为争取一个新顾客所花的成本是保住一位老顾客所花的成本的六倍；

（5）创造厂商与消费者彼此友好和忠诚的界面，使服务手段和过程处处体现真诚和温暖；

（6）按消费者为中心的原则，建立富有活力的企业组织；

（7）分级授权，这是及时完成为公众服务的重要一环，通常被授权人在执行过程中会增强责任意识。①

我们认为，服务作为组织对社会公众所应遵循的伦理原则，还应该从更深的层面上去理解。众所周知，顾客购买一种产品，最基本的原则是因为这种产品好，能给他带来利益和满足，是因为产品的效用，即顾客对满足他需要的产品的全部效能的估计。这就决定了效用是一种主观评价，不同的人对同一种产品会有不同的看法。

正因为如此，有人从营销的角度把产品看作是三个部分组成的综合体：

外面的部分是附加产品，又叫延伸产品，主要包括售后服务、

① 王志平：《CS——后工业社会的企业营销战略》，《经济·社会》1996 年第 2 页。

付款方式、安装、送货、保证等;

中间的部分是有形产品，主要包括产品的质量、功能、品牌、包装特点等;

里面的部分是核心产品，指的是产品所能给顾客创造的利益和满足，它不是产品却胜似产品，顾客的需要和欲望都深藏在核心产品当中，是产品创新的核心，而有形产品和附加产品只不过是实现核心产品理念的手段。

换句话说，社会公众在确定购买某一产品时，总是要权衡是否值得购买，即对产品的效用或价值与付出的成本（成本价格）进行权衡比较，从而形成自己的满意度。

产品影响顾客满意度的因素很多，有形产品和延伸产品都能发生作用，但最重要的还是功能和质量。因此，社会公众的满意度可以用下列公式表示:

$$CS=V/P,$$

$$或\ CS=(F+Q)/P$$

其中，CS 表示顾客满意度;

V 表示产品各种要素所产生的效用之和;

P 代表顾客愿意支付的购买价格;

F 代表顾客心目中的功能;

Q 代表顾客心目中的质量。

由此可见，产品的功能与价值并非是真实的、客观的，顾客心目中的功能与质量，同产品的效用一样，是顾客的一种主观判断。从公式中可以看出，影响顾客满意度的因素主要有三个，即质量、功能和价格。所以，企业要尽可能地创造最大限度的顾客满意度，遵循为社会公众服务的管理原则。以顾客为中心的管理，包括以下基本原则:

第一，质量第一原则。产品的质量关系到社会公众的切身利益。

质量虽然是指顾客心目中的质量，但主观是客观的反映，是以一定的客观实际为基础的，顾客心目中的质量的形成是以产品的客观质量为基础的。所以组织首先要在客观上有过硬的质量保证，把产品的质量放在第一位。产品的质量直接影响到顾客需要的满足和满意度，直接影响到组织的生存和发展。因此，坚持质量第一的原则是处理好组织与社会公众、消费者之间的关系首先所必需的。

第二，功能实用原则。要讲究“实用”，即产品要符合顾客对产品的实际功能的需要。

第三，价格适当原则。产品的定价直接关系到社会公众的购买行为。确定产品价格的最高限度的伦理原则应该是等价交换原则，即确定产品或服务的价格应该与凝结在产品或服务上的价值量基本相符，既不能定得太高，也不能定得太低。只有这样，一方面顾客经过权衡以后才会觉得合算，从而满足自己的需要；另一方面，组织也不会损害自己的根本利益，影响自己的生存和发展。

第四，服务至上原则。产品售后服务，是现代组织经营管理的重要环节，对于服务型组织或具有服务义务的组织而言，尤其如此。注重产品质量，在内在的意义上应该同时包含注重产品售后服务的质量，它能给社会公众带来更多的方便和利益，同时也是尊重顾客的重要表现。

企业作为构成社会的基本单位，具有独立的经济利益。经济利益的独立性决定了企业追求自身利益过程中的排他性。从现代的角度来理解企业的生产经营管理，企业又是运用资本来进行生产经营的单位，是资本生存、增值和获取收益的载体。由于企业追求自身利益是以为社会公众提供产品服务为基本手段的，能为社会公众所认可就成为企业生存和发展的基本前提。从这一角度考虑，企业也必须在向为社会提供能够满足消费者需要的产品和服务方面承担责任。

绿色管理

可持续发展思想是当今社会发展的共识。自20世纪90年代以来，在全球范围内形成了一股绿色思潮：消费者盛行绿色消费，企业推行绿色生产，政府鼓吹绿色政治等，绿色浪潮开始影响社会生活的方方面面。这种影响反映在企业管理上，就形成了企业的绿色管理思想，将环境保护的观念融入企业的经营管理之中，将环保投入当做企业开拓市场、降低成本、实现高效益的有效手段。

（一）树立“绿色”价值观

环境伦理可以被认为是那些符合社会规范的，与自然环境相关的决策或行为。在环境道德问题上，与管理行为一样，价值观发挥着主导作用。环境价值观决定着组织与环境相关的决策和行为模型。

所谓环境价值观，是个人和组织关于人类活动尤其是经济活动与自然的关系的总体看法或总体观点。“绿色运动”中的许多环境保护者把以下四种认识作为个人和组织与环境相处行为的基本价值观：

（1）地球上的生命应该延续；

（2）地球上的人类生命应该延续；

（3）应当维护自然正义；

（4）非物质方面的生活质量值得追求。

总之，绿色目标是让每一个人都有机会过一种满意的生活，人们相互关心也关心子孙后代及其他物种，在环境承载的限度内过着悠闲的生活。有人将“绿色”价值观的基本内容进行了整理，认为以下12项内容构成了“绿色”价值观系列：

（1）地球优先：尊重自然的生命支撑系统；

（2）在限度内生活：无限的膨胀是自我毁灭；

（3）从“足够”方面考虑：“足够”必须代替“更多”；

(4) 轻轻地走：追求富有成效的共存而不是统治；
(5) 保护多样性：促进环境和文化的多样性；
(6) 尊重我们子孙的权利：为子孙后代保留点什么；
(7) 与自然一同设计：尊重长远的、稳定的计划；
(8) 保持事物的比例：人类规模要符合人类设计的制度；
(9) 平衡权利和责任：社会有其价值观；
(10) 分散化和民主化：地方主义和参与；
(11) 小心地走：技术会有不可预测的结果；
(12) 不当的手段产生坏结果：怎样做与做什么一样重要。

(二) 强化“绿色”角色意识

个人和组织是“绿色运动”的主体，强化“绿色”角色意识，是解决企业与环境关系的主体性前提。

首先，投资者应当充任“绿色”角色，树立把资本投到有环境价值的地方，使每项投资既能增进环境利益而又有正常投资回报。这种绿色投资的趋向是理念与实践的结合。尽管对于什么样的投资有利于环境，目前尚没有一套被普遍接受的标准，但这种意识和观念的确立，无疑是建立人与自然之间和谐的发展关系的基础。埃克森石油公司在阿拉斯加的瓦尔迪兹（Valdez）港发生漏油事件后，许多环保组织、劳工组织和社会投资集团共同起草了一份政策申明，叫做“瓦尔迪兹原则”（Valdez Principles），该原则已成为组织表达环境意识、实践环境意识的一种模式。下面是该原则的节选。

通过接受这些原则，我们公开表示公司及其股东对环境负有直接责任。我们认为：公司必须以一种负责任的环境管理员的角色来从事商业活动，并只能以保持地球健康与安全的方式谋求利润……我们打算在执行这些原则方面取得持续的、实实在在的进步，并打算在全球业务活动中遵守这些原则。

1. 保护生物圈：我们将尽量减少并努力终止排放任何对空气、水或地球及其居民造成环境损害的污染物。

2. 可持续使用自然资源：我们将持续利用可再生自然资源……保护野生动物栖息空地及荒无人烟地区，保持生物多样性。

3. 减少和处理废弃物：我们将尽可能减少废弃物的产生，特别是有害废弃物的产生，我们将以安全而又负责任的方式处理废弃物。

4. 谨慎地使用能源：我们将不遗余力地使用有利于环境的可持续能源，我们将进行专门投资以提高能源使用效率。

5. 减少风险：我们将尽可能地降低对雇员及所在社区可能形成的环境、健康及安全的风险。

6. 营销安全产品及服务：我们将销售那些几乎不会对环境产生负效的以及消费者可以安全使用的产品和服务。

7. 损害补偿：我们将通过完全恢复环境的方式及对受害个人进行补偿的方式来为我们对环境造成的损害负责。

8. 披露：我们将向雇员和公众披露在生产经营中发生的、造成环境损害或构成健康和安全威胁的事故。

9. 环境的董事长和经理：我们将设计一套程序以确保董事长、总经理了解所有的环境事务并为此负有全责。

10. 评估和年度审计：我们将在执行这些原则及遵守相关法律和规章方面所取得的进步，进行年度自评并将它公之于众。

其次，企业成员在推动环境保护主义方面也能发挥着重要的作用。在传统意义上，企业成员的环境意识主要限于工场和仓库的环境、办公室的安全性以及组织成员的身体健康状况等方面，如今随着环境运动的开展，企业成员应当走向协助管理层，超越传统的环保意识进入到新的领域，如防止污染、回收废弃物、协助进行能源和环境审计以及社区环境项目，从而在推动自己的组织向“绿色”组织演变方面发挥着重要的作用。要培育组织管理者和组织成员的“绿色”角色意识，营造绿色组织文化势在必行。绿色组织文化以满足组织成员增长的绿色需求为动力，是一种使组织成员、组织生态和社会可得到持续发展的经营文化。

（三）实施“绿色”管理

企业作为自然和社会体中的主要经济部门，应当采取多种方式解决环境问题，形成和实施“绿色”管理模式。有专家对组织面对环境问题的挑战作出的回应做了分类描述（见下表），其表达的意义是：组织可以用环境回应维度加以分类，组织在选择一种环境管理战略时与组织应该在社会公众中树立何种形象直接相关。

环境管理分类

威尔逊的社会回应分类	马修斯的绿色公司	汉特和奥斯物的环境管理
反应性的	利用绿色时尚	“初学者”：环境管理不必要；“防御队员”：只有必要时才能解决环境问题
防御性的	环境保护主义有时候可能有利于企业	担心的市民：环境管理是一项值得花时间的职责
适应性的	环境保护主义就在这里	实用主义者：环境管理是一项重要职责
前摄性的	环境是一种战略性商机	前摄主义者：环境管理是一个优先项目

在选取和建立一种环境管理战略时，有多种管理工具可资利用，这些工具主要包括危机管理、问题管理、利益相关者管理、成本收益管理、风险管理以及战略性环境管理等。其中，战略性环境管理

（SEM）是组织对环境挑战作出回应并整合一系列回应以取得环境效应的一种方法（如图 8-1 所示）。

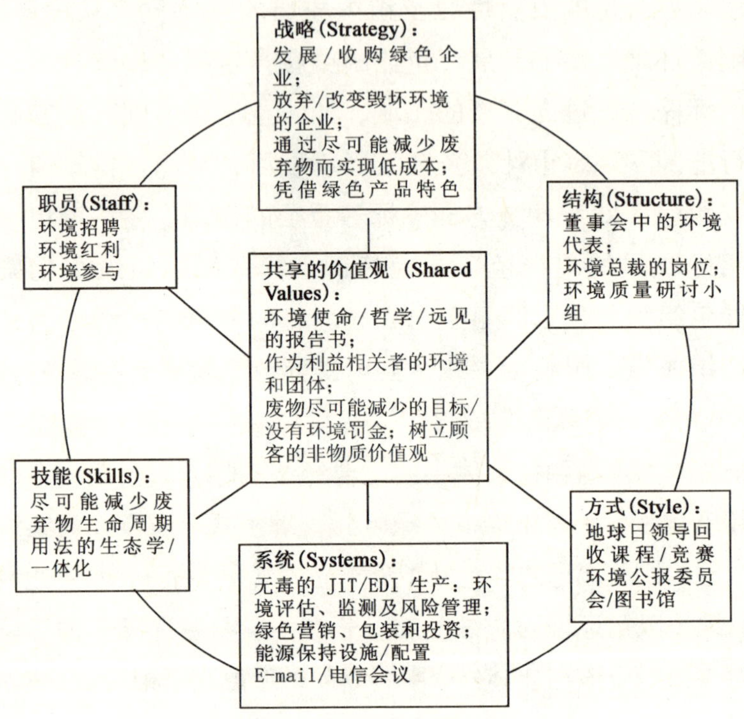

图 8-1　战略性环境管理（SEM）

战略性环境管理方法，采用了麦金西的 7S 结构。在这种结构中，环境管理成功所需的七大典型的组织因素已经确定且相互配合，并给每个“S”提出若干“绿色”意见，组织可以将环境因素融入组织的共享价值观、最高目标、战略、结构、方式、系统、技能、职员等，以便制定一种全组织的环境回应措施。使用战略性环境管理方法能够在组织的各部门及各层级上采取具有环境意识的行动，使组织中的所有部门均能在组织与自然环境的相互作用中发挥作用。

例如，研究和发展部门可以同制造人员一道，改进产品和流程，以限制污染和耗散；财务会计人员可以开发出有效的环境评估系统，并计算出毁坏环境的潜在成本，目的是使组织在决策时尽可能地减少这样的成本；人力资源部门可以在招聘和培训的方案中融入环境关怀，并试图在组织中营造出一种“环境文化”或“绿色文化”；营销部门要确认顾客的“真正需要”，以改造顾客对产品和服务的奢靡欲望，并调整和完善销售制度以提高环境意识。

（四）定位“绿色”市场

市场是组织的生命。随着绿色浪潮的到来，社会公众越来越偏爱被认为是有利于环境、社会、人类生存可持续发展的绿色产品、组织及其服务。面对急剧扩大的绿色市场，组织应该及时转换经营方向，应用绿色科技，定位绿色市场，开发绿色产品，进行绿色生产，树立绿色形象。定位和占领绿色市场的关键是绿色生产和绿色营销。绿色生产是指组织的产品生产要及时运用污染预防和清洁生产等方法以及相继出现的“产品生命周期分析”、“生态设计”和“可持续产品开发”等技术和方法，产品实行绿色设计、绿色工艺和绿色治理；绿色营销是指组织要根据绿色市场需求与其他相关的环境及社会因素，制定并优化营销组合方案，实施的重点是开发绿色产品，制定绿色价格，建立绿色渠道和开展绿色促销。

定位“绿色”市场是可持续发展的绿色文化价值观在组织经营管理活动中的具体体现和实践，倡导个人和组织必须用长远的观点来关注社会的变化，从竭泽而渔式的掠夺自然的经济发展模式走向人与自然共存、经济与社会可持续发展的模式。这种经营管理模式的目的不仅是满足全社会日益高涨的绿色消费需求，而且在经营管理的全过程中尽可能地少污染和不污染环境，为经营所必需的生产、营销等都不给社会带来环境问题。与此同时，组织也将获得不间断的利润，实现可持续发展的经济目的，从而将经济效益、社会效益和环境效益有机地结合在一起。同时，这种在与自然和谐共处中求得发展的管理观念和管理模式，以新的视野解释了人、组织、社会与生态环境的新秩序，体现了正确的生态价值观必须坚持人与自然的统一，人与自然是相互依赖、相互制约的关系，对自然和社会无疑具有深远的伦理意义。

首先，满足了人们日益增长的绿色消费需求。提供符合社会公众正当要求的优质产品去满足消费者的需求，是组织管理的责任。如今，随着人们消费观念的进步，对优质产品的认识已经上升到了“绿色产品”的层次，组织管理只有及时采取可持续发展的战略，才能符合消费者的理性需求，在绿色浪潮中找到自己的出路，同时这一做法也代表着社会伦理观念的进步和社会文明发展的方向。

其次，节约了宝贵的能源和资源。许多自然资源具有不可再生性或再生的周期十分漫长，因此是十分可贵的。遵循与自然和谐共处的伦理准则及其经营管理模式，不仅为社会提供了优质产品，而且能有效地节约资源和能源，在社会发展观的道德层面上有了新的飞跃。

再次，有效地减少了对环境的污染。当今世界，人们对环境污染深恶痛绝，但人们为了追求物质享受，又不断地制造和产生污染。绿色经营的管理模式正好解决了这一两难问题，它使人们在追求物质享受的同时又不至于受到良心的道德谴责，为整个社会的进步和可持续发展作出了贡献。①

制定符合伦理的决策

决策是管理的核心。赫伯特·A. 西蒙指出：“在管理中决策起什么作用？我发现对英语稍为冒昧一下，把‘决策’当作‘管理’

---

① 苏勇：《管理伦理学》，东方出版中心1998年版，第249页。

的同义词来使用是很方便的”①。决策是有机体和组织行为的根本点，它提供组织控制的手段并使系统具有一致性，一切管理活动都可以当作是决策，所有的行为都是从决策中产生的，决策遍布于一切管理职能之中。决策通常是一个提出问题、分析问题、制订行动计划、评估行动计划、作出最佳选择并实施计划的过程。管理上所面临的许多决策都表现为价值决策和道德决策，或具有伦理内涵的行为，因此，制定符合伦理的决策是现代管理方式的必然要求。

管理学家弗雷德里克·伯德等对伦理决策大加赞赏：

> “如果管理者能更多地意识到他们的价值观、社会准则和伦理规范，并把它们用于决策，就可以改善决策；如果决策时能考虑到社会分析和伦理选择，那对管理者本身、企业和社会都是有益的；各种伦理分析工具能帮助管理者作出更好的决策，更清晰地向利益相关者解释其行为的理由。”

（一）决策的本质

在管理学上，所谓决策是指管理组织为了达到某种预期目的或解决某个管理问题而分析各种条件和因素，制定一组备选决策方案并从可供选择的行为方案中，通过评估，有意识地选定一种方案，然后加以执行。赫伯特·A. 西蒙把管理决策看作是一个包含“决策制定过程”和“决策执行过程”的实践活动，“‘决策’的任务，同‘执行决策’的任务完全一样，也是渗透在整个组织当中的；事实上，这两者紧密相连，缺一不可”。因此，决策“既要包含确保有效行为的原则，又必须同样包含保证正确制定决策的组织原则”②。他

① 转引自高兆明：《管理伦理导论》，复旦大学出版社 1989 年版，第 164 页。
② 赫伯特·A. 西蒙：《管理行为》，北京经济学院出版社 1988 年版，第 3 页。

将“决策制定过程”描述为七个步骤，从识别问题开始，到选择能解决问题的方案，最后结束于评价决策效果。如图8-2所示。

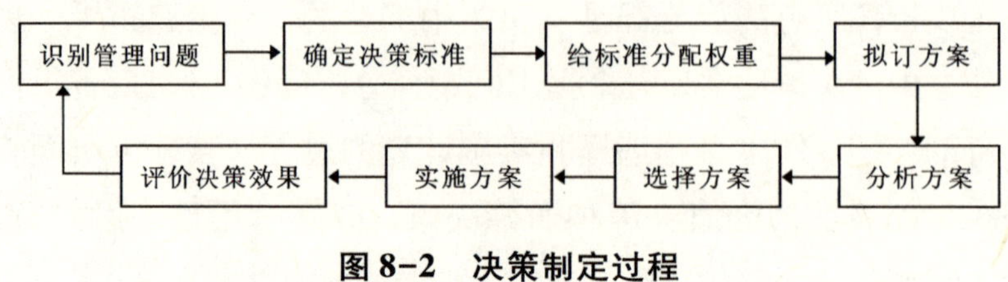

图8-2　决策制定过程

决策制定过程的七个步骤具体表现为：

（1）决策制定过程始于一个被识别的管理问题。管理问题大体可分为战略性的和战术性的，战略性问题包括资源的长期安排，战术性问题包括资源的短期使用。

（2）管理者一旦识别和确定了管理问题，对于解决问题中起重要作用的决策标准必须加以确定，即确定决策标准。一般而言，与决策相关的标准主要包括经济标准、政治标准、技术标准、社会标准和伦理标准。

（3）给每个标准分配权重。管理者确立的决策标准并非是同等重要的，为了在决策中恰当地考虑它们的优先权，有必要给每个标准分配权重，从而明确每个标准的重要程度。

（4）拟订方案。根据所要解决的管理问题和确定的决策标准及其重要程度，制定出一套能成功解决问题的可行方案。决策方案的具体组合取决于管理及其组织。

（5）分析方案。这是对可以朝着同一管理目标和解决同一管理问题的不同方案进行分析和总效益测试，分别评估每个备选方案的总利益。总利益包括经济效果和社会伦理效果。

（6）选择方案。这是从所列的方案中选择并确认最优的可行方案的关键步骤。

（7）实施方案。这是指将确认的最优的可行方案传递给有关人员并得到他们行动的承诺。

评价决策效果是在可行性方案实施后对其过程及其最终效果与目标之间情况的评价。

当然，在实际的管理决策过程中，由于通常总是有若干问题有待决策，这样管理者往往同时被卷进不同的决策阶段，连续的解决问题与决策过程又可能包含许多子循环，引起许多新的有待决策的问题。这样，决策就成为一个连贯的、并非是一劳永逸的活动，后续决策受以前决策与变化了的时空与主观条件影响，决策表现为一个不断地识别管理问题、认识问题、分析问题、选择行动路线、解决问题的过程。F. E. 卡斯特和 J. E. 罗森茨韦克绘制的决策过程图，揭示了决策的完整过程①（参见图 8-3）。

因素　问题　可择方案#　效果　可能性　重要性#　权衡#　决策

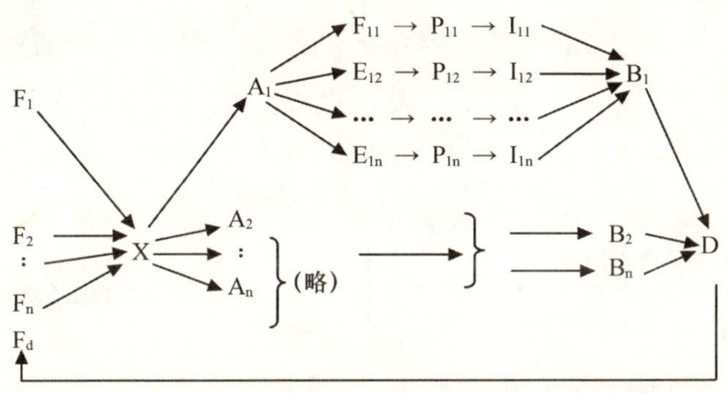

注：有“#”的项目，将求助于某些价值结构

图 8-3　决策过程

管理决策的完整过程，揭示出社会价值观对决策的重要作用。

首先，现代管理中所面临的管理问题必定有应予以考虑的社会伦理内容。一般而言，那些可以定量分析的因素在决策中往往能够较好的考虑，并建立起许多基于数学基础上的决策模型，但是同时

① F. E. 卡斯特、J. E. 罗森茨韦克：《组织与管理：系统与权变的方法》，中国社会科学出版社 1985 年版，第 409 页。

也有许多社会系统中的关键因素是不能量化的变量，如组织内部环境和外部环境、许多社会心理的、政治的、法律的、道德的因素是管理决策时必须考虑的。

其次，对这些复杂社会因素的处理完全以决策者的价值观为转移。[①] 管理者的价值观会以一种习惯的力量处理信息、选择方案。

再次，对决策可供选择方案的评估完全是在一定的价值观指导下进行的。选择是以比较为前提的，比较通常充满了价值判断。

最后，正如价值观的个人特征所表明的，决策者自身的价值观是多层次的，同时，由于可供选择的决策方案涉及的价值问题又可能是各不相同的，因此，决策所面临的困难不是管理问题本身而是价值观问题上的处理与选择。

由此可见，价值观对于决策是至关重要的。价值决策是管理决策的本质。F. E. 卡斯特等人在前人的基础上修定的价值观与决策关系图[②]（参见图 8-4），深刻地揭示了价值观与决策关系的这一本质。

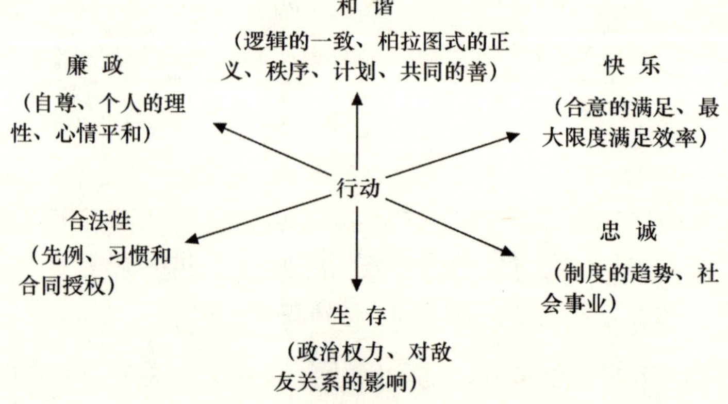

图 8-4 价值观与决策的关系

---

① F. E. 卡斯特、J. E. 罗森茨韦克：《组织与管理系统与权变的方法》，中国社会科学出版社 1985 年版，第 461—463 页。

② F. E. 卡斯特、J. E. 罗森茨韦克：《组织与管理系统与权变的方法》，中国社会科学出版社 1985 年版，第 497 页。

（二）制定符合伦理的决策

在一定的意义上说，所谓管理决策，是一个依据某种社会文化的价值标准和伦理标准评价管理决策的过程。

一般而言，影响决策制定的因素主要来自五个方面：经济的、政治的、技术的、社会的和伦理的。

经济因素对大多数决策都是一个重要尺度，特别是对经济组织尤为如此。如果某个决策看上去有足够的经济效益，或能以其他方式促进组织的经济业绩，那么这些经济利益会足够大到抵消伦理方面边际可接受的弱点。

政治因素是组织关于内部和外部的政治考虑，组织内部的政治考虑是指某项决策对决策者现在或未来在组织内的政治行为的影响，可能导致的政治力量的变化或地位的改变；外部政治考虑是决策与目前公众政策的关系以及决策对组织政治力量和地位的影响。

技术因素是指需要在现在或可预见的将来决定技术可行性的考虑。

社会因素包括决策对本地区或更广的社会可能产生的影响，以及社会对决策的反应。

伦理因素是关于某项决策方案在伦理上的是非问题，其判断的依据是伦理规范和伦理准则。伦理规范是允许或禁止特定类型行为的标准，包括个人的、组织的、行业的、社会的和普遍的伦理规范等；伦理准则是较普遍的标准，用于评价个人和公共行为，包括公正原则、平等原则、人道原则、效率（功利）原则、民主原则等。

琼斯（Jones）认为，决策方案的道德状态对决策的实际结果具有重要影响。道德状况包括六个方面：

（1）结果的大小——行为所产生的危害和利益的总和；

（2）社会一致意见——社会对行为是好是坏的认同程度；

（3）结果的可能性——危害或利益实际出现的可能性；

（4）临近时间——行为后果出现之前的时间长短；

（5）接近程度——决策者与行为受益受害者之间的社会、文化、心理或生理亲近程度；

（6）结果的涉及面——受行为影响的人的范围。①

琼斯认为，当结果大小增加、社会意见一致、产生结果的可能性大、临近时间短、接近程度较近或结果的涉及面较广时，道德状态较高。如果解决管理问题的决策方案有较高的道德状态，其被选择的概率也就越高，行为的道德状态越高，行为的意图就越可能是道德的。

戴维·J. 弗里切认为，虽然影响决策制定的各个因素所具有的重要性程度还不太清楚，但有足够的证据表明，实际的决策过程包括两个阶段②：

第一阶段，决策者将最低可接受表现水平的规则用于决策的各个方面，这一规则规定了决策的各个方面可以接受的最低表现水平。经济表现规则是必须预测决策方案的投资回报率（ROI），比如用百分比表示；伦理表现规则要求把任何造成利益冲突的决策方案都排除在考虑之外。经济表现和伦理表现可分成三个层次：不可接受的，边际可接受的和可接受的。最低表现水平和满意表现水平描述了这三个范围。最低表现水平代表决策者在该方面能容许的最低水平，但并不代表普遍接受的水平或满意的水平，如伦理方面的最低水平可能只需要备选方案不会导致消费者死亡但不谴责虚假介绍产品或贿赂等违背商业伦理的行为。满意表现水平代表了肯定诚实表现行为的决策。如图 8-5 所示。

---

① Thomas M. Jones. Ethical Decision Making by Individuals in Organizations: An Issue-Contingent Model. The Academy of Management Review. 16, 2 (April 1991), 366—395.

② 戴维·J. 弗里切：《商业伦理学》，北京：机械工业出版社 1999 年版，第 99—101 页。

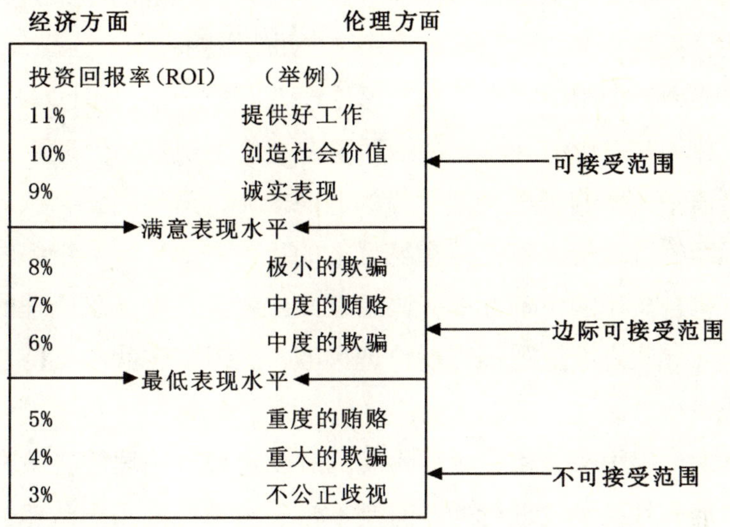

图 8-5 决策各方面的表现范围举例

第二阶段即总利益的测试，以给出各备选决策方案的总价值。计算总价值的第一步是按照相对重要性给各备选方案的五个方面中的每个方面一个权重 w，然后分别评估各个备选决策方案的总利益。先给各备选方案的每个方面估计一个预期利益 b，再用每个方面的重要性权重 w 和预期利益 b 相乘得到其相对价值 v（v = w×b）。然后将各个备选方案各方面的相对价值 v 相加，得出该备选方案的总利益。如下面的公式：

$$T_j = \sum_{ij} w_i b_i j$$

式中：

T——一个备选决策的总利益；

w——一个备选决策一方面的重要性设定的权重；

b——备选决策一个方面的利益；

j——表示某一备选决策的指数。

在得到各备选决策方案的总利益 T 之后，按情理，决策者会选择总利益 T 最高的备选决策方案。在制定符合伦理的决策时，弗里切认为，受到许多与伦理因素相关的方面的影响：

首先，一个组织在决策时考虑伦理方面的一个关键因素是构成组织文化的共有价值观。支持伦理考虑（伦理规范和伦理原则）的共有价值观会影响管理决策行为的道德取向，这种观念会认为支持道德标准的行为优于不支持道德标准的行为。如果一个组织的共有价值观符合文化的伦理标准，该组织文化就会支持合乎伦理的决策行为；如果共有价值观不支持伦理标准，组织文化就不支持合乎伦理的决策行为。

其次，组织政策和专业行为规范对制定符合伦理的决策有显著影响，能有效鼓励伦理行为、遏制不合乎伦理行为组织政策。奖励结构和专业行为规范会将不合伦理的备选方案排除在决策之外，从而消除从事不合伦理的行为的机会，相反，无效的或出发点低的政策会诱导方案组将可疑的备选方案包括在内。

再次，战略性决策中的伦理因素制约战术性决策中的伦理因素。一个不合伦理的战略性决策可能导致一系列不合伦理的战术性决策，而一个不合伦理的战术性决策则不太可能影响其他战术性决策，当然更不会影响战略性决策。此外，由于战略性决策是由高层制定的，因此，上级的管理行为是影响下级伦理行为的主要因素。

最后，符合伦理的决策制定过程受到利益相关者方面的影响。利益相关者是组织内部与外部会影响组织或被组织影响的个人或团体，它们对决策过程中的伦理问题也有一定的作用。

综上所述，制定符合伦理的决策过程受到个人价值观、组织文化（特别是组织风气、组织目标和组织共有价值观）以及利益相关者的影响，但是，决策的基本过程对所有的管理问题都是普遍的，我们今天讨论决策与伦理的关系问题不是决策时要不要考虑伦理因素的问题，而是必须支持符合伦理的决策和应该怎样加强伦理在决策过程中的作用问题。符合伦理的决策过程模型①（图 8-6），为我们提供了这样一个框架和思维的条理性。

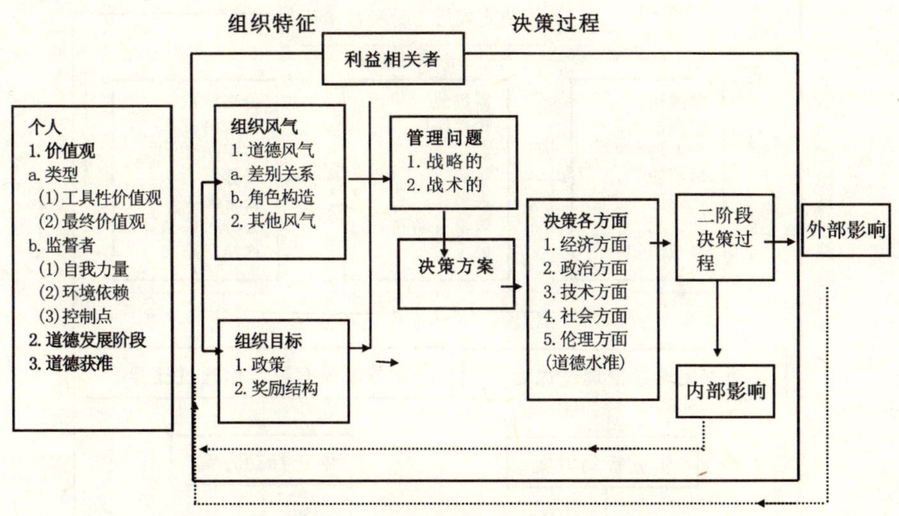

图 8-6　符合伦理的决策过程模型

现代管理所面临的决策都表现为伦理决策或具有道德内涵的行为。要真正发挥伦理在管理决策中的规范作用，需要在具体的决策过程中建立起决策方案的伦理过滤器，即管理决策的伦理支持工具——检测决策方案的一系列伦理规范、伦理原则和伦理测试，把决策过程中拟订的行动计划与之相对照，通过伦理常规法、伦理原则法、伦理测试法以使决策方案真正具有伦理内涵，符合伦理要求。伦理过滤器在具体的管理决策过程中的作用如图 8-7 所示。

---

① 戴维·J. 弗里切：《商业伦理学》，北京：机械工业出版社 1999 年版，第 87 页。

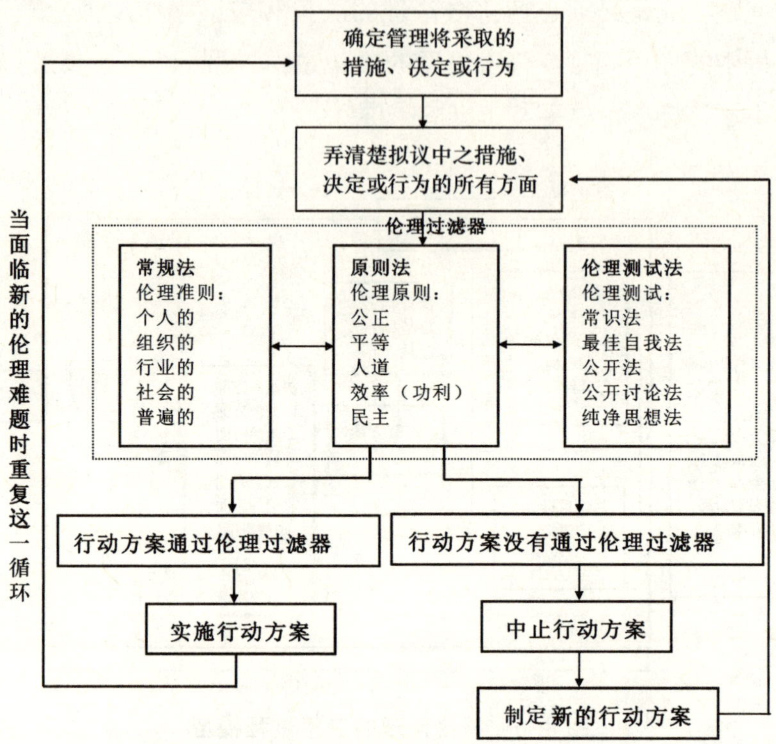

图 8-7　伦理过滤器在管理决策过程中的作用

9.
管理方式与管理伦理

管理方式问题是管理中的一个重要课题。就其理论和实践价值而言，管理理念、管理模式的最终实现，都需要体现在具体的管理方式上。管理方式是否有效，直接影响组织资源的有效配置。一种新的管理方式方法，能提高生产效率，或使人际关系协调，或更好地激励员工，从而有助于组织资源的有效整合，达到企业的既定目标。如何提高管理方式的有效性，增强组织的外部适应性和内部凝聚力，就成为现代组织管理的现实需要。

管理方式的变革

所谓管理方式，简单地说，就是指管理方法和管理形式。如果深入思考到管理方式的深层，还包括组织或管理者对被管理者的认知态度，对组织目标的价值取向和管理者引导与协调组织成员的手段和方法，即领导行为模式。对人性的认知态度，处于管理方式结构的核心层次，它是管理者对组织成员明示的或蕴含的态度，反映的是管理者如何认知组织成员的本质、需要和价值；管理者对组织目标的价值取向，对管理方式具有导向作用，成为内在的价值评判标准。管理方式是每一个企业都要面对的问题，无论在哪个行业，无论其规模是大是小，都需要通过管理方式的创新来提高效率。

管理方式方法，是企业资源整合过程中所使用的工具，方法是否有效直接影响企业资源的有效配置。一种新的管理方式方法能提高生产效率，或使人际关系协调，或更好地激励员工，这些都将有助于企业资源的有效整合，并达到企业既定目标。如我国邯钢“模拟市场核算，实行成本否决”方法的成功实施，大幅度地降低了生产成本，为企业创造了数以亿计的经济效益。自从泰勒提出科学管理方法，大大提高劳动生产率，为企业创造了显著的经济效益后，许多管理专家与企业家都十分重视把科学成果引入企业管理，并由此创造出了许多现代的管理方式方法。

在信息社会和知识经济时代，由于人在技术革命和社会生产力发展中作用的主体化趋势，管理方式的变革越来越精密化、人性化和伦理化。

据美国经济杂志报道：1992 年全世界 500 家最大企业中有 125 家出现严重赤字，原因在于人们依靠传统管理方式无法对快速变化的市场活动动向进行缜密的计划，无法及时处理遭遇到的各种问题。我国传统的管理方式过分拘泥于以理性主义为基础的“科学管理”方式，从而产生了管理那种过分依赖解析的、定量的方法，以及唯有数据才过硬和可信的管理方式，因此，进行管理方式的创新，具有紧迫性。

为了适应信息知识社会的要求，在 20 世纪 80 年代末 90 年代初美国首先开始了企业管理模式的革新，随后日本、欧洲也参与其中，其革新的基础是企业信息化和知识化的基本建设，革新的中心是：以市场为中心的明确的目标和策略；以人为中心的价值观和企业文化；以效率和效益为中心，不断变化的制度和程序。大体而言，在管理伦理的意义上，目前出现的一些新的管理方式，主要包括信息化管理、人性化管理、伦理化管理和民主化管理等。

信息化管理方式

在不同的时代，管理具有不同的特点。在当代信息化、网络化、全球化以及一体化的背景下，企业管理正在发生一场深刻的革命，这就是信息化管理，即 Internet（国际互联网）/Intranet（企业内部网）管理技术[①]。作为信息时代的核心技术 Internet/Intranet 所展现的神奇力量，已经使企业经营者们真正领悟到“网络正在改变整个世界的工作方式”这一现实。

（一）信息时代企业管理的技术支架

进入 20 世纪 90 年代以来，企业竞争的环境发生了巨大变化。Internet 在全球的迅速扩展，使人类进入“信息爆炸”的社会，成倍增长的信息、急剧更新的技术、瞬息万变的市场，对企业的创新和应变能力提出了比以往高得多的要求，引发了企业运行机制和管理结构的新一轮变革。企业的决策者能及时获取所需要的环境信息，快速地作出决策以适应迅速变化的环境，成为企业获得和保持竞争优势的关键。美国学者迈克·波特在《竞争战略》一书中指出，影响企业行为内竞争结构的有现有厂商、潜在竞争者、替代产品制造商、原材料供应者及产品用户五个因素，企业只有尽可能了解这些因素的现状及其变化趋势，才有可能作出正确的管理决策。

Internet/Intranet 适应信息时代企业运行的内在需求，为现代企业管理掌握和分析信息这种现代最关键的战略性资源，提供了技术支架。世界上最大的公关企业伯森—马斯特勒（Burson-Marsteller）公司在 35 个国家共设有 64 个办事处，以前它使用一个地区型网络系统为客户提供服务，每个办事处只能为它所在地区的客户提供服

---

① 关于 Internet（国际互联网）/Intranet（企业内部网）管理技术，本书引用了严建援同志的文章《信息时代企业经营谋略新视野》一文的相关论点和资料，在此表示谢忱。见《南开学报》1998 年第 3 期。

务；现在它依托 Intranet 网络系统，按业务习惯划分，打破了地域屏障，从而形成了一个业务遍及全球的“虚拟网络”。新的管理模式的出现需要有新的技术手段给予支撑，而新的技术手段的问世，又往往催生新的管理模式。“虚拟网络”管理模式的出现，就技术条件而言主要受益于 Internet/lntranet，倘若无此条件，这种新型的企业运行模式至多只能存在于人们的想象之中。

处于激烈市场竞争环境的现代企业，已经从“以产品为中心”向“以服务为中心”的转变。实践证明，Internet/Intranet 是一种卓有成效的客户服务工具，它为企业提供了一种新的支持手段，使企业能够更好地为其他企业、客户包括政府提供相应的服务。美国商务部下属的国际贸易管理局及其贸易信息中心（TIC）就是运用 Internet 技术为大批企业提供服务的。TIC 定期将出口信息通知 Internet 新闻组，运行它自己的主页，并经 World Wide Web（环球信息网）提供交互式出口咨询信息。论坛成员可以进入一个虚拟会议室，向 TIC 贸易专家询问关于国际市场调研、贸易线索、国外贸易组件及出口融资和许可证等方面的问题。它充分说明 Internet/Intranet 技术在企业为客户服务方面具有很大的潜力。

信息技术革命所引发的全球化信息浪潮已强烈地冲击着现代企业的生产、经营和管理，企业管理的信息化、生产方式的信息化和经营服务的信息化是现代企业发展的重要趋势。而在企业信息化的各个部分中，起主要作用的是企业管理的信息化，它是企业信息化的关键；而企业管理信息化的关键则在于企业管理的网络化，具体内容包括：

一是企业智能网络管理系统（Intelligent Website Manager）。这个系统可以记录客户和访问者的有关信息，对不同用户进行授权，实现企业网络管理、维护和操作的自动化。

二是企业外围网络系统（Extranet）。该系统通过企业本身的系统连接社会、政府部门、其他企业和服务部门，实现企业内部与社会的资源共享。

三是企业内部网络（Intranet）。这是企业信息化的核心，它由三个方面组成：

（1）管理信息化系统，即实现企业办公、人事、财务、计划、事务、决策等自动化，采用计算机网络技术和电子信息技术进行有效的计划、协调、控制，从而提高管理水平。

（2）生产信息化系统，即在产品设计、绘图、仿真、加工、工艺和制造、监控等过程中使用计算机集成制造系统（CIMS），从而实现上述过程的自动化、网络化，在生产过程中实现数据信息管理和图纸资料管理的自动化。

（3）经营服务信息化系统，即建立企业的电子商务和电子贸易系统，实现网上交易、在线买卖、在线查询和网上服务等多种网上交易功能，促进企业的销售和服务。

（二）信息化管理与企业变革

企业管理的信息化是一种国际性浪潮，也是经济发展的必然。信息化管理必将促进企业的发展从更多地依靠实物形态向更多地依靠高技术、观念创新和无形资本方面转变。企业管理的信息化并不是企业发展的最终目标，它只是企业在信息社会中提高竞争力的重要手段。这种手段的变革，由于是企业内部与市场之间信息交流方式的重大变革，将应用于企业经营的核心环节，给企业业务流程、管理模式、组织结构的重构乃至整体的发展带来新的机会，因而必将导致产业结构以及企业经营方式的革命，导致企业管理思想、理论、组织和方法的全面变革。

其一，促进企业组织结构和管理模式的变革。以 Internet/Intranet 为代表的网络技术手段的成功应用，使企业结构和管理模式从工业时代顺利地转向信息时代。相对于工业时代的宝塔型管理结构而言，信息时代企业组织结构新模式的主要特色是管理结构的扁平化，扁平化的企业组织结构有利于实现企业对外部环境变化的“快速反应”。工业时代那种传统的多层次管理结构的市场反应速度要慢得多，平均周期为6个月；在市场变化越来越快的今天，“零库存”对6个月周转期所具有的优势将不言而喻。

台湾《工商时报》曾刊文预测未来企业管理新趋势之一是“降低工动成本”。文章认为，目前大多数制造商已使生产成本降至极低水平，而企业大部分成本花在了人与人之间的沟通上，谁能将此成本降低，谁就将成为竞争的赢家。Internet/Intranet 技术的应用使虚拟公司成为一种新的经营模式。虚拟公司是依托计算机网络进行信息传递和管理的跨物理空间的企业组织、形式，其优势在于：许多事情可以通过网络交流，节省了交易费用；大幅度降低跨国、跨地区企业的管理费用；企业的组织外延和经营外延可以大范围地扩展——因为网上交流变得十分容易，员工就不一定是在本地，科研和生产资源也可以从异地获取。如全球最大的 CAD（计算机辅助设计）开发平台商 Autodesk 公司利用 Internet/Intranet 技术在全球 130 多个国家和地区设立了分支机构，并与 4500 个特约经销商和 3000 个软件增值开发商保持着适时的业务联系。这就是一个典型的虚拟网组织结构模式。

基于 Internet/Intranet 的虚拟公司和扁平化企业管理模式表明，信息技术不仅仅是支持经营的工具，它已成为经营观念和经营机制变革的推动力，正在引起企业管理经营模式的历史性变革。

其二，引发企业价值观念的变革。传统的企业价值观往往只注重那些可计量的效益和资产，而忽视非计量因素。随着信息技术应用的普及，人们的价值观也在随之改变。在现代企业中，竞争力的象征不再只是办公大楼、厂房、设备和产品，人们会更加重视企业获取信息的能力以及企业的信息资产，“经营+信息=财富”的价值观正在被越来越多的企业所接受，也就是说，信息将成为企业不断增值的无形资产。通过 Internet/Intranet，可以实现企业各种竞争要素（包括经验、技术、人才、市场渠道等）的全面信息化，极大地促进企业有形和无形资产的有效配置和迅速发展。

Internet/Intranet 能够帮助企业有效地建立起信息化的市场渠道，获得信息化的市场资源。现代市场营销的主题就是用户导向。然而，迄今为止，大多数企业的市场营销都是单向的，即依赖于各种各样的媒体广告来促进顾客的接受，再以各种各样的调查研究方式了解顾客的需求，两种过程在大多数场合下是分离的。而 Internet/Intranet 则提供了企业与客户双向交流的通道，Internet/Intranet 使企业得以发展规模化的交互式市场营销渠道。全球各地的用户可以随时了解一个企业的业务及服务，获得基于信息的服务，提出反馈意见，发出订单乃至参与产品的设计，跟踪项目的进展。另一方面，Internet/Intranet 使企业有更多的空间为用户提供更有价值的售前和售后服务。目前这种基于信息化的市场渠道正在成为企业营销的新趋势。

其三，促进企业经营模式的变革。在以 Internet/Intranet 为特征的信息时代，开放与合作正变得与竞争同等重要。能否认识并利用这一规律开拓市场，甚至成为企业决定胜负的关键因素。正如 IBM 总裁在世界互联网大会的主旨讲演中所说，衡量一个企业在行业中是否处于领导地位的标准之一，就是看该企业是开放地工作，还是封闭地工作。信息化使人们认识到，把客户捆在自己的小天地来获得利润的时代已经一去不复返了，只有协作才有可能最大限度地发挥企业自身的优势。

在国外，越来越多的企业通过 Internet/Intranet 与其他企业结成战略联盟和信息伙伴关系，在充分发挥各自优势的同时，实现合作双方的信息资源共享和利益分享。这方面的典型实例首推美国航空公司与花旗银行的战略联盟合作方案。该合作方案规定：花旗银行信用卡持有者每用信用卡消费 1 美元，美国航空公司便奖励 1 英里的航空里程。这样，美国航空公司从大量被吸引的忠实的顾客中获得了丰厚的利润；花旗银行也因此而拥有了新的客户群体，赢得合作贸易所需的高度信誉。在信息产业中，各企业相互之间通过合作、联盟，取长补短，共同发挥竞争优势的实例就更为广泛了，如 IBM 和 Apple 公司的联盟、Sun 公司与 Novell 公司的联盟等等，这些都是强手之间为互利互惠而结成的伙伴关系。企业间的开放与合作必将开创企业产品市场的新格局。而 Internet/Intranet 的发展及应用正是促进这一企业变革的催化剂。

其四，促进企业管理手段的变革。Internet/Intranet 所提供的网络通信功能将使企业办公室的管理活动模式发生根本性变革。Internet/Intranet 的贡献之一就在于把以往束缚在管理人员笔记本、各类报表和桌上电脑中的信息资源解放出来，把以桌面为中心的一个个信息孤岛汇集为信息大陆，使企业员工可以根据需要随时随地调用来自四面八方的信息并增添新的内容。

企业 Intranet 将取代传统方式的公文发布，这将节省大量的文本印刷、邮寄和通信费用，缩短信息的传播周期，即使远在外地的分支机构也能够及时获得企业发布的管理信息。Intranet 使信息流程大大缩短，减少了企业管理决策人员与一线业务信息交流的中间环节，使管理人员随时可以获得诸如资金运转、业务变动、人事变动、市场变更等各方面的最新消息，这势必提高企业决策的科学性和对市场的快速反应能力。

其五，促进企业员工创新性的发挥。Internet/Intranet 一个非常突出的支持作用就在于人的能动性的发挥。信息时代市场变化节奏加快，产品周期连同管理经验的有效期都大大缩短，经营管理中非结构化决策的分量加重。显而易见，这种竞争环境更需要人的能动性和创新性。传统的管理信息系统对经验和“硬数据”的依赖性太强，且系统给出的决策导向分析只能建立在以往经验的基础上，人更多地处在执行者的位置上，其能动性被弱化了。Internet/Intranet则打破了信息交流的种种壁垒，把企业真正推向了国际前沿；它近乎无所不包的信息流为决策者获取“软数据”（即融进了背景分析和理性分析的数据）、更有效地进行非结构化决策创造了条件；它还具有双向交流机制，即使一个普通职员或用户也可以凭借一部电话和一台微机方便地访问企业主页，表达需求或提出建议。在这种“信息就在你指尖上”的网络面前，人的能动性和创造性将得到淋漓尽致的发挥。这正是现代企业管理创新最为倚重的条件。

（三）信息化管理方式的发展策略

信息化社会的到来使企业融入一个数字化的世界之中，企业市场竞争的环境发生了深刻的变革。企业要想在新的环境中立于不败之地，就必须重新审视或制定自己的目标和发展策略。有人预言，如果一个企业近期内不能成为 Internet 用户，那么下一个 10 年它将被挤出商界。毫无疑问，以 Internet/Intranet 为代表的信息技术将融入现代企业的发展战略之中。企业的信息化管理水平一方面在很大程度上取决于企业所在国的整体信息化水平和信息产业的发展程度，另一方面取决于企业自身的重视程度和建设水平。从企业自身的建设来看，处于信息时代的企业家们应该从企业的长远利益出发，运用战略眼光构建企业应用 Internet/Intranet 的发展战略，提高管理的现代化水平。

第一，树立“Internet 观念”。企业发展要融入信息技术，首先需要树立“Internet 观念”。Internet 把世界联成一个大网，信息在这种数字化的空间里呈多元化趋势，信息获取的途径更多，手段更简便。信息共享的集成网络使企业的经济实力和背景在 Internet 上起不了什么作用，起作用的只是你能为别人做些什么，你值得访问吗。Internet/Intranet 与传统的企业内部管理信息系统的纵向管理模式有本质不同，它提供了一种人与人、部门与部门之间完全平等的横向信息交流方式。在现代商务活动中，有没有 Internet 理念，运作的方式和效果会大相径庭。

第二，从企业的长远利益出发。企业经营者们在制定战略目标时，眼光往往喜欢放在短期效益上。面对信息化管理模式，人们首先容易关注的是 Internet/Intranet 投入能否给企业带来明显的经济效益。从发展趋势看，Internet/Intranet 对企业目标、企业与客户和供应商的关系以及对企业内部管理、操作等方面带来的影响日益增大，这些都会对企业近期或长远的效益产生直接或间接的影响。我们可以说，企业建立一个以 Internet/Intranet 技术为核心的信息系统要远比建一栋新厂房或安装一套新设备的意义大得多。在国外，许多大型企业，如通用汽车公司、罗克韦尔国际公司等，它们在网络技术上投资的增长速度超过了年收入、赢利、行政管理费和雇员工资的增长速度，其中大部分用于 Internet/Intranet。因为应用 Internet/Intranet 的最大好处就是可以给企业带来长远利益，有利于提高企业的生产效率和改进企业的通信能力，推动企业不断向前迈进。

第三，增强企业自身优势。Internet/Intranet 在全球范围内的发展和普及速度惊人，每月以超过 10%的速度增长，它对市场的影响将逐渐构成重大变革。因此，企业发展战略的策划和实施决策应充分考虑 Internet/Intranet 对企业内外环境可能造成的影响。重新审视企业在市场中的关键优势，并创造性地构筑、增强这种优势，是企业战略决策的核心内容。因此，管理者必须认真思考：在未来几年中，Internet 会使本行业产生什么样的变化？这些变化对企业目前的关键优势将起到增强还是削弱的作用？在未来几年中，企业在哪些环节可能运用 Internet/Intranet？它是不是为企业业务流程重组及价值链重组提供了更多的选择？如此等等。

第四，建立支持企业商业目标的信息结构。在商业竞争中，Internet/Intranet 技术虽然能给予企业多方面的支持和帮助，但企业经营者首先需要对自己企业的目标有清楚的认识并知道如何应用 Internet/Intranet 来支持其目标。换句话说，就是企业需要根据自身的特点和目标来构建自己的信息结构，并制定企业的信息化发展战略。

对现代企业管理者来说，构建本企业信息结构时，常常会遇到如下问题：企业数据和系统功能是集中在总部，还是分布到各分支机构？是购买 PC 微机，还是购买中央主机？是建立企业独立的 Internet 站点，还是借助公共通信设施和 ISP（Internet 服务提供商）？是用 Internet 还是 Intranet？企业数据安全性问题怎样解决？所有这些，都要求决策者们除了具备必需的企业管理和组织方面的知识外，还需要学习有关计算机、通信网络、数据处理以及办公自动化技术等方面的新知识；这些技术作为构成现代信息化企业的基础，相互之间紧密配合，对现代企业是至关重要的，应该在企业发展战略中有所体现。信息时代的企业管理者应该学会用适合于本企业的最佳方法来规划、管理和应用这些技术。

人性化管理方式

人性，是人在现实生活和活动中所特有的本质规定性。管理在本质上是对人的管理。因此，对人性的认识就成为管理认识活动和管理实践活动的基本前提。人类管理实践的发展表明，人性假设是每个管理者和每种管理方式在哲学和文化观念上的最高指导思想和理论前提。各种管理人员以他们对人性假设为依据，用不同的方式来组织、领导、控制和协调人们的行为，从而建构一定的管理结构和方式。人性化管理是现代企业管理的重要趋势。

管理方式依赖于人性设定。所谓人性设定，是指人们在自己的科学理论中关于对人的本质特征和共有的行为模式的设定。

人们在特定的社会历史条件下，曾从不同的角度给人性做过许多设定，例如人是政治的动物，人是社会的动物，人是会说话的动物，人是机器，人是理性的动物，人是符号的动物，等等。尽管对人性的设定纷繁复杂，但归纳起来，不外是人性善、人性恶、人性可善可恶等三种主要形态。

美国著名管理学家麦格雷戈认为，有关人性和人的行为的设定对于决定管理方式是极为重要的，管理者正是依据对人性的不同设定，建立自己的管理结构和模式。马基雅弗利是从人性是卑劣的设定出发，设计了一套权术管理方式；霍布斯是从人像狼一样彼此相争的人性设定出发，设计出一套弱肉强食、适者生存的管理结构和方式；马克思在《资本论》中分析价值规律、资本积累规律、货币流动规律、平均利润下降规律等，是以经济人的人性设定为依据推导出来的；美国管理者在总结日本战后迅速崛起时，看到日本管理在经济发展中所起的作用，主要源于日本的管理方式所赖以建立的对人性设定的哲学基础，他们认为，日本管理方式所带来的生产率“只不过是普通人的人性、忠诚，通过有效的训练而建立的义务感”[①]。

从这些对人性的设定中，我们可以总结出一条具有普遍意义的道理：管理的内容、形式、组织结构、管理功能，都由对人性的设定而确立。

对人性的设定之所以成为管理的出发点，主要原因有四：

第一，“人是研究人类、组织和管理的基本分析单位”[②]。人类的管理活动归根结底是对人、对人的行为的管理。一方面，人是需要并能接受管理的，脱离管理的人不能成为同社会协调和对社会有益的人，也就不能实现人本身的价值；另一方面，人在管理系统中，

---

① 《致富的秘诀——美国企业家成功经验》，北京科技出版社 1984 年版，第 49—50 页。

② 丹尼尔·A. 雷恩：《管理思想的演变》，中国社会科学出版社 2000 年版，第 8 页。

既是管理者同时又是被管理者，管理系统的其他要素只有通过人的相互作用才能成为管理系统中的要素，参与管理运行。因此，对人的管理始终是首要的和基本的。

第二，在管理系统中，直接构成管理活动的是人的行为——管理者与被管理者的互动行为。管理者与被管理者的行为是双向作用的，管理者的行为会影响被管理者的行为，被管理者的行为又会影响管理者的行为。管理者对被管理者施以管理，仅仅是为了使之能够按照组织的目标行动，而不是为了证明自己是管理者而实施管理。管理者与被管理者为什么会选择这种行为？怎样的方法对人才有凝聚作用，才能把个人结合起来形成优势力量，实现管理的目的？这首先要由对人的本质特性和人们共有的心理、人性需求与行为模式的认识作为前提来确定。所以，管理要实现效益的最大化，首先就必须明白人的本质特性和共有的心理、人性需求与行为模式。

第三，在知识管理成为“第五代管理”的今天，人性知识是知识管理中最重要的组成部分。人性知识的重要性，在国外“人本管理”的思想中表现得十分突出。有的学者将其表述为“3P”理论，即认为管理是以人为主体组成的（of the people），管理是依靠人而进行生产经营活动的（by the people），管理是为人的需要而进行生产的（for the people）。在管理活动中，人既是主体，又是客体，既具有理性，又具有非理性，因此，管理中的人性认知和设定必须满足多方面的要求，否则会严重影响到管理效率最大化的实现。

赫伯特·西蒙十分精辟地阐述了人类理性与非理性在管理活动中的共存性，他指出：

> “组织中的人的行为，即使不是完全理智的，至少也有一大部分是倾向于这样的；这对任何一位考察管理组织的人或组织理论研究者来说，看来都是非常明显的。……对

观察组织中的人类行为的任何人来说，同样明显的事实是，那些行为所体现的理性绝不是经济人那样的全智全能。因此，我们不可能轻率地将心理学放在一旁，而仅仅把组织理论建立在经济学基础上。的确，只有在人的行为具有理性倾向的领域里，而且仅仅是在有限理性的领地里，才存在着组织与管理理论生长的真正土壤。”①

第四，人性设定的本身就具有规范和管理人的职能作用。米夏埃尔·兰德曼认为：

“人类的自我解释，它关于自身的概念、它的本质以及它的命运对它当时的实际情形不是没有影响的……，它有助于促使人们愈益想要成为他们所想象的符合人的天性的人……”②

近代以来，西方管理学的发展清楚地展示了人性设定同管理方式之间的内在联系。人性设定作为对人的一种认识理论体系，很早就萌芽于人类的政治、经济、文化活动之中。随着以手工业技术为基础的工场手工业过渡到采用大机器生产的现代工厂制度，管理中的人性设定曾先后在“新教伦理”、“自由意志伦理”和“市场伦理”中有过程度不同的表现。近代西方管理史上则先后出现了四种主要的人性设定，成为近代西方管理内容、结构、形式变化的理论依据。

（一）“经济人”与“X理论”

“经济人”（Rational-Economic Man），又称为“理性经济人”、

① 赫伯特·西蒙：《管理行为》，北京经济学院出版社1988年版，第19页。
② 米夏埃尔·兰德曼：《哲学人类学》，上海译文出版社1988年版，第8—9页。

“实利人”。早在著名的古典政治经济学家亚当·斯密的理论中，作为经济活动的主体，就是这种体现人类利己主义本性的个人。“各个人都不断地努力为他自己所能支配的资本找到最有利的用途”[①]。斯密所言的“经济人”实际上就是作为资本主义经济活动主体的资本家。在资产阶级政治经济学中，斯密是系统运用“经济人”这种人性设定的第一人。他把社会上一切经济现象都看成是这种具有个人利己主义本性的“经济人”活动的结果。

“经济人”作为管理中的一种人性设定，其代表人物主要是古典管理理论的代表人物泰罗（Taylor）、法约尔（Fayol）和韦伯（Weber），其理论概括最早体现在管理学家麦格雷戈（Douglas McGregor）的“X理论”之中。麦格雷戈在《企业的人事方面》一书中批评以泰罗为代表的“科学管理法”时，认为在他以前的各种管理学派都把人的一切行为看成是为了最大限度地满足一己之私利，都是为了争取最大的经济利益，获得最大的享受，这种对人性的看法是不对的。他把由这种“经济人”对人性的看法所形成的“传统的指挥和控制观点”的管理理论称为“X理论”。“X理论”对人性的设定是：

（1）一般人天性好逸恶劳，只要有可能，就会逃避工作；

（2）人天生就以自我为中心，对组织的需要漠不关心；

（3）缺乏进取心，不愿承担责任，宁愿听从别人的指挥，反对变革，把安全看得高于一切；

（4）容易轻信，易受骗子或政客的欺骗和煽动。

由于人具有以上“恶”的人性，所以绝大多数人必须加以强迫、控制、指挥，以惩罚相威胁，才能使他们为实现组织目标而付出适当的努力。所谓管理，就是通过控制、指挥来把事情办好。

---

① 亚当·斯密：《国民财富的性质与原因研究》（下），商务印书馆1979年版，第25页。

在以“经济人”的人性设定基础上产生的管理模式，采用“任务管理”、“计件工资制”等管理方法和措施，施以严密控制、监督的手段，其管理特征表现为：

(1) 管理就是为了完成任务而进行计划、组织、指导与监督；

(2) 管理只是少数人的事，与广大被管理者无关，被管理者就是听从指挥；

(3) 依靠物质金钱刺激工人的生产积极性，对消极怠工者予以严惩，实行“胡萝卜加大棒”的政策；

(4) 建立严格的工作规范与管理法规，依赖于管理者的严格控制、监督。

这些管理特征都是围绕提高劳动生产率这个管理活动的中心而展开的。例如，泰罗认为，提高劳动生产率除了需要制定出标准的操作方法，实行刺激性的工资制度以外，还必须注重人的因素。这里的“人的因素”不是“以人为目的”的意思，而是“以人为手段”，即为工作挑选“第一流的工人”。人具有不同的禀赋和才能，身强力壮的人干重活是一流的，心灵手巧的女工干精细活是一流的。管理者的责任就是为工人找到他最合适的工作，使其成为一流的工人。

在著名的“管理五要素”中，法约尔强调人的素质对劳动生产率的影响，他认为良好的素质包括健康的身体、智力和精神上的活力、道德品质、专业以外的知识、管理知识和其他职能方面的知识。韦伯把理想的行政体系看作高效率的根本，认为理想的行政体系就是通过职务和职位而不是个人或世袭地位来进行管理的一种组织的“纯粹形态”，它以理性——法律的权力为基础，具有精确性、稳定性、纪律性和可靠性的特征。泰罗指出：“管理的主要目的应是在确保每一个雇主获得最大限度的财富的同时也确保每一个雇员能获得最大限度的利益。”[1] “经济人”总是把个人利益作为管理的最后判断和决策标准。

这种管理模式必然忽视人的主动性和创造性，把管理者与被管理者置于对立的两极，人与人之间的关系完全变成了物质利益关系。

（二）“社会人”与“人群关系理论”

“社会人”（Social Man）概念是由美国管理学家埃顿·梅约（Elton Mayo）首先提出的。

梅约通过进行为期九年的著名的“霍桑试验”，发现人们不仅追求金钱的收入，还有社会方面、心理方面的需求，即追求人与人之间的友情、安全感、归属感和受人尊重感，工作条件和报酬并不是影响劳动生产率高低的第一位原因，人的思想更多的是由感情而不是由逻辑来引导的。因此，人不是以物质金钱为唯一动力的“经济人”，而是“社会人”，管理者必须注意从社会、心理方面来满足人的需要，通过提高人的满足度来提高士气，从而提高劳动生产效率。针对英国经济学家大卫·李嘉图（David Ricardo）提出的“群氓假设”，梅约等人认为，人并非孤立存在的个体，而是独特的社会动物，只有把自己完全投入到集体中去才能实现彻底的“自由”，人们需要在通过工作而建立的社会关系中寻求人的意义。对于人来说，物质刺激对于调整人的积极性只有次要的意义，人们重视与寻求的是良好的社会条件和人与人的关系。这是提高劳动生产率的关键。

“社会人”对人性的设定是：

第一，人有社会需要，人的最主要刺激来源于社会需要得到的满足，以及良好的社会人际关系与地位上的成就；

第二，人只有在满足了社会需要时，才会对管理有反应。

---

① 雷恩：《管理思想的演变》，中国社会科学出版社2000年版，第168页。

梅约基于“社会人”的人性设定，提出了他的“人群关系理论”的管理模式，其特点是：

(1) 管理者不应只注意工作，完成生产任务，而应把注意的重点放在关心人、满足人的需要上；

(2) 管理不应只注意计划、组织、控制等，应更重视管理者与被管理者、组织成员间的人际关系，培养和形成人们的归属感和整体感；

(3) 提倡集体的奖励制度，不主张实行个人奖励制度；

(4) 管理者的职责不仅是组织生产，还应充当上级与下级的联络人，倾听被管理者的意见，了解他们的思想感情；

(5) 实行“参与的管理”方式，让被管理者在不同的程度上参与组织决策。

“社会人”的人性设定在实质上是试图在管理中建立一种比较和谐的人伦关系，它在某种程度上提出了被管理者作为组织成员在管理中的民主、平等、主人等问题，比“经济人”管理模式前进了一大步。

(三)“自我实现型人”与“Y理论”

“自我实现型人”(Self-Actualizing Man) 最初是由美国著名人本主义心理学家马斯洛提出来的。他认为人性具有充分发挥潜力的特征，每个人都渴望成为自己所希望的那种人。人具有“越变越为完美的欲望”，“自我实现”是人类需要的最高层次，理想的人就是自我实现的人。

麦格雷戈基于马斯洛的理论，针对“X理论”对人性的设定，提出了“Y理论”。“Y理论”的人性设定认为：

(1) 人性并非天生就厌恶工作；

(2) 人们对自己所参与的目标能实行自我指挥和自我控制，外在的控制与惩罚不是促使人们为实现目标而努力的唯一方法；

（3）对目标的参与是同获得成就的报酬直接相关的，这些报酬中最重要的是自我意识和自我实现的需要的满足；

（4）大多数人都具有相当高度的用以解决组织上问题的想象力、创造力和独创性。

（5）在适当条件下，人们能主动承担责任；

（6）人们对组织采取消极抵制的态度不是天生的，而是他们在组织内的遭遇造成的。

总之，人性是“善”的，管理者只要给被管理者以更多的自由，鼓励他们发挥创造性，通过工作本身的挑战性引起满足来激励，人们就会努力工作，以提高效率作为回报。因此，管理的基本任务就是安排好组织工作方面的条件和作业的方法，充分发挥人的智慧和潜能，实现“个人目标和组织目标的结合”，进而创造出使组织成员在为组织管理目标的实现而贡献自己的力量的同时能最好地实现自己的目标。

在“Y 理论”的人性设定基础上产生了一种新的管理模式，这种管理模式与以往的管理模式相比较，表现为四个方面的转变：

一是管理重点的转变。“经济人”的人性设定重物轻人，见物不见人；“社会人”的人性设定却重视人的作用与人际关系，把物质因素放在次要地位。“自我实现型人”则把注意的重点从人的身上转移到工作环境，这种工作环境并非主要指计划、组织、指导、监督和控制，而是指要创造一种适宜的工作环境、工作条件，使被管理者的潜力得以充分发挥。管理者的任务不再是严厉的外在控制、监督，而是通过工作环境的改变，发掘被管理者的潜力。

二是管理人员职能的变化。管理者不单纯是组织活动的组织者，也不单纯是人际关系的调节者，而是一个采访者，他们的主要任务是减少人们发挥潜力过程中的障碍。

三是奖励方式的变革。与“经济人”相对应的管理模式依靠物质刺激，与“社会人”相对应的管理模式依靠良好的人际关系来调动被管理者的积极性。麦格雷戈等认为，奖励可分为两大类：一类是外在的奖励，如加薪、晋级、良好的人际关系；一类是内在的奖励，如人们在工作中获得知识、增长才干，充分发挥潜力。只有内在的奖励才能持续而极大地调动积极性。

四是管理制度的改变。管理制度的重点不在于监督、控制人，亦不在于如何改善人际关系，而在于如何充分发挥人的潜能。

“Y 理论”对人性的设定，是力图建立一种能使人的潜能得到充分发挥的人伦关系，这种人伦关系又是建立在人与人的充分信任基础上的。这种人性设定由于具有极大的理想性，对于组织功能的充分发挥无疑具有极大的意义。

(四)“复杂人”与“Z 理论”

“复杂人”(Complex Man)是薛恩在 20 世纪 60 年代提出的一种新的人性设定。在管理的发展过程中，人们通过对人的不同侧面的考察，发现没有所谓纯粹意义上的“经济人”、“社会人”或“自我实现型人”。受系统理论及其思想的出现与发展的影响，人们逐渐认识到人是一个复杂的存在。

“复杂人”的人性设定认为，无论是“经济人”、“社会人”，还是“自我实现型人”，对人性的设定都有合理的一面，但是并不适用于一切人，人并不是单纯的某一种人。“复杂人”的人性设定认为：

(1) 人的需要是多种多样的，而且随着人的发展与生活条件的变化而变化，每个人的需要各不相同，需要的层次也因人而异；

(2) 人在同一时期内会有各种需要与动机，它们会发生相互作用并结合为统一整体，形成错综复杂的动机模式(Motive pattern)；

(3) 人在组织中的工作与生活条件是不断变化的，因此会不断产生新的需要与动机；

(4) 由于人的需要不同，能力各异，对于不同的管理方式有不同的反应，因此没有一套适合于任何时代、任何组织与任何个人的普遍行之有效的管理方法。

“复杂人”的人性设定，实质上是对“经济人”、“社会人”、“自我实现型人”的人性设定的融合和综汇。以“复杂人”对人性的设定为基础，日裔美籍学者威廉·大内（W. G. Duchi）分析比较了日本企业和美国企业在管理方面的差异，在其代表作《Z 理论——美国企业界怎样迎接日本的挑战》中，提出了与“复杂人”相对应的管理模式。这就是以“Z 理论”为代表的权变管理方式。大内从管理者与被管理者是平等的，“彼此都把对方当作人来对待”的原则出发，将“Z 理论”的权变管理方式的主要特征概括为：

第一，强调对雇员的长期雇佣，为雇员提供职业保障，有利于培养雇员对组织的忠诚，使他们关心组织的利益与发展，把自己一生中最美好的岁月认真地贡献给自己的工作；

第二，采取“参与式”的经营管理方法。每当作出重大决策，自下而上听取各方面的意见，最后集中形成决议，使决策过程成为一个多人参加并取得统一意见的过程；

第三，上级与下级是平等的关系。融洽的人际关系和平等的交往，要求管理者面向下属，把对下级和同事的广泛关切看作工作关系的自然组成部分，以保持一种强烈的平等气氛。

第四，管理的任务不仅要完成组织的硬性目标，而且要使被管理者在工作中得到满足，心情愉快。

第五，增大人们掌握多种专业知识的机会，通过有计划的培训和经常变换工作，获得多方面的技能与实际工作经验。

第六，基层管理人员不是机械地执行上级的命令，而是抓住问题的实质就地解决。

“Z 理论”对“复杂人”人性设定的运用，进一步突出了人在管理活动中的重要位置。相比之下，“即使效率也显然处于从属的地位”①。

“Z 理论”的权变管理模式是一种基于“复杂人”的人性设定而涉及管理组织类型、结构、文化和工作等方面内容的管理观，它通过对日美不同的文化背景、价值观念和管理模式的剖析，提出了“生产率与信任、微妙性、亲密性密切相关”② 的命题，它指出：

> “如果缺少上述三点（即信任、微妙性和亲密性），没有哪一个‘社会的人’能够获得成功。”③

“Z 理论”突出“信任、微妙性和亲密性”，涉及人际关系协调的社会伦理领域，表明了它对组织中人伦关系的高度重视及其强烈的人性和伦理色彩。当然，它并非要求管理者采用某种特定的、不同于前述三种的管理模式，而是要求根据具体情况采取具体措施。不同的组织性质，可以要求有较固定的或灵活的组织结构；不同的组织状况，可以有不同的管理风格；组织任务不明确，工作混乱，需要采取较严格的管理措施，反之，则可更多地采取授权，发挥下属的积极性。

（五）超理论

在“Z 理论”基础上，美国学者约翰·摩尔斯（John J. Morse）和杰伊洛什（Jay W. Losrch）于 20 世纪 70 年代提出“超 Y 理论”，其主要内容认为：

---

① 威廉·大内：《Z 理论——美国企业界怎样迎接日本的挑战》，中国社会科学出版社 1984 年版，第 182 页。

② 威廉·大内：《Z 理论——美国企业界怎样迎接日本的挑战》，中国社会科学出版社 1984 年版，第 6—8 页。

③ 威廉·大内：《Z 理论——美国企业界怎样迎接日本的挑战》，北京：中国社会科学出版社 1984 年版，第 3 页。

（1）人们带着各种各样的需要和动机参加工作，但主要的需要是取得胜任感；

（2）取得胜任感的动机尽管人人都有，但不同的人可以用不同的方式来实现，这取决于这种需要同一个人的其他需要如权利、独立、结构、成就和交往等的力量怎样起着相互作用；

（3）如果任务和组织相适应，胜任感的动机可能得到实现；

（4）即使胜任感达到了目的，它仍会继续起激励作用，一俟达到一个目标后，一个新的、更高的目标就会树立起来。①

“超 Y 理论”认为，一个人胜任感的满足是永无止境的，只有成功的工作表现才能满足人的这种胜任需要；作为一种激励因素，胜任感“比工资和津贴更为切实可靠”②。它强调工作任务和人员的复杂变化性，重视工作性质、组织与人员的恰当匹配，从而使每个成员都能取得胜任感，这就要求采取权变的方法进行管理。由此可见，“超 Y 理论”是对“复杂人”人性设定的进一步论证，尽管它把“胜任感”作为所有人的主要需要似乎是一种“僵化”的观念，但“胜任感”本身却是工作、组织与人员三者之间匹配的动态结果，这就表明它的权变与灵活立场。

通过对上述人性化管理方式的分析，可以发现，人性设定首先是管理模式建立的前提与出发点。不同的人性设定，就有管理组织内不同的人伦关系和不同的管理模式、管理方式。从其发展的过程中，我们还可以发现，重视人的精神需求和自我价值的实现，体现管理与人性的相互渗透与结合，是管理发展的历史趋势。由“经济人”、“社会人”到“自我实现型人”再到“复杂人”，就表现出了西方管理中人性理论的这种进步。

但是，从总体上看，他们对人性及人在管理活动中作用的认识，

---

① 《哈佛管理论文集》，北京：中国社会科学出版社 1985 年版，第 156 页。
② 《哈佛管理论文集》，北京：中国社会科学出版社 1985 年版，第 157 页。

都具有片面性，因而在其理论形式上，只能以人性的方式出现；在社会实践中，呈现在人们面前的，则是一幅人性失落的真实画面。面对严酷的社会现实，理论界的有识之士，一方面对现状表示了深切的忧虑，另一方面也发出了寻求人性精神的呼唤。

针对美国的管理现状，威廉·大内指出：

> “作为一个国家，我们已经认识到技术的价值，也愿意采用科学方法对待技术，然而却从不重视人的作用……美国的生产率问题，依靠货币政策或在科研和建设上投入更多的资金都是解决不了的。只有在我们学会某种管理方式，使得人们能够在一起更有效地工作时，才能得到改善。”①

上述管理模式中的人性设定，把“个人”的社会性本质，制约个人的制度因素、法律因素、文化因素、道德因素等抛置不顾，以抽象的、理想化的、脱离社会的人性设定，来代替生活世界中“现实的个人”，正如马克思早在1844年就指出的一样：“国民经济学家把劳动者变成没有七情六欲的和没有需要的存在物，正像他把劳动者的活动变成撇开一切活动的纯粹抽象一样”，并依此为基础来从事管理的运作和研究，其后果就是对管理的考究愈来愈注重其“工具理性”、“技术理性”的层面，愈来愈强调其外在的物质利益，而丢失了“价值理性”和内在的精神利益，致使这种管理在本质上缺少人文底蕴，缺乏注入对人的本质力量对象化的关切，致使人的本质、人的主体性遭到扭曲和破损。要走出这些人性设定的片面性，必须在管理中关注人更根本的价值——道德价值及其本体论意义。

---

① 威廉·大内：《Z理论——美国企业界怎样迎接日本的挑战》，中国社会科学出版社1984年版，第3页。

早在《1844年经济学哲学手稿》中，马克思就深刻地揭示了人性或人的本质力量中的道德底蕴。他认为，“现实的人”本质上具有完整性和全面性。马克思指出：

> “人以一种全面的方式，也就是说，作为一个完整的人，把自己的全面的本质据为己有，人同世界的任何一种属人的关系——视觉、听觉、嗅觉、味觉、触觉、思维、直观、感情、愿望、活动、爱……是通过自己的对象性的关系，亦即通过自己同对象的关系，而对对象的占有。”

马克思把人的道德性注入于人的本质力量，揭示人的实践与人的本质力量的完整性和全面性，“人以一种全面的方式”、“作为一个完整的人”、“全面的本质”，意味着是在人的完整性中蕴含着道德力量赋予实践以内在的“利益”和“价值”。因而，马克思所谓的“现实的人”，正是对“国民经济学家”和管理学中所宣传的“经济人”和“道德人”一割为二的形而上人性思路的辩证否定，又是对“经济人”假设的彻底否定。

这就是说，实践的外在利益，是人类的真正利益。这种外在利益，本质上是人类欲求的需要对象，而且对外在利益的社会分配使某种德性诸如公平、正义、慷慨、施予有了意义，人类在追求外在利益的同时，必须养成对道德的履践，从而构成人类的内在利益。与实践的观点相对应，人性不仅具有物质性，而且具有道德性，是物质性和道德性的统一。因此，人性假设如果脱离人性的内在道德性，必然遭遇困境。

查尔斯·L. 坎默指出：

> “对人性的真正描述产生于基本人性和潜在人性两种道

德理论之间的对立关系中，也即基本人性的理论和潜在人性的理论的相互影响和作用，为命令我们要做一个什么样的具体人提供了指导。”①

人之所以区别于其他生物，在于只有人才有道德，也就是说人是有“人性”的。有道德的生物这一事实能够使“人性”得到明确的说明。正如威廉·E. 梅指出：

“人是一种动物，但是一种与其他动物‘有差别的’动物。这种差别可以用各种方式来解释，然而指出这种差别的一个主要而且关键的解释是：人，并且在所有动物中仅有人，才是有道德的生物。”②

人的道德价值世界与道德选择，是人性的重要组成部分。已往的人性管理方式将人的道德置于非常次要的地位，必将不能科学地揭示人性的本质，从而导致管理方式对人的偏离。因此，关注道德的本体存在意义，走向伦理化的管理方式，就成为现代管理的大势所趋。

以伦理为基准的管理方式类型

以伦理因素作为划分管理方式类型的维度和基准，可以把管理方式划分为不道德管理、非道德管理和道德管理三种类型。

所谓不道德管理，是指组织的管理活动不但缺乏道德原则或没有道德观念，而且甚至暗示管理行为积极主动地、有意识地去违背

① 查尔斯·L. 坎默：《基督教伦理学》，中国社会科学出版社 1994 年版，第 130 页。

② William E. May. Becoming Human: An Invitation to Christian Ethics, Dayton, Ohio: Pflaum, 1975. P. 2.

道德规范，因此，组织的管理决策、行为和举动都是违背伦理原则的。管理的动机是自利的，它只关心或主要关心的是公司的利益。不道德管理层意味着管理层完全明白善与恶的区别，却宁愿选择恶，有意识地去违背伦理道德规范，其动机就是不择手段去达到组织的目的（标），有时甚至将法律规范也视为绊脚石，为获取所需可以超越法律，从事非法活动。

道德管理是与不道德管理相对应的管理类型。道德管理是指组织的管理活动要求在道德理念的范围内行动。也就是说，在道德管理的理念里，管理活动是在遵守法律规范、符合道德原则的范围内追求组织目标的。道德管理不会以法律和伦理为代价去获取组织的利益，其着眼点不仅是法律条文，而且是法的精神。法律是被视为最低标准的道德行为规范，道德管理力求在更高层次上从事经营活动，其目标在于追求组织目标与道德性的统一。

非道德管理则是一种处于道德管理与不道德管理之间的管理类型，其中又有两种表现形式：一是“有意识的非道德管理”，这种管理模式认为管理领域不同于生活的其他方面，不太适合做道德评判，应该有自己不同的“游戏规则”，因此，管理决策等管理活动可以不做道德考量，这种管理模式既不符合道德规范，也不是不道德的；二是“无意识的非道德管理”，这种管理模式同“有意识的非道德管理”模式一样，不会从道德层面来思考管理活动。这种管理模式没有注入道德观念和道德意识，或是缺乏道德敏感性，或是过于自我中心主义，并不在意或漠不关心管理决策及其行为给其他人带来的不良影响，其行为准则就是由法律规制的规范和条文。

不道德管理、道德管理和非道德管理三种类型特征的区别，可以用下表来表示①。

---

① 万建华等：《利益相关者管理》，海天出版社1998年版，第64页。

道德管理的三种类型

		不道德管理	非道德管理	道德管理
组织特征	道德规范	其管理决策、行动和行为表明：积极主动地反对一切道德规范，决策违背普遍接受的道德原则	管理上既不是符合道德规范的，也不是不道德的，不适用道德评判。管理活动超越了一般道德原则，缺乏道德意识和道德认同感	管理活动服从于道德规范的，符合普遍接受的道德行为规范。道德意识在管理上起支配作用
	动机	自私的：管理时只关心自身及公司的利益	善意而又自私的：不关心自身行为给他人造成的影响	好：力求成功但不违反道德规范
	目标	以任何代价去获取利润和组织的成功	获利：其他目标不加考虑	在遵守法律和道德规范的原则下谋取利润
	对法律的认识	法律规范是获得成功的绊脚石	法律是道德指南。这里主要指法律条文，中心问题是依法经营	遵从法律条文和法律精神。把法律看成是最低要求的道德标准，力求以更高的道德标准来规范经营活动
	策略	利用一切机会为公司谋利。一有机会就想抄近路、走捷径	让经理们自由发挥。经理的个人道德规范体现在经营活动之中。守法经营视情况而定	严格按道德规范行事

不道德管理、道德管理和非道德管理三种管理类型的特征，为现代管理实践活动的自我道德反省提供了基础。自我反省是组织管理从不道德管理或非道德管理向道德管理转变的一个好方法。这其中，高级管理者对道德管理模式的赞同是关键因素。只有组织的高级管理者有了道德管理的意识，才有助于培育一种促进道德管理兴起的组织文化。高级管理层可以采取一系列措施，如开展管理道德培训、制定行为规范、设立伦理总监、让决策过程具有道德敏感性等来实现非道德管理或不道德管理向道德管理的转化。

美国著名的IBM公司制定的“企业伦理基准”，为组织的道德管理树立了范例。IBM的“企业伦理基准”要求所有国家的IBM公司都必须遵守，IBM 公司的所有活动都必须依照执行，IBM 公司所有的“立法”都必须以此为依据，故称为“IBM 宪法”。

作为企业中道德立法管理的典型范例，我们可以用表格的形式将其内容简洁地表示出来，见下表[①]。

IBM 的“企业伦理基准”

评价项目		伦理基准
职工与公司的工作	IBM 资产的保护	职工除保护自己管理的资产外，有义务协助保护公司的全部财产
	IBM 资产的使用	只有为了 IBM 的事业或经公司认可的目的使用资产
	信息记录及报告	必须完全正确且忠实地记录并报告各种信息
商业活动	一般基础	不做违背事实的表述，不夸大 IBM 的庞大，尊重顾客选择的意愿
	与其他组织的关系	对同一组织不能同时有两个以上的关系，不向竞争者提供 IBM 机密
	关于他人信息	不得以任何形式搜集他人的可疑信息
	赠物与接待	不得收取或要求商业伙伴提供礼物，不得向客户、政府及其他组织赠送礼物
个人活动与职工立场	业余活动	不得从事有损于公司忠诚的活动，上班时不做本职以外的工作，业余工作不得使用公司资产
	公共活动	避免参加有关公司的公共决议、投票，明确表示不参加有可能产生利害冲突的活动的态度
	参与政治活动	不向政党和政府候选人提供资助，不搞政治捐助及类似活动，从政时牢记个人义务
	个人财产利益	不得与客户等个人与组织发生经济上的利害关系，严格遵守有关投资规定（略）

① 曹刚：《论现代企业制度中道德制度的建立》，《长沙水电师院学报》1996 年第 1 期。

伦理化管理方式

斯蒂芬·P. 罗宾斯认为，“道德管理”这一概念正在成为改变管理者行为的趋势。他说：

> “许多观察者确信我们正经受着道德危机的困扰，曾经被看做应受谴责的行为（撒谎、欺骗、歪曲、掩盖错误），已经在一些人眼里变成可接受的甚至是必要的做法。管理者通过非法地利用知情者的信息获取利润。对于道德标准的下降有两个层次的解决办法：第一个层次，道德教育被广泛地列入学院的教学大纲，例如，现在的商业学校的主要评审机构要求他们的成员，把道德教育贯穿在其工商管理教学大纲中。第二个层次，组织自身正在建立道德准则，并正在引入伦理学培训计划。”①

传统的管理观认为，组织存在的意义，是实现某个有形的单一目标，现代管理追求的则是组织对于内外环境的灵活应变能力、融洽的组织气氛、长远的创新发展机制和经济效益与社会效益的高度结合；领导行为模式处在管理方式结构体上的外显层次，表现为管理者采取适当的手段和方法来处理自己和组织成员的关系，从而影响组织成员的行为，使管理主客体发挥最优的运作效率。

众所周知，现代管理科学的发展，经历了“古典管理”、“行为科学”、“管理丛林”，直至今天的“企业文化”阶段。由于“每项管理的决策与投施，都是依据有关人性与其行为的假设”（麦格雷戈），从这一角度考察管理方式变革与发展的过程，则能够清晰地看到管理活动中的伦理化色彩：管理理论中的伦理思想日益增强，从

① 斯蒂芬·P. 罗宾斯：《管理学》，中国人民大学出版社1997年版，第38—39页。

对人的物理属性的研究转变为对人性立律的研究，强调在对人的管理方面要把握住人性的特质；管理方法从技术组织维度即强调硬性控制和物质因素的刺激，如注重工作标准、振作程序、组织结构、规章纪律、物质奖惩等，越来越向社会文化心理维度即强调柔性的控制和各种因素的激励，如注重价值导向、情感满足、心理归属、文化认同、社会形象等转化；现代的管理理论不仅关注管理方法与管理组织的变革，更涉及管理观念层面的深层变革，不仅关注企业内部的变革，而且将企业和环境因素视为有机的开放系统，强调企业自身与环境因素的相互作用。

“企业再造工程”理论、“第五项修炼”学说，以及管理伦理化趋势的出现与应用，正是这一走势的体现。人们在建设管理理论、进行管理实践时，越来越借助于伦理学概念、伦理方法和伦理道德思维。以美国巴纳德、西蒙、卡斯特、伯法等为代表的管理科学学派就认为，管理协作系统所包含的协作意愿、共同目标、信息联系等，离不开人的道德观；决策过程中应重视人的积极性和自我价值的实现等自身就是管理伦理；管理过程中，应重视道德规范在系统内部的协调作用，注意职工队伍的文化构成和道德构成；运用权变理论来控制人的思想行为的发展趋势，也是管理伦理思想的体现；等等。

（一）伦理化管理方式的特征

二十世纪八九十年代以来，管理与伦理结合的趋势日趋明显，许多管理学家把伦理提到了关系企业或组织生存发展的至高地位，“追求卓越实质上就是追求伦理”，“企业通过竞争焕发活力，依靠伦理而得以生存”，成为管理界的共识。

从管理活动本身看，管理与伦理的本质、核心、重心息息相关。管理的本质是协调。企业是由人组成的，企业活动是集体活动，企业与利益相关者如政府、公众、消费者、员工等有着多种多样的联系，要使企业活动取得成效，就必须使企业目标与社会目标相协调，企业要求与利益相关者要求相协调，个人目标与组织目标相协调，个人的行动与他人的行动相协调。协调的实质是利益关系的调控，而如何正确处理利益关系正是伦理所要回答的。

从管理方式的结构层次分析伦理化管理方式，它具有这样一些特征：

第一，从对人性的认知态度看，“以人为中心”，或者说，以人为本，是伦理化管理方式的基本原则，它强调管理要充分尊重人的价值和伦理，以信任人、尊重人、关心人、注意发挥人的潜能为着眼点，以追求人和技术设备相结合为中心环节，以实现企业的经济目标和社会目标相统一为目的；倡导以人为核心，充分体现“人的主体地位”，不仅管理者是主体，被管理者也是主体，是管理实践、认识活动的主体。这种人性认知态度在强调管理方式的人性、人情方面的同时，也涵盖了人性的其他方面，注重根据具体条件而灵活把握。

第二，从目标价值取向看，把确立组织价值观视为最根本的目标。而这种价值观以强调组织对社会的责任、强调对组织成员多层次需要的满足、强调组织成员的主体价值和主体发展为突出特征。这种管理价值涉及面更广，涉及层次更深入，因而更有利于组织的长远发展。

第三，从领导行为方式看，伦理化管理方式强调文化因素的中介作用，强调管理主体的影响作用，强调管理客体的主体化，主张通过顺应文化传统、创建文化氛围、以价值观为导向而实施柔性的控制，寓刚于柔之中，寓硬于软之中，组织秩序的有效化尽在自然而然之中。

（二）伦理化管理方式的手段

从管理方式的内容上看，已形成一系列管理与伦理结合的“管理伦理化”或“伦理管理化”方式，如从追求利润最大化到通过合乎法律和伦理的方式，提供具有国际竞争力、能增进社会福利的产品和服务，从以所有者为中心到注重利益相关者，从手段人到目的人，从遵守法律到法律和道德并重，从注重目标、战略、结构、制度到强调企业价值观，从他律到自律，从对立到兼得，从玩弄技巧到注重管理道德修养等[①]，使管理方式发展到一种新阶段。

第一，追求理想与利润最大化的结合。传统管理以利润最大化为目的，单纯从企业自身利益而非社会整体利益来看待企业目的。伦理化管理则把企业作为社会一分子所肩负的使命来界定企业目的。“它们倾向于追求好几个目标，……它们追求利润，然而，它们也追求范围更广泛的、意义更深远的理想。追求利润不是主要的，但是目光远大的公司在追求理想的同时又得到了利润。它们两方面都做到了。”[②]

第二，从手段人到目的人。管理中对人的认识从早期的“机器人”、“经济人”发展到“社会人”、“复杂人”、“自我实现型人”，取得了明显的进步。传统管理之所以认为人重要，是因为人是一种弹性最大、具有潜力可挖的资源，是能带来丰厚回报的资源，是实现企业自身利益最大化的工具。伦理化管理把人视为目的，而不再是手段。“尊重人，把人看作目的而不仅仅是实现目的手段，是企业社会责任概念的核心。”视人为目的，最重要的是尊重每个人的尊严、权利、价值和愿望，以人为中心，高度重视人的作用，充分发挥人的创造精神。人在实现经济过程的同时，保持个人尊严并达到个人价值的实现。

第三，从注重目标、战略、结构、制度到强调企业价值观。目标、战略、结构、制度一直是管理中的关键因素。20 世纪 80 年代以来，价值观异军突起，备受瞩目。西方管理学界认为，优秀企业的成功经验之一便是以价值观为动力。管理与伦理结合进一步凸显了企业价值观的作用。首先，伦理现是价值观的核心。价值观在内容构成上分为三个领域：真假、善恶、美丑。真假、美丑的存在和作

---

① 关于伦理化管理方式，引用了《管理与伦理结合：管理思想的深刻变革》一文中的有关论述，在此表示谢忱。周祖城：《管理与伦理结合：管理思想的深刻变革》，《南开学报》1999 年第 3 期。

② 詹姆斯·柯林斯、杰里·波拉斯：《企业不败》，新华出版社 1996 年版，第 70 页。

用是不可替代的，但是真假、美丑并不是单纯的真假、美丑，人们在评判时常常会加进善恶观。更为重要的是，在经营活动中，大量的价值判所都是关于“应该不应该”，即“善”或“恶”的，例如，是“质量第一还是假冒伪劣”，是“为顾客着想还是坑蒙拐骗”，是“爱护员工还是忽视安全”，是“公平竞争还是不择手段”，是“关心社会还是对社会不闻不问”，诸如此类的问题既不是“真假”问题，更不是“美丑”问题，而恰恰是“善恶”问题。其次，价值观有崇高和庸俗之分。伦理化管理所说的企业价值观，正是崇高的价值观。如宝洁公司的核心思想是：一流的产品，不断自我完善，诚实与公正，尊重和关心人。IBM 公司所坚守的信念是尊重人、一流服务、追求卓越。追求崇高的价值观，实际上也就是用道德的高标准来要求自己。

第四，注重所有利益相关者的利益。伦理是处理“人”、“己”关系的规范，管理与伦理结合，使人们对企业经营中各种关系的认识有了变化。人们发现，企业的所有决策，不仅会给企业及其所有者带来利益或者损失，而且会对其他利益相关者产生正面或负面的影响。企业与利益相关者之间存在着相互依赖关系，企业离不开所有者、顾客、员工、供应者、政府、社区、公众，而后者也能从与企业的合作中获得好处。企业甚至需要竞争者，竞争可以促使企业更快的发展。所以，协调各有关方面，注重所有利益相关者，是企业经营管理中应持的正确态度。考虑利益相关者利益是一种责任，它要求企业在实现所有者利益目标的同时，能合乎道德地对待其他利益相关者，使他们的需要也找得到满足。

第五，从遵纪守法到德法并重。通常认为，只要不违法，做什么、怎么做都行。管理与伦理结合，对管理带来的最显著的变化是：仅仅守法是不够的。不考虑伦理的企业关心的是在合法的情况下能做什么。企业之所以不做某些事，是因为害怕受到法律的惩罚。员工之所以做或不做某些事，是命令、制度使然。服从命令、遵守制度可以获得承认、奖赏，不服从命令、违反制度则会受到批判、处罚。企业和员工行为受制于外界，是一种他律。管理与伦理结合，则要求企业通过管理措施营造良好的道德环境，使企业成员认识到什么是应该做的，什么是不应该做的，并以这种认识指导自己的行为。员工做或不做某件事，不仅仅因为奖惩，而且还因为感到那样做是道德的或不道德的。传统管理把讲究道德与追求利润对立起来，认为要赢利就不能讲道德，讲道德就赚不到钱。伦理化管理认为，追求利润是企业的责任，讲道德同样是企业的责任，两者不能偏废，摆在管理者面前的唯一正确选择便是两者兼得。

第六，从玩弄技巧到注重道德修养。管理与伦理结合，要求企业及其成员不断提高道德素质。技巧是末，修养是本，不能本末倒置。技巧应该是道德修养前提下的技巧，要从玩弄技巧转变到踏踏实实地提高道德修养上来。管理者真正重要的是要做到处事公正、尊重人、为他人着想。做到了这些，哪一种技巧都能收到效果。即使方式方法不是很妥当，也会得到下属的谅解。否则，再注意技巧，也不能使下属心悦诚服。

民主化管理方式

民主作为人类追求的理想和现代社会发展的基本目标，已成为一种汹涌澎湃的世界潮流。从管理的角度看，民主原则对管理活动同样有着十分重要而普遍的意义。人性化管理、伦理化管理作为管理的本质的、灵魂方面的价值规定，是关于管理中人的认识与人的关系的处理模式，效率与效益管理是就组织管理的功能方面而言的，是关于配置人与物、人与人、物与物的过程和管理功能所追求的结果，其中可以体现人性化管理、伦理化管理的基本规定或丰富内涵，亦可能排斥这些管理模式的基本要求，如果纯粹以效率原则为至上原则，就有可能忽视人性化管理和伦理化管理。民主管理则可以看作是人性化管理和伦理化管理得以在管理活动中实施的有效保障和有效的实现途径。

民主对管理活动的意义，我们可以具体地从以下层面进行分析。

首先，从观念层面上看，民主观念为人们追求现实幸福和改善经济状态的努力提供了精神动力和可资利用的深厚的思想资源和人文资源。科利斯·拉蒙特指出："假如一种文明想要让人清楚地了解并对它抱有信心，那么就必须表明，它的理念是什么。"[①]追求民主的理想，是人不应该服从那种完全异己的力量，不管这种力量是代表了神圣的"绝对命令"，还是具有超凡能力的个人权威，民主的原动力来自人作为活动主体要求主宰自己命运的愿望，民主的理想就是要实现人类社会本身和人自身的自我管理。在这种理想中所表达的人文精神和人文关怀，即对人自身命运和价值的关注及对人的尊严与权利的维护，构成了民主的主要特征与内涵。管理原则所关心的中心问题，始终是人的现实自由和幸福，以及把人的生存状态的改善和经济、政治、文化、道德等方面的进步作为最高目标。民主管理说到底是对人的主体地位的关切，即对人的主体性的确认。

对于管理活动来说，民主的观念价值主要表现在：

第一，民主蕴含着管理的合理主义。民主首先要求人们采取一种积极的、现实的人生态度，积极参与管理活动，激发人们为改善人的生存状况和解决管理问题投入真诚、热情与智慧，从而成为不断改善管理活动的不竭的内在精神动力；

第二，民主不仅为管理活动提供了精神动力，更为重要的是切实地为管理活动注入了人文关怀，这种关怀引导着、规范着管理活动，提升着管理的质量。民主管理促使着人类在管理活动中不但要解决"我可以做什么"的问题，更要解决"我应当做什么"的问题；管理不仅要关注现实需要的满足问题，更要关注管理自身的合目的存在和发展问题。这种人文关怀时时提醒人们在管理活动过程中，不但要重视人的管理活动可能有背离人的目的和人的价值的偏

① 科利斯·拉蒙特：《人道主义哲学》，华夏出版社1990年版，第15页。

向，防止效率动机遮蔽或取代人文精神，同时也需要对指导管理活动的目的、观念和决策本身进行再认识和再评价，以求其更加合理化。

其次，从制度层面上看，民主制度为人人参与管理活动提供了激励和保障环境，赋予人们自主选择与活动的权利，肯定了人们对正当利益追求的合法性。一般地说，民主制度的关键是如何处理个人权利和组织权力的互动关系，其核心是把“人人参与管理”这一原则用一种可操作的方式安排下来，使之成为一种制度性事实，赋予人们以广泛的管理参与权，从而使管理成为一种人人参与的或多数人的管理而非少数人的管理或专制式的管理，这种制度性规定为人们充分地享有自己的权利，充分发挥自己的自主性、积极性提供了环境保障。

再次，从道德层面上看，由于民主的本质是如何看待人，而如何看待人的问题本质上是一个伦理问题、善恶问题，因此，民主管理对于管理活动而言不仅具有政治、经济意义，也具有伦理意义。民主管理的伦理价值意义在于“唤起人们注意民主必然的特点，不是因其效果或来源而值得珍视的特点，而是就其本身而言就值得珍视的特点”①。黑格尔说：“人间最高贵的事就是成为人。”民主的伦理价值，也就是民主本身值得珍视的内在价值，从根本上说，就是使人“成为一个人，并尊重他人为人”②。民主及其制度化作为一种管理体制，在人类历史上第一次将人的自主权确定为制度安排的核心内容，从而将“人是目的”这一抽象的伦理原则转化为具体的、可操作的现实行为，使人的独立人格得到尊重，人的主体性得到肯定，人不是作为工具和手段，而是把人当作目的。

民主管理对人的自主权的确立是在两个层次上体现的：

一是在个人层次上，民主管理使个人有独立地处理自己事务的权利；

---

① 科恩：《论民主》，商务印书馆1988年版，第273页。

② 黑格尔：《法哲学原理》，商务印书馆1982年版，第46页。

二是在社会层次上，民主管理肯定了社会成员有参与组织和社会管理的权利，即管理参与权。

对人的自主权的确立，一方面要求把平等待人作为处理人与人关系的基本原则，是以平等为存在条件和基础的，把每个人都看作是具有独立人格的人，从而“使人成为人”；另一方面内在地包含着对他人人格和权利的尊重，尊重他人的自主权利，并且“民主的意义主要不在于尊重与自己意志相一致的他人的自主选择，而在于当别人的自主选择与自己的意愿不一致时仍然予以尊重”①，从而“尊敬他人为人”。

最后，从方法论层面上看，民主管理作为一种管理认识方法、一种制度安排，越来越影响管理的求知活动，对于推动管理理论的进步，营造一种合理地运用管理科学知识的文化氛围具有不可替代的作用。对管理的认知活动是一种探索真理的活动，这种活动需要人们共同的认知能力，即需要民主的认识方法。保罗·法伊尔阿本德指出：“第一，因为每个人都应能追求他所认为的真理或正确程序；第二，对人们假定的真理或正确的程序作出有用的判定的唯一方法是最广泛地了解各种不同的可能性。”②所谓民主的方法，就是指通过讨论、交流、批评和论辩方式来深化和完善对管理的认识。由于民主的方法在认识活动过程中排斥独断，反对自以为是和强迫命令，所以对于求得正确的认识是有帮助的：一方面通过讨论、争鸣可达成共识；另一方面，在讨论和争鸣中可深化和完善人的认识。开展自由而有理性的讨论的可能性和批判性是推动管理科学进步和完善管理活动的动力。

此外，民主管理还是人们思想表达自由的保障条件。没有表达的自由，思想就不会成为人类有用的资源。民主作为专制的对立物，正是适应保护人类自由探索和开拓创新需要而作出的一种制度安排。民主管理对管理认知活动的最大贡献在于：它可以通过制度立法的

① 郭永军：《论作为道德范畴的民主》，《东岳论丛》1995年第4期。

② 保罗·法伊尔阿本德：《自由社会中的科学》，上海译文出版社1990年版，第91页。

形式将人的认识活动确立为权利，并通过一整套机制来保障这些权利的实现。民主虽然不能直接告诉人们什么是真理，但实行民主却给人们自由地追求真理提供了有效的保障。正是在这种意义上，我们完全可以有理由认为，民主管理不仅有利于管理科学的繁荣昌盛，而且有利于整个社会的文明进步。

图书在版编目(CIP)数据

卓越管理的道德智慧. 上，管理伦理：管理科学发展的新里程碑/戴木才等著. —长沙：湖南教育出版社，2015. 7
ISBN 978-7-5539-2520-2

Ⅰ. ①卓… Ⅱ. ①戴… Ⅲ. ①管理学-伦理学 Ⅳ. ①C93-05

中国版本图书馆 CIP 数据核字（2015）第 147528 号

书　　名 卓越管理的道德智慧（上）
——管理伦理：管理科学发展的新里程碑
作　　者 戴木才等
策划编辑 刘新民　胡茂永
责任编辑 胡茂永　张丽英
责任校对 刘　源
出版发行 湖南教育出版社(长沙市韶山北路 443 号)
网　　址 http：//www.hneph.com
电子邮箱 hnjycbs@ sina.com
微 信 号 多点学习
客　　服 电话 0731-85486979
经　　销 湖南省新华书店
印　　刷 长沙超峰印刷有限公司
开　　本 787×1092　16 开
印　　张 23. 75
字　　数 294 000
版　　次 2015 年 7 月第 1 版第 1 次印刷
书　　号 ISBN 978-7-5539-2520-2
定　　价 72. 00 元